山东耕地质量评价与应用丛书

寿光耕地

杨维田　李 涛　张西森　主编

山东大学出版社

《寿光耕地》编辑委员会

主　　编　杨维田　李　涛　张西森
副 主 编　姜　冲　丁立海　潘云平　陈永智　赵明会　刘新明
　　　　　都明霞
编 著 者　陈永智　赵明会　刘新明　都明霞　柴玉梅　韩　冰
　　　　　李玉华　王丽萍　葛乃丽　张伟杰　韩化雨　张晓曼
　　　　　韩　丽　巩玉升　丁加刚　张云明　胡永军　吴青林
　　　　　方川西　刘银炜　桑如明　李英群　马洪光　吕丛海
　　　　　王玉端　张文杰　张利焕　曹丽华　王月萍　殷明增
　　　　　甄清伟　刘保三　候龙云

前　言

土地是人类赖以生存的重要资源，是农业生产中不可替代的重要生产资料。耕地质量的优劣，直接影响土地的产出率，影响农产品质量安全，影响农业增效、农民增收。进行耕地地力评价，准确掌握耕地数量和空间分布，摸清其生产潜力，可以为治理、修复退化或受污染的土壤，切实保护耕地，制定农产品安全生产规划，指导全市科学、经济、安全施肥，调整种植业结构，发展有机农产品生产，促进土地资源合理有效利用，提供重要的科学依据。我们结合测土配方施肥工作，在全市范围内进行了耕地地力评价工作。此工作的开展和评价结果的初步应用，对于促进农业生产的可持续发展、增加农民收入、繁荣农村经济起到了积极的作用。

依照测土配方施肥技术规范，进行了寿光市耕地地力调查与质量评价工作。采用了现代信息技术，充分利用了第二次土壤普查成果，查清了寿光市耕地基础生产能力、土壤肥力状况、土壤障碍因素，分析研究了耕地退化原因，提出了耕地资源合理利用与改良对策，为制定粮食和蔬菜发展规划、农业结构调整规划、耕地质量保护与建设、耕地改良利用、科学施肥以及节水农业、生态农业等提供了科学依据，也为农业种植业结构调整、绿色农产品生产及食品安全提供了合理的决策依据。

按照全国土地利用现状调查技术规程中的土地利用现状分类系统，耕地包括水浇地、旱地、菜地，而果园属于园地范围。考虑到果品生产也是寿光市的一大产业，为了便于指导农业生产，对果园也进行了理化性状分析与评价。

基于耕地地力调查与质量评价工作形成的一些宝贵的技术资料，建立了寿光市耕地地力基础属性信息数据库、基础空间数据库，整理编绘了 26 幅 1∶50000 的图件，包括土地利用现状图、土壤图、地貌图、耕地地力调查点点位图、灌溉分区图、潜水矿化度分布图、坡度图等 7 幅基础图件，pH 分布图以及有机质、全氮、碱解氮、有效磷、速效钾、缓效钾、交换性钙、交换性镁、有效硫、有效硅、有效锌、有效硼、有效锰、有效钼、有效铜、有效铁含量分布图和耕地地力评价等级图、生姜产地地力评价等级图等 19 幅成果图件。

在本次耕地地力调查与质量评价工作中，得到了山东省土壤肥料总站、潍坊市土壤肥料工作站、山东农业大学资源与环境学院、山东天地亚太国土遥感公司的巨大帮助，全市各级农业科技人员在土样采集和调查工作中也付出了艰辛的劳动，在此一并表示衷心的感谢。

在开展测土配方施肥和耕地地力调查与质量评价工作的基础上，我们编写了本书，目的就是为全市的农业科技人员、农村基层干部指导农业生产提供参考，为发展高产、优质、高效农业提供帮助。由于耕地地力调查与质量评价涉及多个专业领域，加之水平有限，书中难免有错误之处，敬请批评指正。

编 者

2012 年 12 月

目　录

第一章 自然条件与农业生产概况

第一节 自然条件

一、地理位置与行政区划

寿光市位于山东省北部、莱州湾西南岸，介于东经 118°32′～119°10′、北纬 36°41′～37°19′之间，东邻寒亭区，西靠东营市广饶县，南接青州市和昌乐县，北濒渤海，海岸线西起淄脉河口，东至白浪河口，岸线长达 55.9 km，海岸滩涂属粉砂、淤泥底质。寿光市处于海陆交界、淡咸水交汇地带，浅海滩涂面积宽阔，境内拥有小清河、弥河等多条河流。

寿光是中国五千年文明史的发祥地之一，是中国古代农业文化圣地。夏朝属斟灌国。西周属纪国。春秋战国时期属齐国。秦朝置郡县，寿光地为剧县、益县，属齐郡。西汉，公元前 148 年(景帝中元二年)，置寿光县，属青州刺史部北海郡管辖。据考古发现，寿光有北辛文化遗址 1 处，大汶口文化遗址 15 处，龙山文化遗址 68 处，由此证明寿光是一个具有七千年文明的历史名地。据传，汉字鼻祖仓颉在此始创了象形文字，秦始皇在此筑台观海，汉武帝曾躬耕于巨淀湖畔。寿光人贾思勰，总结了中国古代农业文明，写出了世界农业名著《齐民要术》。《齐民要术》是中国农业的根，它的农业思想、管理和技术方略，不仅影响了中国农业的延续和发展，而且也传播到了世界，受到了众多科学家的尊崇。

寿光社会和谐、经济腾飞，连续九届进入全国农村经济综合实力百强县，2006 年跃居第 41 位，县域经济基本竞争力居 29 位。先后荣获“国家级生态示范区”“全国文明城市”“中国优秀旅游城市”“国家园林城市”“国家卫生城市”“国家环保模范城市”“国家水利风景区(弥河)”“全国科普示范市”“全国科技进步先进县(市)”“创建全国文明村镇工作先进市”“中国蔬菜之乡”“全国蔬菜市场十强(寿光蔬菜批发市场)”“全国无公害农产品(种植业)生产示范基地县达标单位”等荣誉称号。寿光的腾飞，引起了全国的注目，受到了中央和国家领导的关怀和支持。如江泽民、胡锦涛、吴邦国等，都先后亲临寿光视察。2005 年，中央把寿光确定为保持共产党员先进性教育活动联系点，胡总书记于 4 月 7 日、8 日亲临寿光视察并作重要讲话。2006 年 4 月 27 日第七届菜博会期间，原总书记江泽民亲临寿光视察，新、老两位总书记的光临，给寿光人民带来了福音，为寿光的继续腾飞注入了强大动力。

寿光市现有圣城、洛城、古城、文家、孙家集共 5 个街道办事处，羊口、侯镇、营里、稻田、纪台、田柳、台头、化龙、上口共 9 个镇，共 905 个村，有 103 万人。

二、地形、地貌

整个寿光市是由南向北缓慢降低的大平原，海拔最高点在孙家集街道办三元朱东南，高程为49.5 m，最低点在老河口附近，高程为1 m。南北相对高差为48.5 m，水平距离为70 km，坡降为7/10000。河流和地表径流自西南向东北流动，对土壤起着冲刷、搬移和分选作用。

全市地形总体可分为三个组成部分。

(一)寿南缓岗区

西起孙家集街道办大李家，经纪台镇张庙附近至稻田镇管村以南，为太沂山区北部洪积扇尾，为缓岗。成土母质多为冲积物，发育着褐土和潮褐土。因所处地形部位较高，潜水埋深大于5m，地面起伏较大，地表径流较强，潜水对土壤水分无补给作用或甚少，土壤中矿质化作用较强烈，虽然土质较好，但养分含量较低，土壤肥力不高。

(二)中部微斜平原区

地势平缓，坡降很小，河水流速低，河床浅，常改道。形成了河滩高地、缓平坡地、河间洼地和浅平洼地等不同微地貌单元。因主要受河流影响，各个地貌单元呈南北走向间隔条带状分布。土壤母质为河流冲积物，土壤层次明显，砂、壤、黏相间。因地形高低有别，水热状况不同，土壤发育有异。河滩高地，地形部位较高，海拔多在9m以上，高处达27m，潜水较深，水热条件好，发育着褐土化潮土和潮土。缓平坡地和河间洼地，地形部位较低，是雨季地表径流集聚区，土壤水分较多，潜水埋深浅，多发育着潮土。地形部位较低的局部地区，在其成土过程中，曾受过特定的环境条件影响，形成了明显的腐泥状黑土层和潜育性砂姜层，发育着湿潮土和砂姜黑土。

(三)滨海浅平洼地区

分布在自台头镇三座楼经田柳镇李家庄、营里镇高家营至侯镇一线以北大部分地区。地形部位更低，海拔在7m以下，地势更加平缓，成土母质海相沉积物叠次相间，含盐量高，潜水矿化度也高，埋深又浅，局部地区易受海潮侵袭，多形成盐化潮土和滨海盐土。

寿光市有7个微地貌单元(见表1-1)。

表1-1 寿光市微地貌单元

代号	名称	分布位置
Ⅰ	河滩高地	①丹河东岸，南起洛城街道办事处田马、稻田镇搭界处，北至侯镇南端 ②弥河沿岸，南起孙家集、纪台以北至营里 ③寿城南北
Ⅱ	缓岗(埠丘)	孙集、纪台、洛城大部分地区
Ⅲ	缓平坡地	文家大部及化龙东部和南部
Ⅳ	河间洼地	与河滩高地呈间隔平行分布
Ⅴ	浅平洼地	台头、羊口、营里、侯镇等四镇的全部或大部
Ⅵ	微斜平地	从河滩高地、河间洼地到浅平洼地的过渡地带
Ⅶ	海滩地	渤海沿岸近海处，海拔高程为1～2m

三、成土母质

寿光市的土壤母质多为洪积、冲积和海相沉积物，局部地区有湖积物。从第四纪到现在这段漫长的历史中，因渤海湾地带地壳缓慢下降，洪积、冲积物在地表逐渐积累，致使寿光市的土层越积越厚，多数地区土层深达 100 m 以上，为农业生产提供了良好的土壤条件。

冲积母质的来源不同，所形成的土壤性质不同。弥河发源于沂山西麓，经临朐、青州入寿光，所带泥沙多为太古代的花岗岩、片麻岩风化物，质地较粗，沙性较大。弥河是寿光市的主要河流，全市多数地区的上层土壤发育自弥河冲积物，因此质地较轻，含钾较丰富。张僧河、跃龙河、洋河、织女河等西部小清河水系，发源自奥陶纪石灰岩山地，虽多为季节性河流，但每逢雨季，河水暴涨，将上游碳酸盐风化物冲积下来，在低洼处积聚。这种母质形成的土壤质地偏重，黏性较大，含钙丰富，石灰反应强烈。滨海地区底层母质多为海相沉积物，含盐量很高。地表虽有河流冲积物覆盖，但盐随潜水上升，在地表积累，土壤盐化现象严重，成为农业生产的主要障碍因素。近海地区海相沉积母质裸露，即为海滩地。在洰淀湖周围和个别地区有湖积物母质，发育的土壤有机养分含量丰富(有机质含量高达 40 g/kg)，潜在养分很高。侯镇丰台岭附近有人工堆积物，分布区域长 1500 m、宽 500 m，氮、磷、钾和有机质含量较高，尚未发育成土壤，在非盐碱地区可作肥料。

四、气象资源*

(一)光能资源

1. 太阳辐射

寿光地处中纬度，太阳辐射能量比较丰富。历年平均总辐射量为 124.3 kcal/cm^2，5、6 月最多，为 15.1 kcal/cm^2，12 月最少，为 5.7 kcal/cm^2(见表 1-2)。

表 1-2　　太阳总辐射量(1959～2005 年)

月份	1	2	3	4	5	6	7	8	9	10	11	12	1～12	3～5	6～8	9～11	12～2	6～9
辐射(kcal/cm^2)	6.5	7.9	11.4	12.4	15.1	15.1	12.0	12.0	10.6	9.2	6.4	5.7	124.3	38.9	39.1	26.2	20.1	49.7

2. 日照

全年平均日照总时数为 2548.8 h，日照百分率为 58%。最多为 2827.4 h(1968 年)；最少为 2276 h(1964 年)。一年中以 5 月日照时数最多，为 270.6 h，日照百分率为 62%；12 月最少，为 173 h，日照百率分为 58%。高于 0 ℃期间的日照时数为 2050.1 h，占全年总日照时数的 80%；高于 10 ℃的日照时数为 1548.4 h，占总日照时数的 61%(见表 1-3)。

* 本部分引用《农业区线》

表 1-3 历年各月日照时数及日照百分率(1959～2005 年)

月份	1	2	3	4	5	6	7	8	9	10	11	12	全年
日照数(h)	177.5	177.7	217.1	237.3	270.6	252.6	215.0	219.5	216.7	210.5	181.3	173.0	2548.8
百分率(%)	58	59	59	60	62	58	48	52	58	61	60	58	58

(二)热量资源

1. 气温

1959～2005 年,年平均气温为 12.7 ℃(寿光市区,下同),年平均最高为 14.2 ℃(1998 年),年平均最低为 11.4 ℃(1969 年)。最热月是 7 月,月平均气温为 26.5 ℃,最冷月是 1 月,月平均气温为－3.1 ℃。月平均气温年较差为 29.6 ℃(见表 1-4)。月平均气温以 3、4 月回升最快,4 月升温 7.7 ℃;11 月降温幅度最大,较 10 月降低 7.9 ℃。极端最高气温为 41 ℃(1968 年 6 月 11 日);极端最低气温为－22.3 ℃(1972 年 1 月 27 日)。

表 1-4 历年月、旬平均气温(1959～2005 年)

月	1			2			3			4			5			6		
旬	上	中	下	上	中	下	上	中	下	上	中	下	上	中	下	上	中	下
	－2.8	－3.4	－3.1	－2.1	0.1	0.8	3.5	6	7.6	10.9	13.6	15.6	17.6	19.2	21.3	22.9	24.5	25.4
平均气温(℃)	－3.1			－0.4			5.7			13.4			19.4			24.3		

月	7			8			9			10			11			12		
旬	上	中	下	上	中	下	上	中	下	上	中	下	上	中	下	上	中	下
	25.9	26.5	27	26.7	25.3	24.3	22.3	20.5	18.8	16.6	14.3	12.1	9.5	6.2	3.4	1.3	－0.7	－2
平均气温(℃)	26.5			25.4			20.5			14.3			6.4			－0.5		

2. 农业界限温度(见表 1-5～表 1-8)

0 ℃:日平均气温稳定通过 0 ℃的平均初日为 2 月 27 日,平均终日为 12 月 2 日,平均生长期为 279 天,活动积温为 4799.9 ℃。

10 ℃:日平均气温稳定通过 10 ℃的平均初日为 4 月 8 日,平均终日为 10 月 29 日,平均活跃生长期为 205 天,活动积温为 4303.8 ℃。

15 ℃:日平均气温稳定通过 15 ℃的平均初日为 5 月 1 日,平均终日为 10 月 8 日,喜温作物旺盛生长期平均为 161 天,活动积温为 3685.4 ℃。

20 ℃:日平均气温稳定通过 20 ℃的平均初日为 5 月 29 日,平均终日为 9 月 12 日,喜温作物安全成熟期平均为 107 天,活动积温为 2665.9 ℃。

表 1-5　　各界限温度开始日期保证率(1959～2005 年)

界限温度(℃)	平均初日	保证率(%)和开始日期(日/月)										
		5	10	20	30	40	50	60	70	80	90	95
0	27/2	6/2	13/2	17/2	21/2	25/2	27/2	28/2	2/3	5/3	10/3	13/3
10	8/4	28/3	29/3	1/4	3/4	5/4	6/4	9/4	11/4	13/4	15/4	17/4
15	1/5	17/4	21/4	24/4	26/4	28/4	30/4	3/5	5/5	6/5	11/5	15/5
20	29/5	9/5	17/5	20/5	23/5	26/5	28/5	29/5	1/6	3/6	7/6	11/6

春季日平均气温 0～10 ℃持续日数表示春季回暖快慢，这一时期自 2 月 27 日至 4 月 8 日，平均为 41 天。

秋季日平均气温 15～5 ℃界温持续日数是冬小麦冬前有效分蘖期，平均自 10 月 8 日至 11 月 14 日，持续 38 天，活动积温为 459.1 ℃。

表 1-6　　各界限温度终止日期保证率(1959～2005 年)

界限温度(℃)	平均终日	保证率(%)和终止日期(日/月)										
		95	90	80	70	60	50	40	30	20	10	5
0	2/12	19/11	23/11	26/11	8/11	30/11	2/12	4/12	97/12	12/12	15/12	20/12
10	29/10	20/10	21/10	23/10	24/10	27/10	28/10	30/10	31/10	5/11	9/11	15/11
15	8/10	28/9	1/10	2/10	4/10	6/10	8/10	9/10	10/10	12/10	15/10	16/10
20	12/9	31/8	31/8	5/92	8/9	9/9	12/9	13/1	15/9	18/9	22/9	26/9

表 1-7　　各界限温度持续日数保证率(1959～2005 年)

界限温度(℃)	持续日数	保证率(%)和持续日数(天)										
		5	10	20	30	40	50	60	70	80	90	95
0	279	316	306	299	290	283	279	276	272	267	259	252
10	205	232	225	219	212	209	206	202	197	194	190	187
15	161	183	178	172	168	165	162	157	153	149	143	136
20	107	141	129	122	118	113	109	107	101	98	91	82

表 1-8　各界限温度活动积温保证率(1959～2005 年)

界限温度(℃)	平均活动积温(℃)	保证率(%)和活动积温(℃)										
		5	10	20	30	40	50	60	70	80	90	95
0	4799.9	5164.3	5117.5	4966	4891.5	4834.6	4744.1	4692.3	4660.4	44564.7	4706	4535.3
10	4303.8	4689.9	4653.7	4502.7	4405.4	4367.9	4325.7	4280.5	4225.1	4167.9	4105.5	4068.8
15	3685.4	3980.4	3911.8	3883.7	3834.1	3798.6	3769.5	3695.3	3637.2	3487.6	3403.5	3245.1
20	2665.9	3232.1	3128.2	2925	2864	2797.7	2718.5	2684.8	2559.9	2444.1	2368.4	2278.4

日平均气温 0～5 ℃的持续日数是冬小麦冬前抗寒锻炼期,平均在 11 月 14 日至 12 月 2 日,持续 19 天,活动积温为 64.6 ℃。

3. 地温

地面温度:历年日平均为 14.9 ℃,最低为 1 月,平均为－2.7 ℃,最高为 7 月,平均为 29.9 ℃。

地中温度:4～5 月为春播期,春播与 5 cm 和 10 cm 地温有密切关系,10 cm 稳定通过 12 ℃的初日为 4 月 8 日,稳定通过 15 ℃的初日为 4 月 20 日(见表 1-9)。

表 1-9　历年平均地温(1959～2005 年)　单位:℃

深度(cm)	4 月						5 月					
	1～5	6～10	11～15	16～20	21～25	26～30	1～5	6～10	11～15	16～20	21～25	26～31
5	12.4	13.8	14.4	16.0	17.1	18.1	19.1	20.6	21.1	22.2	23.7	24.6
10	11.3	12.6	13.8	15.2	16.4	17.3	18.2	19.6	20.3	21.2	22.6	23.7

4. 冻土

10 cm 土层冻结初日平均在 12 月 15 日,最早在 11 月 8 日(1981 年),最晚在 1 月 15 日(2001 年);解冻平均在 2 月 24 日,最早在 2 月 5 日(1978 年),最晚在 3 月 14 日(1969 年)。历年平均最大冻土深度为 32 cm,最大冻土深度为 57 cm(1984 年 2 月 10～11 日)。

(三)水分资源

1. 降水特征

一是降水年、季变化大。历年平均降水量为 593.8 mm。最大为 1286.7 mm(1964 年);最小为 299.5 mm(1981 年)。季节降水高度集中于夏季(6～8 月)。其中春季降水 81.9 mm,占 13.8%;夏季降水 379.6 mm,占 64%,一般 7,8 月为全市的主汛期,期间降水 296.7 mm,占年降水量的 50%;秋季降水 106.7 mm,占 18%;冬季降水 25.6 mm,占 4.3%(见表 1-10)。

表 1-10　历年季、月降水量分布表(1959～2005 年)

季月	春季			夏季			秋季			冬季			全年
	3	4	5	6	7	8	9	10	11	12	1	2	1～12
降水量(mm)	14.4	27.8	39.7	82.9	155.6	141.1	53.7	31.9	21.1	8.9	6.1	10.6	
		81.9			379.6			106.7			25.6		593.8

二是降水日数少。全年平均降水日数为 73.7 天(≥0.3 mm 为一降水日)。降水日分布与年降水量逐月变化趋势基本一致,夏季最多,春秋季次之,冬季最少。全年以 7 月最多,平均为 13.6 天,1 月最少,平均为 2.4 天(见表 1-11)。

表 1-11 历年各月平均降水日数(1959～2005 年)

月份	1	2	3	4	5	6	7	8	9	10	11	12	全年
日数	2.4	3.3	3.8	5.9	5.5	8.8	13.6	10.6	6.9	5	4.6	3.3	73.7

三是降水强度大。降水强度是指单位时间内的降水量。降水强度大、雨势猛,不易被植物和土壤吸收,大量降水以地表径流的形式汇于江河,利用价值低。如果排水不畅,还会积涝成灾(见表 1-12)。

表 1-12 历年降水最大强度统计(1959～2005 年)

时间	6月				7月				8月			
	10min	1h	1d	3d	10min	1h	1d	3d	10min	1h	1d	3d
降水量(mm)	25.2	48.7	105.4	143.9	26.4	89.7	148.8	190.7	30	99.6	176.1	212.3
日期	29	8	24	22～24	5	4	28	26～28	4	4	4	12～14
年份	1993	1990	1996	1966	1961	1973	1964	1974	2001	2001	2001	1974

2. 降水保证率(见表 1-13)

表 1-13 历年各季降水保证率(1959～2005 年)

季、年	降水量(mm)	保证率(%)									
		10	20	30	40	50	60	70	80	90	95
春季(3～5 月)	81.9	129.7	115.5	100.2	88.1	72.7	60	55.9	48.5	37.8	33.2
夏季(6～8 月)	379.6	584.8	503.9	436.6	408.3	357.1	317.9	295.1	255.8	193.7	170.1
秋季(9～11 月)	106.7	195.8	160	144	118.1	102.9	80.9	65.4	511	38.4	29.6
冬季(12 月～翌年 2 月)	25.6	56.8	46.2	34.8	28.9	20.2	15.6	11.5	7.5	4.8	3.2
全年(1～12 月)	593.8	845.4	691.5	630.1	620	569.5	534.2	524.4	466.3	415.8	360.8

3. 降雪和积雪

寿光历年降雪多集中于 1 月和 2 月,其次是 12 月和 3 月。平均降雪初日为 12 月 2 日,最早为 11 月 9 日(1982、1990 年);平均降雪终日为 3 月 15 日,最晚为 4 月 27 日(1965 年)。平均降雪期为 104 天。

积雪深度和连续降雪日数,年际变化很大,有的年份降雪量很小,最大积雪深度只有 1～2 cm。历年最大雪深为 28 cm,最大雪压为 0.3295 kPa (1972 年),连续降雪日数最长 6 天(1969 年 1 月 25～30 日)。

4. 主要农事季节降水量

春播期间(3 月 21 日至 5 月 20 日):历年平均降水量为 58.5 mm,最大为 167.7 mm

(1964 年),最小为 17.1 mm(1986 年)。降水量少于 70 mm 则播种受阻或出苗困难,降水量为 70～100 mm 属于正常,多于 100 mm 为偏多。1959～2001 年,有 26 年属于不足,占 60%;5 年降水偏多,占 12%;9 年正常,占 21%。

夏播期间(5 月 21 日到 6 月 30 日):历年平均降水量为 97.9 mm,此间降水 110～130 mm 比较适宜,少于 70 mm 出现旱象,少于 50 mm 旱象严重。43 年中 8 年正常,占 19%;有 16 年出现旱象,占 37%;9 年旱象严重,占 21%,影响夏播作物正常播种。

秋播期间(9 月 11 日至 10 月 20 日):历年平均降水量为 50 mm,少于 30 mm 出现严重干旱;多于 75 mm 出现涝情。43 年中有 14 年少于 30 mm,占 33%;9 年多于 75 mm,占 21%;20 年正常,占 46%。

5. 湿润状况

1959～2005 年,干燥度为 1.31,属半湿润区($k=1\sim1.49$)。

(四) 气象灾害

1. 干旱

全年干旱:47 年中,全年性的大旱发生 6 次(1969、1977、1981、1983、1989、1992 年);偏旱年 6 次(1968、1972、1984、1985、1986、1988 年)。

(1)春旱。3～5 月降水量小于 120 mm 就会出现不同程度的旱象。47 年中,小于 120 mm 的出现 36 年,多数年份不能满足小麦正常生长的需要。4 月如有一场大于 20 mm 的降水或两次大于 10 mm 的降水,可以抢墒播种,否则就难以适时播种。47 年中出现上述条件的 13 年,另有 34 年不能抢墒播种,占 74%。

(2)初夏旱(5 月下旬至 6 月下旬)。5 月下旬至 6 月上旬是小麦生长后期和夏玉米的套种期,6 月中下旬是夏玉米直播期。在这段时间里,降水量小于 40 mm 或无 1 次大于 20 mm 的降水,就会出现干旱,43 年中发生初夏旱 25 年,频率为 58%。

(3)伏旱。伏旱指 7 月中旬到 8 月中旬这段时间的干旱,此间若连续 15 天无大于 10 mm 的降水,或连续 10 天无大于 5 mm 的降水即为伏旱,对套种夏玉米易造成"卡脖旱",明显影响产量,47 年中共出现伏旱 32 次。

(4)秋旱。秋播前期和秋播期降水多少对适期秋播和来年产量影响很大。8 月中旬至 9 月上旬,$P\leqslant-50\%$为秋旱标准,47 年中共发生秋旱 11 次。

2. 暴雨和洪涝

(1)暴雨。暴雨是指日降水量 50 mm 以上的降雨,其中日降水量 100～200 mm 为大暴雨,大于 200 mm 为特大暴雨。47 年出现暴雨 67 次,平均每年 1.4 次,年最多出现 5 次(1982 年)。47 年出现大暴雨 7 次,频率 16%;47 年中没出现过特大暴雨。暴雨最早出现在 5 月 19 日(1985 年),最晚出现在 10 月 19 日(1982 年),一般出现在 6～9 月,7～8 月出现最多。

(2)洪涝。$P=20\%\sim49.9\%$为偏涝,$P\geqslant50\%$为大涝。47 年中,全年性的大涝共发生 2 次,为 1964、1974 年,分别降水 1286.7 mm 和 1016.4 mm,频率 5%;偏涝年是 1962、1973、1990 年,分别降水 782.0 mm、873.3 mm 和 845.4 mm。

(3)夏涝(7 月中旬至 8 月)。这时正值春播作物棉花、谷子等开花期,夏播作物如大豆等正值开花结荚期,虽然大部分作物都是需水期,但常因降水或客水过多,使土壤水分饱和甚至积水,致使作物窒息而死,以至减产甚至绝产。在 47 年中,发生夏涝(大涝)4 次

(1962、1964、1974、2001 年,分别降水 397.7 mm、634.4 mm、570.1 mm 和 440.0 mm)。

3. 冰雹

冰雹多发生在 4～10 月,最早出现在 1982 年 3 月 16 日,最晚出现在 1963 年 11 月 25 日。1971 年最多,发生 5 次。据近几年资料分析,冰雹路径主要有两条。第一条是从广饶县北部进入羊口镇,经营里镇北部并在北里庄、周疃等弥河西岸一带加强后再分成两路:一路和海岸平行,经侯镇移往寒亭境内;一路顺丹河方向,经侯镇、洛城、稻田移往昌乐境内。第二条从广饶县中部进入羊口,经台头、化龙、文家、孙集等乡镇街道办事处在弥河西岸加强,从纪台进入昌乐境内。

4. 大风

瞬时风速大于 17 m/s,称为大风。47 年中出现大风 386 次。1962 年最多为 23 天。全年以 3、4、5 月最多,8、9 月最少。历年最大风速 23.0m/s,出现在 1984 年 3 月 20 日。

5. 霜冻

寿光平均初霜冻日期为 10 月 25 日(按地面最低 0 ℃以下统计),最早为 10 月 13 日(1988 年),最晚为 11 月 12 日(1996 年)。平均终霜冻日为 4 月 11 日,最早终止在 3 月 27 日(1976 年),最晚在 5 月 3 日(1986 年),历年平均无霜期 196 天。

6. 干热风

据统计,干热风有 95%的年份出现,以 6 月上旬最多为 76 天,其中,重干热风有 76%的年份出现,6 月上旬出现最多为 22 天(见表 1-14)。

表 1-14　历年(1959～2005 年)逐旬各级干热风出现日数及频率

项 目	轻干热风				重干热风			
	中旬/5 月	下旬/5 月	上旬/6 月	合计	中旬/5 月	下旬/5 月	上旬/6 月	合计
总日数	13	45	54	112	2	6	22	40
频率(%)	12	40	48	100	51	40	55	100

7. 夏季高温

高温(≥35 ℃)在 47 年中出现 422 天,年均 9.8 天,最多 28 天(1959 年),最长连续日数 8 天(1997 年 7 月 24～31 日)。最早出现在 5 月 1 日(1994 年),最晚出现在 9 月 20 日(1987 年)。6 月中旬至 7 月下旬出现机会最多。

8. 暖冬天气

受综合因素影响,近年来暖冬现象突出。据统计,1959～1989 年冬季平均气温为 −1.8 ℃,而 1959～2001 年冬季平均气温为 −1.3 ℃,偏高 0.5 ℃。尤其是 1997～2001 年中,1999 年冬季平均气温为 −1.0 ℃,其余 4 年均高于 0 ℃,2001 年冬季平均气温高达 1.5 ℃,较常年偏高 3.3 ℃。

五、生物资源

寿光市生物资源丰富,粮食作物主要有小麦、玉米。经济油料作物主要有蔬菜、棉花、大豆。

第二节　农村经济与农业生产情况

一、农村经济情况

寿光市总面积为2180 km²，2007年辖14处乡镇、街道办，人口103万，其中农村居民88万人，耕地面积为86266.67 hm²，寿光是国家蔬菜、粮食、果品、水产、畜牧等综合商品基地市。寿光被称为“中国蔬菜之乡”，目前蔬菜种植面积为56667 m²，蔬菜大棚30万个，全市涌现出了“中国韭菜第一乡”“中国胡萝卜第一镇”“中国香瓜第一镇”等专业村镇587个，“乐义”牌黄瓜、“洛发”牌黄瓜、“王婆”牌香瓜被评为山东名牌农产品。仅蔬菜一项，农民年人均纯收入达到3500多元，设施蔬菜面积在国内、国际都位居第一。

粮食种植主要有小麦、玉米，粮食播种面积为82351.3 hm²，其中：小麦播种面积为41175.7 hm²，总产273422吨；玉米播种面积为40313 hm²，总产285074吨；海淡水养殖面积为6600 hm²。去年全市水产品总产量38.6万吨，实现水产业总产值24.2亿元。畜禽存出栏总量6000万只，肉类总产123400吨，实现畜牧业总产值18.16亿元，占农业总产值的22.5％。

近年来，我市以科学发展观统领全局，创新思路，务实大干，农业和农村经济实现了健康协调可持续发展，连续九届跻身全国百强县行列，2006年列第41位。2007年财政总收入33.06亿元。其中，地方财政收入17亿元，地区生产总值332.9亿元。地区农业总产值1980年为20098万元，2007年达到902109万元，增加882011万元，增长了43.9倍。农民人均纯收入由1980年的99.43元增加到2007年的6619元，增加了6519.57元。

表1-15　　1980年以来我市农业主要经济指标

年份	乡镇数(个)	村(个)	乡村户数(户)	乡村人口(万人)	农村劳动力(万人)	地区农业生产总值(万元)	农民人均纯收入(元)
1980	22	988	201256	88.2	34.6	20098	99.43
1981	22	988	203761	85.1	34.2	29876	135.9
1982	22	988	209731	84.8	34	35332	195.16
1983	22	988	206898	84.9	35	32312	342.53
1984	30	994	207021	85.2	36.2	45066	454.83
1985	34	994	208008	85.5	34.5	45782	521.36
1986	34	995	208327	86	39	60524	577.05
1987	34	996	211954	85.8	39.1	72711	637.99
1988	34	1000	215046	86.2	39.3	77498	747
1989	34	1003	218298	87	40.1	88234	811

续表

年份	乡镇数(个)	村(个)	乡村户数(户)	乡村人口(万人)	农村劳动力(万人)	地区农业生产总值(万元)	农民人均纯收入(元)
1990	34	1005	227000	88.6	41.6	100261	991
1991	34	1005	230493	90.4	47.8	163870	962
1992	34	1006	234200	91.1	48.5	187329	1121
1993	34	1007	234654	91	45	277443	1428
1994	34	1008	235275	90.2	44.7	372395	2200
1995	34	1008	238470	90.3	39.5	357109	2825.9
1996	34	1007	239934	89.7	39.4	364056	3250
1997	33	974	225442	85.4	38.3	330462	3310
1998	33	975	236564	85.5	39	366918	3650
1999	33	975	238600	86.1	44.5	298968	3850
2000	27	975	241974	86.5	41.8	494680	4010
2001	21	975	243656	87.5	42.1	524651	4256
2002	21	975	241625	86.7	45.2	529268	4302
2003	19	975	241369	86.7	46.4	591122	4508
2004	19	975	242277	87.3	46.4	659009	5016
2005	19	975	243897	87.5	46.8	712541	5436
2006	16	975	250667	87.8	46.9	808454	5936
2007	14	975	251360	88	45.7	902109	6619

表 1-16　　1980 年以来我市农作物播种面积、产量

年份	播种面积(万亩)					总产量(吨)				
	小麦	玉米	棉花	蔬菜	果品	小麦	玉米	棉花	蔬菜	果品
1980	88.2	30.3	1.3	8.8		131179.1	151903	258	126313	
1981	87.6	59.4	13.9	11.2	2.3	133319.2	166891	6001.8	268431	10360
1982	73.6	67.5	17.8	15.7	2.5	142470	185600	7007.5	305638	9433
1983	85.1	65	28.3	14.5	2.4	217285	166450	15985		17044.5
1984	92.1	65.9	39.5	15.8	2.4	191940	210030	28075		15410
1985	90.9	63.3	35.6	18.2	3.5	220010	210840	24861		24468.5
1986	90.5	63.5	27.5	18.9	5.6	246150	222659	16005	600401	15724.5

续表

年份	播种面积(万亩)					总产量(吨)				
	小麦	玉米	棉花	蔬菜	果品	小麦	玉米	棉花	蔬菜	果品
1987	74.6	63.3	34.6	20.6	7	251575	254149	20669	651919	25423
1988	86.3	63.3	30.4	22.7	8.9	279955	258989	15035		22934
1989	75	64.1	29	22.5	9.9	282480	269540	14245		28777
1990	78.8	65.2	28.9	24.3	10.7	296420	311512	16079		23372
1991	80.8	65.4	30.8	27.2	11	324490	334801	19000	924621	27004
1992	79.2	60.6	29.7	29	11.6	340385	330170	9587	1250	39664
1993	79.6	61.8	19.9	46	16	366086	339800	7500	1729626	66369
1994	71.9	61.6	20.5	44.6	15.5	342632	365998	6600	2006066	117551
1995	72	62.4	16	48.7	15.7	346625	372342	4000	2000013	145806
1996	71	59.4	7	53.9	16	355852	368749	4100	2183778	179138
1997	69.9	59.2	5.4	54.1	8.2	352641	214251	3805	2185292	172802
1998	68.9	57.6	6.7	56.5	8.2	349160	336488	4803	2383966	174622
1999	68.8	72	4.8	58.8	12.5	349641	325008	2816	2514502	198311
2000	63.7	41.4	4.9	73.9	11.4	305357	171556	2838	3023414	213279
2001	48	43	8.2	85.5	9.3	219078	194027	7172	3494278	223278
2002	44.4	45.4	0.3	86.9	7.8	166665	172098	3281	3672056	105569
2003	42	33.6	12.6	86	9.1	164947	150279	10109	3652484	205480
2004	28.4	49.6	16.8	81.8	7.2	122676	225319	11935	3659634	195187
2005	59.9	44.9	15.2	75.9	7.1	247861	215140	10971	3658410	187741
2006	62.7	58.4	14.9	77.9	4.4	273681	260449	10824	3490237	111952
2007	61.8	22.7	85	4		273422	285074	15743	3699790	111334

二、农业生产概况

(一)改革开放之初的基本情况

在长期的生产实践中,寿光人民积累了丰富的农业生产经验,尤其是种植业,在寿光整个农业生产中占有非常重要的地位。改革开放之初,寿光土地总面积为 218000 hm^2。其中,耕地面积为 98666.7 hm^2,占土地总面积的 45%;苇田面积为 5000 hm^2,其余是林地、盐田、海滩、荒碱、村镇及沟、河、路;种植业以粮食作物为主,经济作物较少,粮田面积占耕地总面积的 82%左右。粮食作物种植以小麦、玉米、红薯、大豆、高粱、谷子为主。1979 年,冬小麦面积为 60000 hm^2;玉米面积为 37860 hm^2;红薯面积为 17680 hm^2;大豆面积为 7166.7 hm^2;高粱面积为 3340 hm^2;谷子面积为 2153.3 hm^2。经济作物主要是黄烟、棉花、蔬菜等。黄烟面积在20世纪70年代前始终保持在4000～6000 hm^2，20世纪80年代，黄烟种植面积下降到1333.3 hm^2。1979年棉花种植面积为666.7 hm^2，到20世纪80年代上半期，由于种植业结构调整，棉花生产大发展，1984年全市植棉面积为26120 hm^2。蔬菜面积在20世纪70年代5333.3 hm^2左右，20世纪80年代上半期发展很快，1984年全市蔬菜面积发展到12266.7 hm^2。

（二）改革开放以来的变化

改革开放以后，特别是近年来，寿光市以科学发展观统领全局、创新思路、务实大干，经济社会实现了健康协调持续发展。2007年全年实现地区生产总值330亿元，同比增长16.5%；农民人均纯收入6619元，比上年增加683元。先后成为著名的“中国蔬菜之乡”，国家、山东省确定的蔬菜、粮食、果品、水产、畜牧等综合商品基地市，全国无公害农产品生产示范基地县等。经过大规模的农业结构调整，全市逐步培植起了蔬菜、粮食、果品、水产、畜牧、花卉等优势主导产业。1980年，粮田面积为132166.7 hm^2；而蔬菜面积由1979年的5333.3 hm^2发展到现在的56000 hm^2，其中蔬菜大棚发展到40万个。

（三）寿光农业产业化特别是蔬菜产业化的形成和发展

寿光农业有较好的基础，特别是蔬菜产业化有比较优势。北魏时期的高阳太守贾思勰就诞生在寿光，他撰写的农学巨著《齐民要术》大部分篇幅是介绍蔬菜的品种、栽培和加工技术，说明寿光蔬菜种植历史悠久。经过历届市委、市政府和寿光人民的不懈探索和实践，寿光蔬菜产业的发展经过了五个阶段，树立了五个里程碑。

解放思想、调整结构，为寿光蔬菜的发展树立了第一个里程碑(1979～1984年)。十一届三中全会后，全县普遍推行了家庭联产承包责任制，寿光农村全部实行了大包干，农民有了更大、更多的自主权。极大地调动了农民的生产积极性。农民开始迫切要求调整作物结构，大力发展蔬菜生产。蔬菜播种面积由1979年的5933.3 hm^2增加到1984年的12266.7 hm^2，增长了1.1倍。

建市场、促流通，为寿光蔬菜的发展树立了第二个里程碑(1984～1989年)。1983年秋菜上市，因为流通不畅白白烂掉5×10^7 kg，出现了“菜贱伤农”现象。给了当时决策者们以启示，抓生产必须抓流通，抓流通必须抓龙头。1984年3月1日，寿光蔬菜批发市场在九巷村正式开业，此后经过20年的建设，逐渐发展为“设施先进、功能完备、品种齐全、货畅其流”的全国最大的蔬菜批发市场之一。目前，这里是全国最大的蔬菜集散中心、价格形成中心和信息交流中心。外地蔬菜现在占到90%以上，市场常年上市200多个品种，辐射全国20多个省市、自治区，并出口日本、韩国、东南亚等10多个国家和地区，结束了寿光菜卖不出去的历史，“这里没有卖不了的菜，也没有买不到的菜”。

建大棚、促发展，为寿光蔬菜的发展树立了第三个里程碑(1989～1996年)。1989年，三元朱村党支部书记王乐义带领村民建起了17个大棚搞试验，并对当地传统种植方式进行了五项改革，研制成功了深冬生产不需要加温的冬暖式蔬菜大棚，创造了我国北方平原蔬菜越冬史上的奇迹，昂起了寿光蔬菜发展的第二个“龙头”，并由此引发了我国农业保护地栽培的一场大革命。冬暖大棚降低了生产成本，提高了经济效益。首先是带动了蔬菜面积的不断扩大。二是带动了蔬菜品种结构调整。1989年以前寿光蔬菜品种以大葱、白菜、韭菜、萝卜、胡萝卜、芹菜、菠菜等大路菜为主，以后则以大棚黄瓜、番茄、辣椒、茄子、西葫芦、菜豆、苦瓜、丝瓜、香椿等精细菜为主。三是带动了蔬菜产品质量的提高。四是带动了果、林、牧、渔、花卉产业的发展。如大棚果树、大棚花卉、大棚养鱼、大棚养鳖、大棚养蟹、大棚养猪、大棚养鸡等多种生产模式，相继开发并逐步推广开来。大棚养花，已成为花卉产业的主要生产模式。

抓科技、创绿色，为寿光蔬菜的发展树立了第四个里程碑(1996～2000 年)。寿光的蔬菜生产，从开始启动的第一天起，就紧紧地和科学技术融为一体，不断地有所改革，有所创新，有所发展。冬暖式大棚试验成功后，为加快农业现代化进程，三元朱村先后从中国农科院、山东农业大学等单位长期聘请专家教授进行新品种、新技术的试验。1996 年试验成功了集大棚滴灌、模板护墙、电动卷帘、钢架支撑、微机控制于一体的高标准大棚，并迅速推广到全国各地。1997 年开始进行绿色食品蔬菜的大面积开发，建成了以该村为基点，辐射周边村庄，占地 133.3 hm^2的绿色食品开发园。并派人到日本、荷兰学习，先后引进了国内外 26 类 150 种名优新品种，试验推广了 20 多项新技术，使大棚产量翻了一番，效益增长近一倍。该村注册了“乐义”牌蔬菜商标，大力推行标准化生产，建设了有机质无土栽培大棚 133.3 hm^2。在北京、上海、济南、烟台等大中城市设立了“乐义”蔬菜专柜，产品远销到俄罗斯、蒙古、日本等国家和地区。伴随着三元朱村的实践，寿光农业产业化有了新发展。近年来，寿光在总结寿光市农业农村经济发展的经验，特别是蔬菜生产经验教训的基础上，确立了农业产业化发展思路。基本内容是：以国内外市场为导向，以提高经济效益为中心，对农业各支柱产业和产品，实行区域化布局、专业化生产、一体化经营、社会化服务、企业化管理，形成了市场牵龙头、龙头带基地、基地连农户、集种养加、产供销、贸工农、农科教为一体的“一条龙”经营机制，逐步实现农业生产的专业化、商品化和社会化。这一阶段全市先后建设了各类大型专业市场 30 多处，带动了农业主导产业的发展壮大，基本实现了一家一户分散经营的小生产与统一开放的大市场的有效衔接，推动了农村市场经济的迅速发展。

1997 年以后，全国菜篮子产品供大于求，形成买方市场，寿光蔬菜受到了市场竞争的冲击。这时，市委、市政府审时度势，果断地作出了“发展绿色食品，走向二次革命”的战略决策。1997 年 10 月，市里成立了绿色食品蔬菜生产指导办公室。1998 年 5 月，示范基地通过土、水、气和各种蔬菜品种检测化验，各项化验数据全部达标，获得了由中国绿色食品发展中心发给的绿色食品蔬菜名牌和证书，示范基地生产的各种蔬菜均可使用绿色食品标志。名牌和证书的获得，标志着寿光蔬菜第二次革命即“绿色革命”的开始，也成为寿光蔬菜发展树立的第四个里程碑。

提升会展水平，办好蔬菜博览会，为寿光蔬菜的发展树立了第五个里程碑(2000 年至今)。寿光市坚持“以菜为媒，经贸唱戏”的办会宗旨，精心组织，周密安排，把蔬菜博览会办成了展示国内外蔬菜优良品种、先进技术设备的盛会和招商引资、经贸洽谈的盛会，蔬菜博览会已成为一个响亮的会展品牌和体现寿光特色的一张独特名片，对推动寿光市农业及经济发展、加快农业产业化进程起到了巨大的促进作用，收到了很好的经济效益和社会效益，成为全市农业开放的窗口。

(四)寿光市农业产业化的实践

近年来，寿光市一直把“三农”工作作为重中之重来抓，积极优化产业结构，大力完善市场体系，全面推行标准化生产，农业产业化水平得到了不断提高。

1. 抓基础，调整农业结构，发展高产高效农业

根据农业资源分布特点，按照区域化布局、规模化经营、专业化生产的原则，寿光市在稳定粮食种植面积、依靠科技提高粮食单产和品质的前提下，本着宜粮则粮宜菜则菜的原则，突出特色，优化布局，先后四次大规模调整产业结构。在北部，大力发展畜牧业、水产养殖业；种植业，通过调整土地建大棚种蔬菜、果品、高效经济作物、食用菌等。寿光市在中部集中发展优质粮食生产，推广优良品种和高产种植模式，建设了 40000 hm^2 优质粮食基地，先后建成了“吨粮市”“双千市”“小麦千斤市”，实现了粮食生产与农民收入的持续、同步增长。一是积极落实惠农支农政策，提高农民生产积极性。2007 年寿光市落实粮食直补款 3168 万元、良种补贴款 300 万元、测土配方施肥推广 56666.7 hm^2。粮食直补、良种补贴政策及测土配方施肥项目的实施和落实，大大提高了农民的种粮积极性，2008 年寿光市小麦播种面积为 48066.7 hm^2，比 2007 年增加 606.7 hm^2。二是大力推广了以“精播”为重点的小麦高产栽培技术，狠抓了深耕改土、精细整地、配方施肥、足墒播种，引进推广了济表 17、济麦 20、济麦 21、济麦 22、淄麦 12、良星 99 等优质小麦品种。在中南部乡镇，大力发展蔬菜生产，蔬菜面积达到 56667 hm^2，冬暖式大棚 30 万个，形成了万亩韭菜、万亩芹菜等十几个成方连片的蔬菜生产基地，蔬菜成为最具竞争力的特色产业，仅蔬菜一项，全市农民人均纯收入 3500 多元。在北部地区，集中发展以棉田、冬枣、速生杨为主的综合开发，累计发展棉田 12000 hm^2、冬枣园 4533.3 hm^2、速生杨 5333.3 hm^2。

2. 抓保障，调整工作思路，加强体系建设

由于当前农产品市场竞争加剧和国内市场准入处处设防，使寿光市认识到下大力气推行蔬菜标准化生产，切实提高农产品质量，是寿光市保持农业品牌的关键。因此，寿光市把标准化生产视为“寿光蔬菜”品牌的生命线，把加强基地建设提高蔬菜质量作为政治战略来抓，全面实施食品安全战略。

(1)抓基地认定和农产品质量认证体系建设。近年来，通过实施基地准建制、落实基地准出制，目前全市已建设了 5 个国家级农业放心菜生产基地、10 个外资农业示范基地，市蔬菜高科技示范园集示范种植、科研组培、品种展示、加工销售于一体，成为全国首批 21 家国家级农业科技示范园之一。寿光市对生产基地全部实行“统一技术培训、统一检测仪器、统一制度规范、统一注册商标、统一标识销售”管理，严格实行标准化生产一票否决制和蔬菜产品追溯制度，市政府与各镇、街道签订了蔬菜质量安全责任状，各镇、街道与蔬菜种植户签订了蔬菜质量合同书，实现了蔬菜产品从农田到餐桌的全程监控。目前全市经过农业部认定的优质农产品基地达到 43333.3 hm^2，经过认证的优质农产品品种达到 322 个。打造了“欧亚特”蔬菜、“荣明”葡萄、“王婆”洋香瓜、“燎原”蔬菜、“展望”番茄、“圣玉”淀粉等十几个比较知名的农产品商标，其中“乐义”牌黄瓜被评为中国名牌农产品，“乐义”牌黄瓜、“洛城”牌黄瓜被评为山东名牌农产品。

(2)强化质量检验检测体系建设。投资 1200 万元建立了寿光市农产品质量检测中心，投资 200 万元在 14 个种菜镇、街道配置了速测室，投资 20 多万元购置了农产品安全流动检测车，负责全市蔬菜产前环境质量、产中农资投入、产后加工处理及市场质量管理

等全程质量检测，一是配合农业部、省例行抽检进行检验检测。二是主动进行检验检测。蔬菜品质显著提高，是全国无公害农产品生产示范基地达标单位，在去年农业部对全国37个城市农产品质量5次抽检中获得第3名。

(3)抓好源头控制，强化监督检查体系。市政府制定出台了《农业投入品管理办法》，较好地杜绝了假冒伪劣农资产品和剧毒、高毒、高残留农药流入市场和进入生产环节。成立了农业行政执法大队，分片划区对全市农资经营户进行不定期监督检查，对无证经营、超范围经营、生产销售禁用农资产品等违法违规行为重点查处。2007年，共出动执法人员2000多人次，检查农资经营业户1100多家，立案处罚541起，查封假劣农资37万多千克，为农民挽回经济损失300余万元。此外，还进一步完善了财政保障体系，进行教育推广培训体系建设，实行产品质量追溯体系建设。

3. 抓关键，调整市场结构，增强龙头企业带动作用

从20世纪80年代中期开始，寿光市始终把加强市场体系建设、组织引导农民进入市场作为农业发展的关键措施来抓。按照"巩固市场核心、扩展营销体系、突出加工龙头"的思路，围绕主导产业，加大力度开拓市场，积极灵活地进行市场结构调整，提高农民进入市场的组织化程度。

"巩固核心"就是不断改进寿光蔬菜批发市场的运作方式、交易手段、组织体系、市场发展战略和策略，进一步做大规模，扩大影响。我市先后投资3亿多元对寿光蔬菜批发市场进行了扩建，建成了国内第一家农产品电子拍卖中心和物流配送中心，面积扩大到45.3 hm^2，年交易额40多亿元，成为"买全国、卖全国"的全国蔬菜集散中心、信息交流中心和价格形成中心。

"扩展体系"就是以蔬菜批发市场为核心，对外抓开拓，对内抓完善，构筑与国内外市场相融合的现代化市场体系。配套建设了"十大蔬菜专业市场""十大农资超市"，带动了蔬菜运销、经营、中介等产业和人才、信息、技术等要素市场的发展，形成了内外相通、遍布城乡的市场网络。到目前，全市已发展各类专业市场40多处，特别是创建了全国第一家蔬菜网上交易市场。积极推广新型市场销售方式，先后开通了寿光至北京、哈尔滨、湛江三条"绿色通道"，在北京、天津、哈尔滨等大中城市设立了寿光"无农药残留放心菜"专营区，与全国50多个大中城市农产品市场及国家机关、大型企业开展了直供直销、连锁经营和配送业务。开通了面向国际市场的农产品海上"蓝色通道"、空中走廊、网上通道，在周边国家和地区设立了"专营店"，蔬菜销售范围辐射到全国30个省、市、自治区，出口到10多个国家和地区。

"突出加工"就是大力发展农产品加工业。寿光市把发展农业龙头企业作为提高农业效益和提升产业化水平的重要环节来抓，扶持壮大了天成食品、赛维科技等40多家重点农业龙头企业，增强了辐射带动功能。同时寿光市大力推行"公司加基地带农户"的农业生产经营模式，80%以上的农户以各种形式进入了产业化经营体系，实现了企业与农民的双赢。为提高农民的组织化程度，寿光市积极鼓励和引导农业龙头企业、农村种养大户、农业技术人员等牵头创办各种形式的农村专业合作经济组织，在产前、产中和产后各个阶段提供全方位服务，使专业合作经济组织真正成为农业增效、农民增收的重要载体。目前，全市农村专业合作经济组织发展到60多家，辐射带动40%的村，约10万农户，为

农民持续增收创造了良好的条件。

4. 抓枢纽，调整组织结构，大搞农业园区建设

农业园区是上连企业，下连农民的枢纽。近年来，寿光市把建设农业园区作为推进农业农场化、农民职工化、生产基地化、产品标准化的有效途径，创新机制，大胆发展。一是依托企业建园区。采取“公司＋基地带农户”的模式，企业与农民签订土地反租倒包合同，使土地由分散种植变为统一管理，实现公司、基地、农户的有机联合，形成“风险共担、利益共享”的经济共同体，使企业实现小投入、大产出，农民成为名副其实、收入稳定的园区工人。二是依托集体土地建园区。各镇（街道）、村和企事业单位积极探索土地集约经营的路子，采取反租倒包、招标承包、使用权拍卖等形式，加快土地流转；鼓励农民以资金、土地、实物、技术等合股联办园区，扩大规模，提高效益。三是依托家庭办园区。支持农村中具备一定经济实力、生产技术和管理经验的农户承租土地，大面积发展蔬菜、水果、经济林木、海淡水养殖等家庭农业园区。四是依托特色办园区。寿光市把全市农业作为一个生态园区来经营，对产业、产品、组织结构进行调整，大力发展集种养加、贸工农、科研开发、观光旅游、餐饮服务为一体的集约经营，充分挖掘资源优势，打响“绿色牌”“生态牌”，使生态农业、观光农业逐渐成为我市农业发展的重要经济增长点。

5. 抓根本，调整技术结构，走科技兴农之路

寿光市始终把加快农业科技进步作为打造“寿光蔬菜”品牌，提高农业综合效益的根本措施，坚持引进与开发，示范与推广相结合，不断用科技武装蔬菜产业，增强其市场竞争力。首先，开展技术创新，实现技术现代化。市里成立专门的蔬菜、食用菌等研究所，先后与中国农科院、中国农大、山东省农科院、山东农大等46家省以上科研单位和院校进行合作，开展蔬菜育种、栽培、植保、设施等新品种、新技术的研发、引进、试验、示范，先后推广了大棚滴灌、电动卷帘机、臭氧抑菌等300多项国内外新技术、1000多个新品种和立体栽培、无土栽培、生物组培等30多种种植新模式。目前，全市蔬菜先进技术和良种覆盖面分别达到95%和98%。科技进步对农业增长的贡献率达到65%。大棚蔬菜平均每亩效益达到1.5万元以上，出现了一批5万元田和10万元田。其次，健全信息化服务体系。完善了市镇村三级科技推广服务体系，充分利用政府信息网、农业信息网、报纸、电视等手段，及时为农民发布和传递国内外市场的农产品需求、供应状况及价格走向等信息。组建了50多家蔬菜协会，建立了蔬菜示范园博士后科研工作站，开设了“中国农业人才热线”“农业人才信息库”，引进农业科技人才100多名。第三，加快培训体系建设，实现技术全员化。以市农技培训中心、镇农技服务中心、村科技综合服务大院作为培训基地，定期对全市广大农村群众进行科技知识轮训，并聘请国内外知名专家巡回讲课。去年以来，在全市举办蔬菜标准化生产技术培训班540多场次，参加培训人数达18万人次。通过培训，全市有10万多农民获得了“绿色证书”，2.4万名农民获得了“农民技术员”资格，180名农民成为“农民科技专家”。孙家集街道菜农王景春，独创樱桃西红柿插枝技术，使植株连续再生增产，每666.7 m^2可增收5000元。

（五）农业产业化带动了农村经济的全面发展

农业产业化是农村工作面临的新课题，更是现阶段农业和农村工作的中心任务。农业和农村经济的发展正面临着新的机遇和挑战，在日益激烈的市场竞争中，农业和农村经

济发展必须以市场为导向，以科技为支撑，走区域化布局、规模化生产、产业化经营之路。

第一，产业化进一步优化了农业和农村产业结构。近年来，寿光市坚持以市场为导向，立足传统优势，通过实施农业产业化经营，促进了资源的合理配置和生产要素的合理流动，加快了农业和农村经济结构战略性调整步伐，形成了一批特色经济区域。

寿光市从20世纪90年代初期立足实际，根据农业资源分布特点和农民传统种植习惯，坚持不懈地推进农业结构调整，中南部集中发展无公害蔬菜，中部集中发展优质粮食，北部沿海集中实施综合开发，建立盐及盐化工基地，营造我市新的经济隆起带。全市培植起了粮食、蔬菜、果品、水产、畜牧五大主导产业，农业生产基本实现了区域化布局、规模化经营、专业化生产，整个农业和农村经济步入了良性循环的轨道。

第二，提高了农业的比较效益，增加了农民收入。发展产业化经营，一方面，可以大大降低产前、产中、产后各个环节的费用，降低生产成本；另一方面，可以为科技的推广应用建立产品质量检测和标准化体系，为全面提高产品质量创造条件，增加收入。寿光市通过政策引导、资金扶持、典型引路等多种措施，开发培植出一个个名牌产品，逐渐形成各种优势产业，可以吸引一部分农民由低效产业向高效产业转移，形成专业商品生产基地。在冬暖式大棚蔬菜技术的引进过程中，各镇通过引导扶持，建立服务实体，为农民提供全方位服务，大大激发了农民的种菜热情，使全市的蔬菜种植面积由1989年的13333.3 hm^2发展到现在的56000 hm^2，产量由10亿千克提高到30多亿千克，产值由8亿元提高到30多亿元，成为寿光市农业最大的支柱产业。提高农民的组织化程度，增强抵御市场风险的能力，是解决分散小生产与大市场矛盾的有效途径。寿光市以“万元田”“双千田”开发为重点的高效农业有了突破性发展，农业比较利益和农民收入大幅度提高，农民人均纯收入的80%来自蔬菜产业。实现农产品的优质优价，提高农民收入，才是成功的产业化经营。通过实施产业化经营，真正使寿光的农业实现了由普通意义上的传统农业到现代农业的转变。

第三，提高了农民素质。蔬菜产业化需要大量的科技专业人才，寿光市在发展农业产业化的同时，始终把加强科技培训和人才引进，全面提高农民的科技素质作为一项重要措施来抓。广大农民通过参与产业化经营，见识多了，境界高了，本事大了。搞好标准化生产，解决农产品质量安全问题，是进入国内外市场的“通行证”。近年来，寿光市参照国际通行标准，制定了与国内外市场接轨的农产品质量标准，建立了农业标准化示范园，形成了一套产前、产中、产后诸环节配套的农业标准体系、农产品检测体系和农产品评价体系，农业标准化生产已逐步成为农民的自觉行动。

第四，促进了二、三产业的发展。蔬菜产业化的发展，形成了从基地生产、市场销售、会展经济的良性互动，既富了农民，又富了财政，特别是拉动了二、三产业。在蔬菜批发市场，带起了粮油批发市场，畜产品批发市场和水产品批发市场，带起了竹竿器市场、包装材料市场、蒲草市场、种子市场，及肥料、农药、薄膜、五金等市场；带动了商店、宾馆、邮电、通讯、运输、装卸、加工、包装等服务行业的发展。农业生产资料如无滴膜、农药、种子等，仅种子一年销售额就达3个亿，农用塑膜销售量在寿光市已连续9年超过6000万千克，年销售额过7亿元，全国近百家农膜生产企业在寿光销售农膜，并通过寿光农资市场销往全国各地。另外，大量优质农膜还通过寿光市派往外省、外地的5000多名蔬菜技术员介绍推荐，转销到全国各地，寿光已真正成为全国农膜销售集散地和辐射中心。博览会期间，出租车、公交车、各大宾馆都赚了个盆满钵盈。2007 年，全市完成服务业增加值 108.5 亿元，社会消费品零售总额 74 亿元，同比分别增长 20.8%和 17%。

(六)实现六个转变，推动现代农业发展

1. 实现由量到质的转变

经过近几年的发展，寿光蔬菜种植面积已发展到 56000 hm^2，无公害蔬菜种植面积达 43333.3 hm^2，蔬菜产业培植起了很大的规模。随着生活水平的提高，人们对食品的要求越来越高，已不仅仅满足于无公害食品。下一步，要加快蔬菜基地转化，实现由"无"到"绿"，由"无"到"有"，即由"无公害蔬菜基地"向"绿色蔬菜基地"转变，由"无公害蔬菜基地"向"有机蔬菜基地"转变，生产出满足人们需求的绿色、有机蔬菜产品。

2. 实现由单一生产基地到多功能(种子、种苗)生产基地的转变

寿光市 2005 年蔬菜种子总销量 60000 kg，其中进口 40000 kg，菜种用量 60%以上依赖进口。每年外国种子公司通过寿光在中国销售种子超过 6 亿元，辐射全国蔬菜面积 166666.7 hm^2以上，仅寿光菜农每年就要拿出 3 亿元购买国外种子。从寿光目前情况来看，国产种子与进口种子的比例为 4：6。制种产业是蔬菜产业最尖端、最基础的环节，同时也是技术含量高、花费时间长、易于垄断的产业，"一颗种子可以改变世界"。1998 年以来，先后有世界第三大种子公司瑞士先正达公司、世界第五大蔬菜种子公司荷兰瑞克斯旺公司及以色列海泽拉优质种子公司、以色列尼瑞特种子公司、荷兰安莎种子集团、中荷合资纽内姆公司等 30 余家外国公司进驻寿光，寿光也因此成为跨国蔬菜种苗公司在中国的首选"淘金地"和"世界蔬菜种植联合国"，据估算每个外国公司每年的纯利润在 2000 万元以上，6 亿～7 亿元的资金流入了外商的腰包。下一步，依托中国农业大学寿光蔬菜研究院，加大具有自主知识产权的蔬菜良种开发力度，提高我市蔬菜产业的核心竞争力。目前，寿光蔬菜研究院已从中国农业大学、中国农科院等科研院所引进了包括番茄、甜(辣)椒、黄瓜、甜瓜、茄子等新育成品种(系)共计 135 个，目前长势良好，正在进行对比种植试验。

3. 实现由蔬菜流通中心向加工中心转变

加强对寿光蔬菜拍卖运行管理模式的研究，逐步实行拍卖会员制，参与拍卖的蔬菜要达到"质量等级化、重量标准化、包装规格化"，逐年加大拍卖交易的比重。由国家发改委重点扶持的项目、2005 年 4 月新开通的全国首家蔬菜网上交易市场——寿光蔬菜电子交易市场的交易品种已扩展到 15 个左右。大力推进天成食品、赛维科技等 40 家重点农业龙头企业发展，不断提高农产品附加值和出口创汇能力，实现由现在的蔬菜流通中心向全国蔬菜加工中心转变。

4. 实现蔬菜种植模式由分到统的转变

大力发展农民专业合作社，积极推广农业龙头企业带动式的天成食品模式、基地加农户式的稻田燎原模式、连锁式的东方誉源模式及洛城绿色食品基地统一产品收购销售、统一对农户管理控制的模式，田苑蔬菜有限公司技术服务到户、产品登记到户的协会式管理模式，实现种植模式由分散到统一的转变，提高蔬菜质量安全水平。

5. 实现由单一功能向多功能转变

目前，寿光种植农业已具有相当规模，下一步重点向休闲农业发展，以生态农业观光旅游为重点，加快“一会一带一村一园一湖”建设，即蔬菜博览会、弥河生态农业观光带、三元朱村、蔬菜高科技示范园、巨淀湖建设，充分整合旅游资源，提升旅游品牌效应，实现由单一的种植功能向休闲农业旅游方面发展。

6. 由引进技术品种到引进人才的转变

近年来，寿光市在引进技术品种的同时，也在加强人才的引进，但进展相对缓慢。下一步，依托中国农业大学寿光蔬菜研究院加强与国内外农业科研机构、大专院校和种子公司的合作，建立健全人才引进优惠政策，引进蔬菜育种方面的专家教授，组建高层次种子研发队伍，吸引他们来寿光开展蔬菜种子研发工作，进一步整合全省蔬菜方面的人才资源。

第三节　农业基础设施情况

一、农田水利建设情况

(一)灌溉情况

1. 寿光南部地区(咸淡水分界线以南)

农业灌溉主要依靠机井提取地下水，该区地下水全部为淡水，主要集中在 60 m 能上能下的含水层中，年允许可开采量为 1.8 亿 m^2，输水方式主要有地下防渗渠道、低压管道和地面移动软管输水等，田间灌溉大田以畦灌、沟灌为主，蔬菜大棚内灌溉有畦灌、沟灌、滴灌、膜下微喷等多种灌溉形式。该区现有机井 2.32 万眼，单井出水量 20～45 m^3/h，平均单井控制灌溉面积为 2.39 hm^2。经过多年的农田水利基本建设，该区已形成了较为规则的田块，沟、路、林网配套齐全，交通方便，供电网络完善，电力充足，农业生产条件优越。

2. 寿光北部地区(咸淡水分界线以北)

仅在咸淡水分界线附近有浅层地下淡水，该区农业灌溉以机井为主，在弥河有径流年份兼以地表水灌溉。以北的盐碱区，无浅层地下淡水，地下水为咸水、卤水和深层承压淡水等多种水体区存，其中地下 200 m 以上深层承压淡水弹性储量为 3000 万 m^3，年允许可开采量为 340 万立方米。寿北地区现有机井 0.49 万眼，单井出水量 30～40 m^3/h，平均单井控制灌溉面积为 7.13 hm^2。该区深层承压淡水储量少且开采困难，只能按规划限量开采，主要用于解决人畜吃水和部分抗旱点种用水，能用机井灌溉的仅局限在咸淡水分界线附近区域，寿北农业灌溉主要靠拦蓄引用地表水。该区现有引黄、引弥、引清三大灌区，年引用“三水”能力达 5000 多万立方米，可灌溉农田 20000 hm^2。

引黄济青工程建设前，为解决寿北盐碱区的工农业用水部下，我市以弥河水为水源，建成了引弥灌区共有 8 处。1989 年引黄济青工程建成，其输水河东西向横穿寿北地区，并在沿途留有 7 处 8 个放水口，设计放水流量 28 m^3/s，为寿北的工农业生产提供了新水源。我市以该水源建成了引黄灌区四处。两灌区总控制灌溉面积为 3.33 万公顷，共有干支渠 450 条，长 1980 km，配套各类建筑物 1340 余座。经过改造和完善，每个灌区可同时引用两个水源，为寿北盐碱地区粮食生产连年夺丰收起到了重要作用。但近年来由于连续干旱，弥河大多数年份无径流，引黄青济水价较高且属于季节性放水，农民很少使用等原因，灌区多数工程已多年未运行，破坏、毁坏严重，效益未能充分发挥，导致大量工程废弃。

小清河扬水站位于寿光市西北部的羊口镇郭井子村西，新塌河西岸，距小清河南岸4 km，是我市唯一的一处国营扬水站。该扬水站建成于1976年，安装“28ZLB-70型”轴流泵4台，设计扬水能力4 m^3/s。灌区以塌河为界分为东西两部分，主要负担羊口镇、机械林场及清水泊农场的农业、畜牧和水产养殖用水任务。1997年小清河综合治理后，在旧挡潮闸原址新建了一座高标准的挡潮引水闸。2002年和2003年冬，寿光市对小清河扬水站灌区进行了改造，改造后灌区控制灌溉面积达到9733.3 hm^2，有效灌溉面积达到6200 hm^2。该站供水水源为小清河潮汐水，水源比较可靠，供水水质达到农业灌溉用水标准。多年来，小清河扬水站为寿北盐碱地区洗碱、改良土地以及农业灌溉、畜牧和水产养殖提供了水源保障，为促进寿北经济的发展和农业结构调整发挥着巨大作用。

（二）农业灌溉保证率

近年我市农业灌溉用水总量达到2.4亿立方米，占全市总用水量的86%，造成地下水的连年超采。南部机井灌一般能按作物的需水量进行灌溉，满足作物生长期的需水要求，特别是大棚蔬菜等保护地栽培作物，灌溉保证率较高；寿北盐碱区则受不同年份降雨量和河道径流量多少的影响较大，农作物灌溉保证率较低。

（三）抗旱能力

目前我市用水主要依靠开采地下水，全市共有机井2.8万眼，耕地面积为90000 hm^2，在地下水超采的条件下，再加上寿北对弥河水和小清河水的利用，除寿北部分无水浇条件的区域存在“靠天吃饭”现象外，其他地区多数年份都能满足工农业用水和人畜饮水的需求，如不遇严重干旱年份，农业生产受干旱影响较小。但对寿光影响较大的是，由于连年对地下水的大量超采，多年干旱少雨和地表水拦蓄引用工程配套还不够完善，使地下水得不到及时补给，导致全市地下水位持续下降，北部生活废水南侵速度加快，咸水区面积不断扩大，地下水环境不断恶化。

二、农业生产机械

（一）1980年寿光农业机械概况

1980年全市农业机械总动力217963.5 kW，其中：柴油机13255台，动力合计119935.8 kW；电动机2212台，动力合计20521 kW；汽油机138台，动力合计406.5 kW。农用大中型拖拉机1434台，动力合计39488.6 kW；农用小型拖拉机2017台，动力合计18583.7 kW；农用载重汽车95辆，动力合计5755.1 kW；鱼用机动船227艘，动力合计12749.3 kW。万亩耕地平均拥有动力1464.9 kW。

（二）2007年寿光农业机械概况

2007年全市农业机械总动力1238256 kW，比1980年增加了1020292.5 kW，增加了近4.7倍。其中：排灌机械动力55933台，动力合计362695 kW；渔业机械动力414台，动力合计27195 kW。在农业机械总动力中，柴油机8957台，动力合计96992 kW；电动机

62006 台，动力合计 368278 kW；汽油机 1453 台，动力合计 5521 kW；农用拖拉机 12369 台，动力合计 195836 kW；农用运输车 17301 辆，动力合计 302531 kW（其中：三轮运输车 9487 台，动力合计 105432 kW）；农用汽车 3502 辆，动力合计 153370 kW（其中：柴油汽车 3091 辆，动力合计 134150 kW）；自走式联合收获机 835 台，动力合计 39493 kW（其中：玉米联合收割机 90 台，5265 kW）；推土机 305 台，动力合计 15812 kW；挖掘机 108 台，动力合计 6040 kW；装载机 85 台，动力合计 5757 kW；渔用机动船 414 艘，排水量 2880000 kg，动力合计 27195 kW；其他 2 台，动力合计 147 kW。

第二章　土壤与耕地资源状况

第一节　土壤类型与分布

一、土壤类型与土壤分布

寿光市共有褐土、潮土、盐土和砂姜黑土4个土类，褐土、潮褐土、褐土化潮土、潮土、盐化潮土、湿潮土、砂姜黑土及滨海潮盐土8个亚类，13个土属，79个土种。

土壤分布规律随地形、地下水变化差异很大。总的情况是，全市从南到北，依次分布褐土、潮褐土、褐土化潮土、潮土、盐化潮土、湿潮土、砂姜黑土以及滨海潮盐土。

二、土壤性态特征

现依据土壤分类系统，将主要的土壤类型的性态特征、生产性能分述如下：

(一)褐土类

褐土的剖面通体呈棕色或褐色，层次发育明显，通常由耕作层、淀积黏化层和钙积层三个基本层段组成。剖面中有假菌丝体。因黏粒由表层向下移动，心土层较黏重并且有不甚明显的胶膜淀积。底土层中常有小型石灰结核(俗名"干狗石")。通体有石灰反应，上部弱，下部较强烈。土壤呈中性至微碱性反应，分布于南部缓岗地区，面积为14402.3 hm^2，占土地面积的6.61%。共分褐土、潮褐土二个亚类。

1. 褐土

俗称"砂黄土""黄土"。集中分在洛城、纪台、孙集和稻田南部。面积为10229.7 hm^2，占土地面积的4.69%。

褐土亚类所处地形部位比潮褐土亚类高，成土母质主要为冲积物或黄土母质，由于地形地貌变化大，故褐土亚类土种繁杂，共有2个土属10个土种(见表2-1)。

表2-1　　褐土亚类土种表

命名	俗称	面积(hm^2)	占土地面积(%)
轻壤全剖面均质冲积褐土	黄土	5472.1	2.51
轻壤质厚黏腰冲积褐土	黄土	607.8	0.28

续表

命名	俗称	面积(hm^2)	占土地面积(%)
中壤质厚黏心冲积褐土	黄土二性土	170.6	0.08
中壤全剖面均质冲积褐土	黄土二性土	698	0.32
轻壤质厚黏心冲积褐土	黄土	893.3	0.41
中壤质厚黏腰冲积褐土	黄土	368.4	0.17
砂壤质厚黏腰冲积褐土	砂黄土	184.2	0.08
砂壤全剖面砂质冲积褐土	黄砂土	51	0.02
轻壤质厚砂心冲积褐土	黄土	64.5	0.03
轻壤全剖面均质冲积褐土	黄土	1584.1	0.73

褐土亚类，表土多为轻壤质，少数多为中壤或砂壤。土体构型多属全剖面均壤质或厚黏心，厚黏腰，具有上松下紧的土体构造，有利于积水保肥。

褐土绝大部分表土质地适中，土层深厚，物理性状较好，耕层总孔隙度51%左右，一般通气孔隙在15%以上，毛管孔隙30%～38%，保水、保肥性能较好，通透性好，供肥性好，是该县较高产的土壤。小麦、玉米一年两作。

现将该亚类主要土种特性、生产性状描述如下：

(1)轻质全剖面均质冲积褐土分布在洛城、孙集、稻田镇，西起边线王村，东到杨家营村。面积为5472.1 hm^2，占土地面积的2.51%。是褐土亚类中最大的一个土种。

(2)轻壤质厚黏腰冲积褐土分布在纪台镇的张家庙、任家洼、周家等村，昌大公路两侧的丹河故道，面积为607.8 hm^2，占土地面积的0.28%。

该土0.5 m以下质地较黏重，在生产上起到了良好保肥、保水的作用，俗称“金盆底”。

(3)中壤均质冲积褐土分布在孙集街道齐家、泮家、张埠子等村，面积为698 hm^2，占土地面积的0.32%。

(4)轻壤均质黄土母质褐土集中分布在纪台镇前曹、后曹、纪台、东方、王府、西常、三官、东刘等村，面积为1584.1 hm^2，占土地面积的0.73%。

2. 潮褐土

俗称黄土、黑黄土、二性土。主要分布在本市褐土带内较低平处，洛城、稻田、纪台、孙集均有零星分布。面积为4172.6 hm^2，占土地面积的1.91%。

该土表层多为中壤、轻壤，少数砂或砂壤，质地多数适中，耕性良好。土体构型多系均壤质或厚黏心、厚黏腰(见表2-2)。心土层有黏化现象，底土层有锈纹、锈斑，或有小型砂姜和铁锰结核。土体深厚，保水、保肥性能良好，适种多种作物，灌溉条件好，为本市旱涝保收高产稳产田。

表 2-2 冲积潮褐土土种表

命 名	俗 称	面 积(hm^2)	占土地面积(%)
轻壤全剖面均质冲积潮褐土	黄 土	322.3	0.15
中壤全剖面均质冲积潮褐土	黄 土	223.7	0.10
中壤质厚黏心冲积潮褐土	黑黄土	2138.4	0.98
中壤质厚黏腰冲积潮褐土	金盆底黄土	221.1	0.10
松砂全剖面砂质冲积潮褐土	砂 土	405.3	0.27
轻壤质厚黏腰冲积潮褐土	黄 土	202.6	0.19
砂壤全剖面砂质冲积潮褐土	砂壤土	197.1	0.09
轻壤质厚黏心冲积潮褐土	黑黄土	462.1	0.21

现将主要土种描述如下：

(1)中壤厚黏心冲积潮褐土主要分布在孙集、纪台南部，面积为 2138.4 hm^2，占土地面积的 0.98%。

该土耕层理化性状较好，水浇条件好，质地适中，但耕层以下质地过黏，影响作物根系下扎和水汽热运行，是生产的障碍层次。应逐年加深耕层，增施有机肥料，培肥地力。

(2)中壤质厚黏腰冲积潮褐土主要分布在孙集街道胡营王、三元朱两村周围和纪台镇纪东、纪西村，面积为 221.1 hm^2，占土地面积 0.10%，享有盛名纪台土就是这个土种。

其生产性能与轻壤质厚黏腰冲积褐土相近。目前该土种是本市最好土壤之一，素有一纪、二红、三斟关之称的纪台土，适种多种作物，群众叫金盆底，理化性状好，剖面底层养分含量较高，亩产达 1000 kg 以上。

(二)潮土土类

潮土是直接发育在河流冲积物上，受潮水作物形成的一类土壤，剖面层次明显，中、下部有明显的锈纹、锈斑或铁锰结核。主要分布在中南部，中部河间洼地微斜平地上，包括圣城、营里、古城、田柳、台头、化龙、洛城、侯镇、文家等镇(街道)大部分地区。面积为 92225.9 hm^2，占土地面积的 42.31%。

潮土类分为四个亚类，即脱潮土、潮土、湿潮土、盐化潮土。

1. 脱潮土亚类

俗称黄土、白毛土。主要分布于圣城、田柳、古城、洛城、上口、稻田等乡镇(街道办)和文家、营里、侯镇等乡镇(街道办)部分地区，总面积达 21524.9 hm^2，占土地面积的 9.87%。

该土主要发育在地形部位高的河滩高地上，因而受潮水作用较弱，心土层有不甚明显的黏粒胶膜，是一种附加褐土化过程的潮土，有假菌丝体，具有潮土向地带性褐土发育的趋势，底土层有锈纹、锈斑，仍保持着潮土的特征，但出现部位较潮土亚类为深。该亚类共有 1 个土属 9 个土种(见表 2-3)。

脱潮土亚类，表土多为轻壤、中壤，少数为砂壤和砂。土体构型多系全剖面均壤质或厚黏心。

表 2-3 脱潮土土种表

命名	俗称	面积(hm^2)	占土地面积(%)
轻壤均质褐土化潮土	黄土、白毛土	216437	6.62
中壤均质褐土化潮土	黄土、红毛土	63863	1.95
砂壤均质褐土化潮土	砂壤土	3453	0.11
轻壤质厚黏心褐土化潮土	黄土	2210	0.07
中壤质厚黏心褐土化潮土	黄土	31109	0.95
中壤质厚黏腰褐土化潮土	二合土	3647	0.11
轻壤质厚黏腰褐土化潮土	黄土	484	0.01
轻壤质厚黏腰褐土化潮土	黄土	967	0.03
松砂厚砂心褐土化潮土	砂土	704	0.02

脱潮土养分含量较高，表土质地适中，物理性状良好，耕性良好，适耕期较长，耕层总孔隙度在52%左右，毛管孔隙度为35%～40%，通透性佳，保肥、保水和供肥性能较强，有灌排设施，本市高产土壤多集中在这个地区，是本市的粮菜基地。尤其是速效钾含量较高，当前多种植小麦、玉米一年两作，著名的寿光大葱也多产于此种土壤上。

主要土种特性及农业生产状况描述如下：

(1)中壤均质褐土化潮土主要分布在田柳、营里、洛城等镇(街道)，面积为4257.5 hm^2，占土地面积的1.95%，是褐土化潮土亚类中一个较大的土种。总孔隙56.6%，田间持水量为35.7%，通透性及耕性均良好。

(2)中壤质厚黏心褐土化潮土主要分部在圣城、孙集、营里、侯镇、文家等镇(街道)，面积为2073.9 hm^2，占土地面积的0.95%。

剖面性态特征：

0～20 cm，褐土色、中壤粒状、疏松、孔隙多、根系多、有蚯蚓穴。

20～100 cm，黏质、棱块状、出现假菌丝体、紧、孔隙和根系多、有蚯蚓穴。

100～150 cm，黄褐色、重壤质、块状结构、铁子多、孔隙少、石灰反应强烈。

但养分含量偏低，磷极低，钾偏低，应注意培肥地力，增施磷肥、钾肥，该土种表层质地适中，在20 cm左右出现厚黏土层，由于黏土层出现部位较浅，影响作物根系下扎，要注意加深适土层。

(3)轻壤全剖面均质褐土化潮土分布在洛城、上口、稻田、侯镇、圣城等镇(街道)的弥河沿岸及古城、田柳镇(街道)均有分布。是褐土化潮土亚类中面积最大的一个土种，面积为14429.1 hm^2，占土地面积6.62%，闻名全市的红庙土就属这个土种。

2. 潮土亚类

主要分布在圣城、古城、营里、稻田、洛城、上口、化龙及侯镇、田柳、羊口的南半部，面积为26374.3 hm^2，占土地面积的12.10%，俗称“黄土”“二合土”。

潮土亚类所处地形部位比褐土化潮土低，比湿潮土高，成土母质为河流冲积物，由于弥河多次块口，沉积物相互交织，故土种繁杂，仅有1个土属，但有11个土种(见表2-4)。

表2-4　潮土亚类土种表

命名	俗称	面积(hm^2)	占土地面积(%)
砂壤均质潮土	砂壤土	230.2	0.11
轻壤均质潮土	白砂土	2964.4	1.36
中壤均质潮土	黄土、二性土	4055.7	1.86
重壤均质潮土	黑黏土	1836.3	0.84
轻壤表层黏心潮土	黄土	1239.6	0.57
中壤表层黏心潮土	二合土	12658.1	5.81
轻壤表层厚黏腰潮土	黄土	552.6	0.25
中壤表层黏腰潮土	二性土	221.1	0.1
轻壤表层厚黏心腰潮土	白大筛子底地	700.8	0.32
中壤表层厚砂心潮土	二性土	570.9	0.26
轻壤表层厚砂腰潮土	黄土	147.3	0.07

潮土亚类，表土多为中壤，少数为轻壤，极少数为砂壤或重壤，土体构型多系厚黏心，全剖面均壤质，少数为全剖面黏质或全剖面砂质，厚黏腰。剖面特征如土类所述。

0～20 cm，棕黄色、中壤、块状、润、松、小孔多、根系多、pH为7.5。

20～35 cm，棕褐色、重壤、块状、润、较紧、小孔多、根系少、石灰反应强、pH为7.7。

35～80 cm，棕色、重壤、块状、潮、较紧、小孔多、根系少、pH为7.5。

80～150 cm，黄褐色、轻壤、碎块状、锈纹斑明显、湿、松、小孔隙多、石灰反应强。

潮土绝大部分表土质地适中，物理性状较好，耕层总孔隙度50%～55%，通气孔隙在10%以上，毛管孔隙为30%～36%，保水、保肥性较好，是寿光市的高产农田之一，小麦、玉米一年两作或两年三作。

现将该亚类主要土种特性，生产性能描述如下：

(1)中壤质厚黏心冲积潮土主要分布在古城、田柳、圣城、侯镇、洛城、稻田等镇(街道)及孙集、上口镇等(街道)的局部地区，面积为12658.1 hm^2，占土地面积的5.81%。是潮土亚类中最大的一个土种。

该土种表土质地适中，质地上轻下重，保水、保肥性能强，但黏土层出现部位高(耕层以下，对作物根系下扎影响很大)，透水性差。

地形部位，多数为微斜平地，排灌条件好，产量较高，小麦、玉米一年两作。

(2)中壤均质冲积潮土在本市洛城西北部、上口镇北半部分布较多，圣城街道的岳家庄、金家，古城街道范家沟南北低平地及侯镇、稻田局部地区也有分布，面积为4055.7 hm^2，占土地面积的1.86%。

剖面特征：

0～20 cm，暗褐色，中壤、小粒状、润、疏松、孔隙少、植物根系多、蚯蚓多、石灰性反应强，pH 为 7。

20～50 cm，浅褐、中壤、小块状、胶膜、湿润、孔隙少、根系少、pH 为 7.1、石灰反应中。

50～90 cm，褐色、中壤、湿润、孔隙少、根系少、pH 为 7.1、石灰反应中。

90～150 cm，栗色、中壤、胶膜、湿润、孔隙少、无根系、pH 为 7.2、石灰反应中。

享有盛名的斟关土属此土种，位于洛城街道西斟关村东 100m 处，面积约 2.7 hm^2。其特点全剖面壤质，物理性状良好，各种养分含量较高，特别是磷、钾的含量下层高于上层，这对作物生长极为有利，特别是根系发达的小麦后期生长更为有利。

(3)轻壤均质潮土主要分布在上口镇北部的西广、张屯、口子、小营、上口等村，侯镇西北的王疃、辛庄、台后、崔家、红庙，田柳镇的西兴王、于家庄、陈家马庄等，面积为 2964.4 hm^2，占土地面积 1.36%。

(4)重壤全剖面黏质潮土俗称“黑黏土”，主要分布在侯镇的王家辛章、赵辛、杨家屋子、李家台、南仉、北仉，面积为 1836.3 hm^2，占土地面积 0.84%。

该土种土性冷凉，通气差，物理性状不佳，质地黏重，结构不良，适耕期短，透水性差。今后应增施有机肥料和磷肥，粮肥轮作，逐年深耕熟化土壤，有计划地进行客土改良，发挥其潜在肥力，建成高产稳产田。

(5)轻壤厚黏心潮土主要分布在上口镇北部大广、西景明村，田柳镇北的李家庄子，圣城街道东部的王口以北，面积为 700.8 hm^2，占土地面积的 0.32%。

该土耕层质地偏轻，物理性状良好，耕性佳，多数地块在耕层以下，出现厚的砂层，漏水肥严重，亩产 400 kg 左右，俗称“筛子地”，应控制灌水定额，采用短畦、窄畦，施用化肥掌握“少吃多餐”的原则。

3. 盐化潮土亚类

主要分布在寿光市北部浅平洼地边缘和洼坡地带或缓平坡地中下端，包括营里、羊口、侯镇及清水泊农场等滨海地区。潜水埋深在 1.5～2 m，矿化度多在 10 g/L，成土母质为冲积和海相沉积物，根据地理位置和潜水水质分 2 个土属，共 15 个土种(见表 2-5)。

表 2-5 盐化土潮土亚类土种表

命名	俗称	面积(hm^2)	占土地面积(%)
轻度盐化中壤质厚黏心潮土	黄土	276.5	0.13
中度盐化中壤质碍黏腰潮土	二性	6785.9	3.11
中度盐化中壤质厚黏腰潮土	二性土	841.7	0.39
轻度盐化轻壤均质盐化潮土	黄土	2747.1	1.26
轻度盐化中壤厚黏心盐化潮土	黄土、红黏土	5413.2	2.48
轻度盐化重壤表厚黏心盐化潮土	黑土	256	0.12
中度盐化轻壤表厚黏心盐化潮土	砂黄土	69.9	0.03

续表

命名	俗称	面积(hm^2)	占土地面积(%)
轻度盐化重壤均质盐化潮土	黑黏土	559.9	0.37
轻度盐化中壤均质盐化潮土	二合土	421.8	0.26
轻度盐化中壤表厚砂腰盐化潮土	黄土	128.9	0.06
中度盐化中壤表厚砂心盐化潮土	砂黄土	455.7	0.21
中度盐化重壤表厚黏心盐化潮土	黑土	1243.3	0.57
中度盐化中壤表厚黏腰盐化潮土	红土、黄土	81.1	0.04
轻度盐化轻壤表厚砂心盐化潮土	白砂土	2187.1	1
中度盐化轻壤表厚黏心盐化潮土	黄土	904.4	0.41

4. 湿潮土亚类

俗称"黑土""黑黏土"。分布在河间洼地和浅平洼地上，是在较长期或季节性积水和潜水较高条件下，附加沼泽化或脱沼泽化成土作用的一种潮土。集中分布于化龙、文家、台头、古城等镇（街道），田柳、稻田、洛城、圣城等镇（街道）东部均有分布，面积为21933.3 hm^2，占土地面积的10.06%。成土母质是冲积、湖积物(见表2-6)。

湿潮土亚类剖面的主要特点是：上部色泽较深暗，土质较黏重，底土出现潜育层，呈灰色或蓝灰色。

表2-6　湿潮土亚类土种类

命名	俗称	面积(hm^2)	占土地面积(%)
轻壤表层黏心冲积湿潮土	黄土	571	0.26
中壤表厚黏心冲积湿潮土	二性土	1522.3	0.7
重壤表厚黏心冲积湿潮土	黑黏土	248.1	0.11
中壤表厚黏腰冲积湿潮土	黄黑土	2136.6	0.98
重壤均质湖积湿潮土	黏土	3606.5	1.65
重壤均质冲积湿潮土	黑黏土	61.3	0.03
重壤表厚砂心湖积湿潮土	黏土	252.3	0.12
重壤表厚黏心湖积湿潮土	黑黏土	154.4	0.07

剖面特点：

0～17 cm，灰褐、中壤、粒状、润散、孔隙多、有植物根系、石灰反应强烈。

17～45 cm，黑褐色、重壤、块状、有锈纹、锈斑。

45～150 cm，灰褐色、重壤、潜育层、潮湿、紧实。

总孔隙度为56.9%，田间持水量为35.1%。

湿潮土亚类表层多为中壤或重壤，土体构型多系厚黏心，全剖面均黏质。表层有强烈的石灰反应，土壤有机质和全氮含量略高于褐土、潮土类，但速效养分偏低，尤其缺乏磷素，物理性状较差，土性冷、黏、板、死，是本市低产土壤之一。

现将主要土种特性，生产性能描述如下：

(1)中壤质厚黏心冲积湿潮土主要分布于侯镇东部，稻田镇中部，文家、台头、化龙和孙集等镇(街道)西北部，圣城街道东部，古城街道西部，田柳镇西北部。成土母质为冲积物和湖积物。面积为 1522.3 hm^2，占土地面积的 0.7%，是湿潮土亚类中最大的一个土种。

该土表土质地较适中，多数地块耕层浅薄，15 cm 左右有坚硬的犁底层 7～10 cm，其下土质黏重，严重影响作物根系下扎，土壤肥力诸因素不协调，透水性差，雨季解涝，缺磷严重，应排灌配套，增施磷肥，粮肥轮作，逐年加深耕层。

(2)中壤质厚黏腰冲积湿潮土主要分布纪台镇的东方、同兴、陈家尧河等村，洛城街道的东锡、丁家店子村，上口镇的邵村，面积为 2136.6 hm^2，占土地面积 0.98%。

(3)均黏质湖积黑潮土主要分布于台头镇北部至巨淀湖农场的洼平处。

(三)砂姜黑土

砂姜黑土在寿光市只有一个亚类，即砂姜黑土亚类，主要分布西部和东南部的浅平洼地上和洼坡上。西部在化龙、文家、台头等镇(街道)东部，南起纪台镇丁家尧河北至市良种场以南，和洛城街道西桂以北，共计 4757.7 hm^2，占土地面积的 2.18%。

砂姜黑土类的剖面特征是：表层一般为后期覆盖褐色中壤质土，厚薄不等，下为黑灰色黏重坚硬的“黑土层”，底为灰黄杂色，并含有砂姜的土层组成。通体有石灰反应，pH 为 7.8～8。土壤有机质含量较高。但速效养分偏低，缺磷严重，物理性状较差，土性旱、冷、板、僵。砂姜黑土亚类有 2 个土属，4 个土种(见表 2-7)。

表 2-7 砂姜黑土亚类土种表

命 名	俗称	面积(hm^2)	占土地面积(%)
中壤质厚黏心洼底砂姜黑土	黑土	405.3	0.19
中壤表层黏腰洼底砂姜黑土	黑土	276.3	0.13
中壤表厚黏心洼坡砂姜黑土	黑土	3597.2	1.65
重壤质厚黏心洼坡砂姜黑土	黑黏土	476.5	0.22

现将主要土种描述如下：

1. 中壤表厚黏腰洼底砂姜黑土

主要分布于洛城街道南部，西桂村以北，南齐村以南，西至步家楼，东至国家埠。

该土种表层质地为中壤，耕性较好，剖面 60 cm 出现黑土层，在 90 cm 出现面砂姜层，但由于出现部位较深，对作物生长影响不大，应实行秸秆还田，种植绿肥，粮肥轮作，改良土壤，增施磷肥，逐年深耕熟化土壤，建成高产稳产田。

2. 中壤质厚黏心洼坡砂姜黑土

主要分布于化龙、文家、古城和田柳等镇(街道)西部，圣城街道西北部也有少量分布，是砂姜黑土中最大的一个土种，面积为 3597.2 hm^2，占土地面积的 1.65%，俗称“老黑土”。

该土种表层质地为中壤，耕性较好，剖面 20～30 cm 出现黏土层，犁底层厚 7～10 cm，性状不良，影响作物生长。60 cm 往下出现小砂姜层或面砂姜层。但由于出现部位较深，对作物影响不大。

3. 重壤质厚黏心洼坡砂姜黑土

该土种有两片，一片为孙集街道西北部，另一片在圣城街道，其性状和中壤质厚黏心洼坡砂姜黑土相近，但表层质地黏重，土壤肥力诸因素不协调，保肥性强，常年产量为 450 kg左右。

（四）盐土土类

盐土土类本市只有一个亚类，即滨海潮盐土亚类（见表 2-8）。

表 2-8　　滨海潮盐土土种表

命名	俗称	面积（hm^2）	占土地面积（%）
中度盐渍重壤质厚黏心滨海潮盐土	黑黏土	946.7	0.43
中度盐渍中壤质厚黏心滨海潮盐土	碱土	718.1	0.33
中度盐渍中壤均质滨海潮盐土	白淌土	1048	0.48
轻度盐渍中壤厚砂心滨海潮盐土	白碱土	1226.7	0.56
轻度盐渍轻壤质厚砂心滨海潮盐土	白砂土	396	0.18
中盐渍度砂壤质厚黏心滨海潮盐土	白砂土	1316.9	0.6
中盐渍度中壤厚黏心滨海潮盐土	黑碱土	795.7	0.36
中盐渍度中壤厚砂腰滨海滩地盐土	碱土	1473.5	0.68
轻盐渍度轻壤厚砂心滨海滩地盐土	碱黄土	2538.1	1.16
中盐渍度轻壤厚砂心滨海滩地盐土	碱土	173.1	0.08
重盐渍度轻壤厚砂心滨海滩地盐土	碱土	506.5	0.23
轻盐渍重壤质厚黏心滨海滩地盐土	黑黏土	838	0.38
中盐渍度砂壤均质滨海滩地盐土	白淌土	18400	8.44
轻盐渍度中壤均质滨海滩地盐土	白砂土	92.1	0.04

主要分布在滨海浅平洼地和海滩上，包括台头、营里、羊口等镇及侯镇北部和林场、农场的北部，成土母质为海相沉积物，面积为 36960 hm^2，占土地面积 16.95%。

盐土：是指地表含有大量可溶性盐类形成盐斑，缺苗大于五成以上的农业土壤，或成大片盐荒地。本市盐土属氯化物盐土，盐分组成以氯化钠为主。抑制作物生长，土壤肥力偏低，土壤物理性状不良，结构性差，板结严重。

滨海潮盐土亚类有 2 个土属、14 个土种。

滨海潮盐土亚类：表土多壤质（中壤或轻壤），土体构型多系厚黏心，面积为 11066.7 hm^2，占该亚类面积的 30.2%，全剖面均壤质面积为 19466.7 hm^2，占该亚类面积的 53.1%。

土壤盐分含量高,土壤养分含量低,速效氮、磷缺乏。我市滨海潮盐土的主要特点是:属氯化物表聚型盐土,盐分含量在剖面中的分布呈“丁”字形。地下潜水水位高,矿化度大,多为高浓度盐水。地面复被小,蒸发量大。

现将该亚类主要土种特征,改良利用的方向,描述如下:

1. 中盐度中壤质厚黏心滨海潮盐土

主要分布于侯镇、营里、羊口、台头等镇及田柳镇西北部。

该土由于在表土以下20~30 cm出现紧实的黏土层,它促进了毛管水上升的高度,旱季土壤水分的蒸发不断地进行,同时减弱了雨季淋溶的作用,从而增加了土壤的含盐量,多中盐渍度。

2. 轻盐度轻壤质厚砂心滨海滩地盐土

主要分布于羊口西北部,农场、林场等,面积为2538.1 hm^2,占土地面积1.16%。

该土在20~30 cm下为砂,表层质地偏轻,它减弱了毛管水上升的高度,加强了雨季洗盐作用,脱盐效果明显,故土壤盐分轻。大部分土壤可一年一作或造林。

3. 中盐度中壤全剖面均质滨海盐土

主要分布于羊口镇以西齐家庄子、营子沟及双王城水库周围,面积为1048 hm^2,占土地面积0.48%。

该土种通体为均壤质,具有较高毛管水上升高度和毛管水上升速度的特性。在春旱季节土壤蒸发量大,故增加了上层土壤的含盐量,改良利用同该土种。

第二节 土地利用状况

一、土地现状

2007年寿光市土地利用调查资料,寿光市土地总面积为218000 hm^2,三大地类结构为:农用地面积为129074.1 hm^2,建设用地面积为58238.9 hm^2,未利用地面积为30686.9 hm^2,分别占土地总面积的59.2%、26.7%、14.1%。农用地中,耕地面积为86266.67 hm^2,园地面积为11134.3 hm^2,林地面积为2073 hm^2,牧草地面积为213.4 hm^2,其他农用地29386.7 hm^2,分别占农用地面积的66.8%、8.6%、1.6%、0.17%、22.8%;建设用地中,居民点及工矿用地面积为54670.9 hm^2、交通运输用地2213.8 hm^2、水利设施用地1354.5 hm^2,分别占建设用地面积的93.9%、3.8%、2.3%。

(一)耕地保有量

据寿光市国土资源局土地利用现状更新调查结果,至2007年末,全市实有耕地面积为86266.67 hm^2。

(二)新增建设用地和城市建设

寿光市城市建设用地和新增建设用地规模不断扩大。据2007年土地利用现状更新调查数据,2007年,全市实际新增建设用地237.1 hm^2,在城市建设用地方面,也存在着用地规模增长速度过快的现象。2007年,城市新增建设用地为42.6 hm^2。

二、土地利用程度和复种指数情况

第二次土壤普查以来，土地利用程度和复种指数进一步提高，土地生产能力得到进一步增强，促进了农业可持续发展，实现了农业由数量型向效益型、由粗放型向集约型的转变。

1981 年统计，农作物播种面积为 116266.7 hm^2，其中，粮食作物播种面积，小麦 58400 hm^2，玉米 20200 hm^2，棉花 866.7 hm^2，蔬菜瓜类 5866.7 hm^2，复种指数为 106.1％。

随着改革开放和经济建设的快速发展，种植业结构得到进一步调整和优化，依靠科技进步，发展振兴农业。特别是我市冬暖室蔬菜大棚的发展，使耕地利用率大幅提高，到 2007 年年初，全市耕地面积为 86266.67 hm^2，农作物播种面积达到 153309 hm^2，其中小麦 41175.7 m^2，玉米 40333.3 hm^2，棉花播种面积为 15133.3 hm^2，蔬菜播种面积为 56666.7 hm^2，复种指数为 177.7％。与 1981 年相比，农作物播种面积增加 37042.3 hm^2，增长 31.9％，其中小麦播种面积减少 17224 hm^2，减少了 29.5％，玉米播种面积增加了 733.3 hm^2，增加 1.85％，棉花播种面积增加 5866.7 hm^2，增长 63.3％，蔬菜播种面积增加 48533.3 hm^2，增长 650％，农业、种植业内部结构更加优化。

间作套种、立体种植及一年两收等高产商效栽培模式的推广应用，使耕地得到充分利用，复种指数有了显著提高。特别是农作物优良品种、农业新技术新成果在生产上的应用和农业产业化的发展，极大地提高了土地的生产能力，粮食产量和农业经济效益都较前有了大幅提高。但是，随着城市化进程的加快和经济建设快速发展，城市建设、工矿企业用地，交通建设、水利设施占地的不断增加，使耕地面积逐年减少，农业生产可利用面积逐渐萎缩，发展空间受到限制。因此，加大种植制度改革和种植业内部结构调整力度，推选多档多茬、立体栽培的种植模式，最大限度地发挥土地的生产潜力，向土地要产量、要效益，提高土地实际利用率，是现代农业发展的必由之路。

第三节　耕地利用与管理

一、耕地利用现状

寿光市对有关土壤肥力的调查，包括这次调查共进行了八次：第一次，于 1959 年开展了以土壤类型为研究对象的调查；第二次，于 1974 年开展了以土壤养分为主要内容的普查，共取样 1756 个，获取有机质、全氮、全磷、速效磷、速效钾、pH、全盐、氯离子等化验数据 14048 个；第三次，于 1979 年开展了包括土壤的形成、分类、物理性质和养分状况的全面普查，共采集耕层土样 1469 个，剖面土壤 1176 个，获取化验数据 14008 个；第四次，于 1982 年有代表性的取样 37 个，对锌、硼、锰、钼的有效含量进行了检测；第五次，于 1983 年布点采样 183 个，单独对有效锌含量进行了检测；第六次，于 1986 年根据不同土类和产量水平布点采样 347 个，对土壤有机质、碱解氮、速效磷、速效钾进行了检测；第七次，于 1998 年根据不同作物和产量水平布点采样 976 个，化验 7128 项次，取得化验数据 3564

个,其中检测大棚蔬菜土壤 289 个、露地蔬菜土壤 12 个,粮田土壤 613 个,果园土壤 62 个,对土壤有机质、碱解氮、速效磷、速效钾及部分微量元素进行了检测;第八次即本次,于 2002 年根据不同作物和产量水平布点采样 217 个,检测了土壤有机质、碱解氮、速效磷、速效钾、盐分、pH、有效铁、有效锌、有效铜、有效钼、有效锰、有效硼、氯等 13 个项目。

第二次土壤普查,编绘了 1∶50000 的寿光土壤图、土地利用现状及地貌图、土地评级图、土壤改良利用分区图、耕层质地及土体构型图、土壤有机质含量分布图、全氮和碱解氮含量分布图、有效磷含量分布图、速效钾含量分布图等 9 幅图。

第二次土壤普查科学系统地分析论述了自然条件和人为生产活动对土壤发生发育的影响,各类土壤的生成、发育、特性、分类及分布,全面评述了土壤肥力状况和生产性能,科学地对土壤资源进行质量评价,分析了存在的问题,制定了土壤改良利用分区规划和因地制宜土壤改良培肥的措施,并认真总结了形成高产田的土壤条件,为其后磷肥的大面积推广应用、氮磷配合施用、配方施肥和秸秆还田技术的推广应用提供了科学依据。

从 20 世纪 80 年代中后期,寿光市逐年加大对农业的投入,组织实施了国家商品粮基地县、棉花生产基地县、生态农业示范县和农业综合开发等重大建设项目,大面积对寿光北部盐碱地进行了土地改良,开发利用,综合治理。近年来,通过粮棉基地建设,国家农业综合开发项目的实施,解决了农田排灌问题,实现旱能浇,涝能排,土地平整,田间面貌整齐美观,农业生态环境良好,田间小气候得到改善。抗御低温、霜冻、风、雹、旱、涝等自然灾害的能力显著增强,土地风蚀化、盐碱化问题得到解决,土壤结构、养分含量明显改善和提高。同时,农业产业化程度明显提高,农业生产条件得到根本改善,可持续发展能力显著增强,基本实现了农田林网化,农药、化肥施用标准化,水土流失、水资源紧缺等环境危害得到扭转。

二、历年肥料投入状况

(一)有机肥施肥现状

大棚瓜菜田土壤有机质来源于三个方面:一是作物根系残留土中形成有机质;二是人工实行秸秆还田;三是施用有机肥。瓜菜作物多为一年生草本植物,根系残留量少,形成有机质微乎其微。目前大棚瓜菜生产过程中很少实行秸秆还田,因而要维持和提高大棚瓜菜田土壤有机质含量,需注意有机肥料的施用。2002 年对部分大棚瓜菜生产户进行的调查,一般农户每大棚(400 m^2)施鸡粪 3000～5000 kg,猪圈粪平均不足 1000 kg。鸡粪是一种速效性有机肥料,其碳氮比较低,所含有机物质易分解,对改良土壤、增加土壤有机质含量作用较小,加上目前市场销售的鸡粪质量较差,据寿光市农产品质量检测中心检测,纯鲜鸡粪中粗有机物含量应在 52.5%左右,而目前市场鸡粪多为 23%～40%。从而导致了寿光市大棚瓜菜田土壤有机质含量偏低。在鲜鸡粪施用方法上,也存在一些不正确做法,未经磨熟的鲜鸡粪含有大量的病原菌,容易污染土壤,加重大棚菜的病虫害,同时施入未经充分腐熟的鲜鸡粪在大棚密封的冬季易造成烧根和熏苗现象发生。

粮、棉及果树等作物问题就更加突出,由于受经济利益的驱动,目前粮、棉、果树田中优质有机肥的施用越来越少,有的粮田甚至整年不用有机肥,成为名副其实的“卫生田”,造成土壤中有机质含量越来越低,侯镇草碾村李树元果园每亩仅施用鸡粪 300 kg,导致土壤有机质含量只有 5.1 g/kg，从调查侯镇三个村九户果农来看平均每亩仅施用鸡粪 500 kg，致使果园土壤有机质含量全镇只有 8.23 g/kg，土壤有机质含量非常低，严重影响果品产量和品质。

（二）化肥施用现状：比例、面积、数量、方式、品种

寿光市目前主要种植的作物为蔬菜、小麦和玉米，在肥料施用上蔬菜用肥量较大，大量的优质有机肥用在蔬菜上，据调查，寿光市大棚蔬菜平均亩用鲜鸡粪 4～6 m^3（或亩用有机肥 1000 kg 左右），化肥主要是复合肥、磷酸二铵、有机无机复合肥、硫酸钾等。小麦：有一部分采取在小麦收割前 20～30 天在畦背上开沟包肥，一般亩用复合肥 30～50 kg，然后在玉米大喇叭口期追施 20～205 kg 尿素；一部分在苗期追施复合肥 30～50 kg，然后在玉米大喇叭口期追施 20～205 kg 尿素。小麦：一般亩基施复合肥 50～60 kg，冬前和返青期追施 20～30 kg 尿素。

存在的问题主要表现在以下几个方面：一是大棚菜田过量施肥现象严重，粮果田相对不足。由于蔬菜效益较高，多数菜农化肥投入量过大，造成部分大棚，特别是高龄大棚土壤氮、磷、钾有一定的盈余积累，不仅破坏了土壤理化性状，还降低了肥料利用率，由于受传统的习惯影响，有的菜农偏施尿素、碳铵等氨态氮肥，有的菜农偏施美国二铵等含磷极高的复合肥，造成氮、磷含量偏高，钾及其他中、微量元素营养相对不足，成为影响大棚菜高产的障碍因素。二是肥料品种选择不合理和施肥方法不当。肥料品种选择不合理和施肥方法不当，其主要表现在：

施用挥发性强的氮肥品种。调查发现，部分菜农在大棚中施用挥发性强的碳酸氢铵，又不及时覆土，因此造成氨的挥发损失。少数大棚由于氨浓度过高，对蔬菜叶片造成了一定程度的损伤。

复合肥料施用不合理，肥料品种单一。在种植比例较大的蔬菜（如黄瓜、番茄、辣椒和西葫芦）上复合肥料（15-15-15）和磷酸二铵使用比例很大，其中复合肥与单质肥比例为：氮（N）为 59.2：40.8；磷（P_2O_5）为 75.5：24.5；钾（K_2O）为 71.1：28.9。更为严重的是复合肥作追肥的比例较大，从而造成盲目施肥和磷

表 2-9　　1980 年以来我市肥料用量及使用比例

年份	总计（吨）	亩施化肥（kg）	纯氮（吨）	纯磷（吨）	纯钾（吨）	复合肥（吨）
1980	19847	13.5	15640	3903	289	15
1981	21058	17.5	17684			
1982	29417	20	19772	8542	7	1096
1983	29341	19.5	19472	9369	45	455
1984	26084	17.5	16916	7360	195	1613
1985	36516	24.5	32611	1836	125	1944
1986	37831	25.5	31640	1940	170	4801
1987	35578	12	29760	1941	174	3703

续表

年份	总计(吨)	亩施化肥(kg)	纯氮(吨)	纯磷(吨)	纯钾(吨)	复合肥(吨)
1988	36725	12.5	30535	2333	192	3665
1989	49361	16.5	33472	2378	84	13427
1990	50717	17	34185	2685	101	13746
1991	63993		33033	18331	3563	9066
1992	77918		39099	21925	3691	13203
1993	101163		47193	28823	5807	17404
1994	72947		34484	20089	4693	13681
1995	97301		43452	24354	6467	23028
1996	103310		43509	28696	7975	23130
1997	99054		40011	28198	7091	23754
1998	107986		41500	27745	7851	30890
1999	111811		43707	28043	8285	31776
2000	121969		45858	28216	10882	37013
2001	110404		42981	21394	12072	33957
2002	109471		39426	19486	12510	38049
2003	110910		45386	18030	13657	33837
2004	113299		45235	17571	14817	35676
2006	127058		46249	17909	16876	46024
2007	128411		46534	17540	16226	48111

(三)钾资源的浪费

当前,保护地蔬菜生产中使用的化肥以氮磷钾为主,其他肥料品种较少。在保护地蔬菜追肥过程中,磷酸二铵和等养分的氮磷钾复合肥是主要的追肥品种。但蔬菜作物对肥料有特殊的要求,不仅需要充足的氮磷钾,而且还喜欢钙、镁、硼、锰、铁、锌、钼等肥料,如果缺乏某种肥料元素就会出现一些生理性病害。因此,设施蔬菜不仅要施充足的氮肥和磷肥,还应根据蔬菜种类和曾经出现过的问题,有针对性地增施某种或几种微量元素肥料。但微量元素肥料不能盲目施用,应首先进行田间对比试验,并由土肥专家诊断确定后方可进行施用,以免造成新的微量元素污染和危害。

氮素大量淋失。蔬菜追肥基本上是采用随水追肥的方式;在大量施用氮肥的情况下,铵态氮肥虽能被土壤胶体吸附,但吸附量有限,大量的铵离子将进行硝化作用,迅速转化成硝态氮而随水下移,到达根系难以吸收的深度;硝态氮肥则由于土壤胶体不能吸附而极易随水大量淋失,进入地下水,既造成养分损失又污染地下水源。

虽然大棚蔬菜施肥中存在种种不合理的现象,但是由于菜农缺乏科学施肥的指导和环境保护的意识，使这种不合理现象始终得不到纠正，结果肥料增产效果下降，化肥利用率极低，产投比不高，过量投入的肥料还致使环境受到污染。

三、存在的主要障碍因素

(一)旱

主要是水资源不足。

(二)盐

寿光市北部还有近 13333.3 hm^2 的含盐量较高的滨海潮盐土。

(三)砂

在弥河两岸有 6666.7 hm^2 土层中含有砂和夹砂层。

(四)土体结构破坏

在蔬菜生产上过量使用化肥，导致土壤结构破坏，土壤板结。20 世纪 90 年代，随着农业产业结构的不断调整，农业由数量型逐步向效益型转变。蔬菜面积大幅增加，特别是保护地蔬菜的发展和大面积种植，极大丰富了人们物质生活的需求，为消费者提供了大量应时反季节的新鲜蔬菜，丰富了人们的菜篮子，鼓起了农民的钱袋子。但是由于保护栽培是高投入，高产出所带来的高效益，引发了农民不管地力水平、生产性能，不管产量水平、管理水平而加大施肥数量，增加投入，加大生产成本，既浪费了肥料，又污染了环境。

(五)地力下降

在粮食作物生产上，由于农业可比利益低，经济效益不高，挫伤了农民种粮的积极性，在对土地的投入上出现了下滑趋势，肥料施用参差不齐。主要存在以下几个方面的问题：一是施肥数量不足，品种不全；二是重化肥施用，轻有机肥施用；三是重氮、磷肥施用，轻钾肥施用；四是重大量元素肥施用，轻中、微量元素肥施用等。导致部分粮田土壤有机质不高，地力下降。

第三章　样品采集与分析

第一节　土壤样品的布点与采集

一、土壤样品布点

按粮田和蔬菜大棚等作物分类，根据不同的土壤类型，在采样前综合土壤图、土地利用现状图和行政区划图，并参考第二次土壤普查采样点位图确定采样点位，形成采样点位图。根据土壤类型、土地利用、耕作制度、产量水平等因素，将采样区域划分为若干个采样单元，每个采样单元的土壤性状要尽可能均匀一致。平均每个采样单元为：大田作物每 33 hm^2 采一个样，大田园艺作物每 6.7 hm^2 采一个样，温室大棚作物每 30～40 个棚室采一个样。为便于田间示范跟踪和施肥分区，采样集中在位于每个采样单元相对中心位置的典型地块（同一农户的地块），采样地块面积为 0.13～0.33 hm^2。采用 GPS 定位，记录经纬度，精确到 0.1″。在全市布点 2016 个，寿北主要以粮田为主，寿南主要以蔬菜大棚为主。

二、采样方法

每个采样点的取土深度及采样量均匀一致，土样上层与下层的比例要相同。取样器垂直于地面入土，深度相同。用取土铲取样应先铲出一个耕层断面，再平行于断面取土。所有样品都采用不锈钢取土器采样。

（一）采样时间

粮田在秋后采样。设施蔬菜在晾棚期采集。果园在果品采摘后的第一次施肥前采集。

（二）采样深度及采样点数量

采样深度为 0～20 cm，要保证足够的采样点，使之能代表采样单元的土壤特性。采样必须多点混合，每个样品取 15～20 个样点。

（三）采样路线

采样时按照随机、等量和多点混合的原则进行采样。一般采用"S"形布点采样。在地形变化小、地力较均匀、采样单元面积较小的情况下，采用"梅花"形布点取样。避开路边、田埂、沟边、肥堆等特殊部位。蔬菜地混合样点的样品采集根据沟、垄面积的比例确定沟、垄采样点数量。果园采样以树干为圆点向外延伸到树冠边缘的 2/3 处采集，每株对角采2点。

（四）样品量

混合土样取土1 kg左右，用四分法将多余的土壤弃去。方法是将采集的土壤样品放在盘子里或塑料布上，弄碎、混匀，铺成正方形，画对角线将土样分成四份，把对角的两份分别合并成一份，保留一份，弃去一份。如果所得的样品依然很多，可再用四分法处理，直至所需数量为止。

（五）样品标记

采集的样品放入统一的样品袋，用铅笔写好标签，内外各一张。

三、采样数量

全市共采集土壤样品2017个，其中粮田土壤样品1028个，大棚蔬菜土壤样品888个，棉花土壤样品79个，果园土壤样品22个。

四、田间调查

（一）调查内容

每个采样点都详细的调查记载了取样地点（包括村、农户名和GPS定位），土壤类型（具体到土类、亚类、土属和土种），土体构型，耕层深度，地下水位，肥力水平，排灌能力，障碍因素，侵蚀程度，地形部位，土壤质地类型，种植制度，秸秆利用，农田建设质量，灌溉方式，种植方式，盐渍化程度，年降水量，上季作物名称及田间生长日期，本季作物名称及田间生长日期，作物产量，年度化肥使用情况，年度有机肥使用情况，灌溉次数和灌溉量等。

（二）调查方法

采取面对面现场调查的方式，共调查了2017个农户。

第二节 土壤样品的制备

一、新鲜样品

某些土壤成分如二价铁、硝态氮、铵态氮等在风干过程中会发生显著变化，必须用新鲜样品进行分析。为了能真实反映土壤在田间自然状态下的某些理化性状，新鲜样品要及时送回室内进行处理分析，用粗玻璃棒或塑料棒将样品混匀后迅速称样测定。

新鲜样品一般不宜储存，如需要暂时储存，可将新鲜样品装入塑料袋，扎紧袋口，放在冰箱冷藏室或进行速冻保存。

二、风干样品

从野外采回的土壤样品要及时放在样品盘上，摊成薄薄一层，置于干净整洁的室内通风处自然风干，严禁暴晒，并注意防止酸、碱等气体及灰尘的污染。风干过程中要经常翻动土样并将大土块捏碎以加速干燥，同时剔除侵入体。

风干后的土样按照不同的分析要求研磨过筛，充分混匀后，装入样品瓶中备用。瓶内外各放标签一张，写明编号、采样地点、土壤名称、采样深度、样品粒径、采样日期、采样人及制样时间、制样人等项目。制备好的样品要妥善储存，避免日晒、高温、潮湿和酸碱等气体的污染。全部分析工作结束，分析数据核实无误后，试样一般还要保存3～12个月，以备查询。“3414”试验等有价值、需要长期保存的样品，须保存于广口瓶中，用蜡封好瓶口。

（一）一般化学分析试样

将风干后的样品平铺在制样板上，用木棍或塑料棍碾压，并将植物残体、石块等侵入体和新生体剔除干净。细小已断的植物须根，可采用静电吸附的方法清除。压碎的土样用2 mm孔径筛过筛，未通过的土粒重新碾压，直至全部样品通过2 mm孔径筛为止。通过2 mm孔径筛的土样可供pH、盐分、交换性能及有效养分等项目的测定。

将通过2 mm孔径筛的土样用四分法取出一部分继续碾磨，使之全部通过0.25 mm孔径筛，供有机质、全氮、碳酸钙等项目的测定。

（二）微量元素分析试样

用于微量元素分析的土样，其处理方法同一般化学分析样品，但在采样、风干、研磨、过筛、运输、储存等环节，不要接触容易造成样品污染的铁、铜等金属器具。采样、制样推荐使用不锈钢、木、竹或塑料工具，过筛使用尼龙网筛等。通过2 mm孔径尼龙筛的样品可用于测定土壤有效态微量元素。

（三）颗粒分析试样

将风干土样反复碾碎，用2 mm孔径筛过筛。留在筛上的碎石称量后保存，同时将过筛的土壤称重，计算石砾质量百分数。将通过2 mm孔径筛的土样混匀后盛于广口瓶内，用于颗粒分析及其他物理性状测定。

若风干土样中有铁锰结核、石灰结核或半风化体，不能用木棍碾碎，应首先将其细心拣出称量保存，然后再进行碾碎。

第三节　植株样品的采集与制备

一、采样要求

植物样品分析的可靠性受样品数量、采集方法及植株部位影响，因此，采样应具有：①代表性：采集样品能符合群体情况，采样量一般为1 kg；②典型性：采样的部位能反映所要了解的情况；③适时性：根据研究目的，在不同生长发育阶段，定期采样。粮食作物一般在成熟后收获前采集籽实部分及秸秆；发生偶然污染事故时，在田间完整地采集整株植株样品；水果及其他植株样品根据研究目的确定采样要求。

二、样品采集

（一）粮食作物

由于粮食作物生长的不均一性，一般采用多点取样，避开田边2 m，按“梅花”形（适用于采样单元面积小的情况）或“S”形采样法采样。在采样区内采取10个样点的样品组成一个混合样。采样量根据检测项目而定，籽实样品一般1 kg左右，装入纸袋或布袋。要采集完整植株样品可以稍多些，约 2 kg，用塑料纸包扎好。

（二）棉花样品

棉花样品包括茎秆、空桃壳、叶片、籽棉等部分。样株选择和采样方法参照粮食作物。按样区采集籽棉，第一次采摘后将籽棉放在通透性较好的网袋中晾干（或晒干），以后每次收获时均装入网袋中，各次采摘结束后，将同一取样袋中的籽棉作为该采样区籽棉混合样。

（三）水果样品

平坦果园采样时，可采用对角线法布点采样，由采样区的一角向另一角引一对角线，在此线上等距离布设采样点，采样点多少根据采样区域面积、地形及检测目的确定。山地果园应按不同海拔高度均匀布点，采样点一般不应少于 10 个。对于树型较大的果树，采样时应在果树的上、中、下、内、外部及果实着生方位（东南西北）均匀采摘果实。将各点采摘的果品进行充分混合，按四分法缩分，根据检验项目要求，最后分取所需份数，每份 1 kg 左右，分别装入袋内，黏贴标签，扎紧袋口。水果样品采摘时要注意树龄、长势、载果数量等。

（四）蔬菜样品

蔬菜品种繁多，可大致分成叶菜、根菜、瓜果三类，按需要确定采样对象。

菜地采样可按对角线或“S”形法布点，采样点不应少于 10 个，采样量根据样本个体大小确定，一般每个点的采样量不少于 1 kg。从多个点采集的蔬菜样，按四分法进行缩分，其中个体大的样本，如大白菜等可采用纵向对称切成 4 份或 8 份，取其 2 份的方法进行缩分，最后分取 3 份，每份约 1 kg，分别装入塑料袋，黏贴标签，扎紧袋口。

如需用鲜样进行测定，采样时最好连根带土一起挖出，用湿布或塑料袋装，防止萎蔫。采集根部样品时，在抖落泥土或洗净泥土过程中应尽量保持根系的完整。

市场采样可参照市场水果取样方法进行。

三、标签内容

标签内容包括采样序号、采样地点、样品名称、采样人、采集时间和样品处理号等。

四、采样点调查内容

采样点调查内容包括作物品种、土壤名称（或当地俗称）、成土母质、地形地势、耕作制度、前茬作物及产量、化肥农药施用情况、灌溉水源、采样点地理位置简图。果树要记载树龄、长势、载果数量等。

五、植株样品处理与保存

粮食籽实样品应及时晒干脱粒，充分混匀后用四分法缩分至所需量。需要洗涤时，注意时间不宜过长并及时风干。为了防止样品变质，虫咬，需要定期进行风干处理。使用不污染样品的工具将籽实粉碎，用 0.5 mm 筛子过筛制成待测样品。测定重金属元素含量时，不要使用能造成污染的器械。

完整的植株样品先洗干净，根据作物生物学特性差异，采用能反映特征的植株部位，用不污染待测元素的工具剪碎样品，充分混匀用四分法缩分至所需的量，制成鲜样或于

60 ℃烘箱中烘干后粉碎备用。

田间(或市场)所采集的新鲜水果、蔬菜、烟叶和茶叶样品若不能马上进行分析测定，应暂时放入冰箱保存。

第四节　样品分析与质量控制

一、分析化验

(一)测试项目

土壤有机质、土壤全氮、土壤水解性氮、土壤有效磷、土壤速效钾、土壤 pH、土壤交换性钙镁、土壤有效铁、锰、铜、锌、硼、钼、土壤质地、土壤容重、土壤含水量、土壤田间持水量、土壤阳离子交换量、土壤水溶性盐分、

(二)测试方法

土壤有机质	油浴加热重铬酸钾氧化容量法测定
土壤全氮	凯氏蒸馏法测定
土壤水解性氮	碱解扩散法测定
土壤有效磷	碳酸氢钠浸提-钼锑抗比色法测定
土壤缓效钾	硝酸提取-火焰光度计法测定
土壤速效钾	乙酸铵浸提-火焰光度计法测定
土壤交换性钙、镁	乙酸铵交换-原子吸收分光光度计法
土壤有效硫	磷酸盐-乙酸法测定
土壤有效铜、锌、铁、锰	DTPA 浸提-原子吸收分光光度计法或 ICP 法测定
土壤有效硼	姜黄素比色法测定
土壤有效钼	草酸-草酸铵浸提-极谱法测定
土壤质地	比重计法测定
土壤容重	环刀法测定
土壤含水量	烘干法测定
土壤田间持水量	环刀法测定
土壤 pH	土液比 1∶2.5，电位法测定
土壤交换酸	氯化钾交换-中和滴定法测定
土壤阳离子交换量	EDTA-乙酸铵盐交换法测定
土壤水溶性盐分总量	电导率法测定
氯离子	硝酸银滴定法测定
硫酸根离子	EDTA 间接滴定法测定
钙、镁离子	原子吸收分光光度计法测定

(三)检测项次

到目前为止，寿光市共化验土壤样品 19299 项次。

二、化验室建设与质量控制

(一)仪器设备

目前土肥检测室有原子吸收分光光度计(AA-6800FG)1台、可见光分光光度计(732)2台、凯氏定氮仪(KDY-9820)2台、火焰光度计(6400A)2台、紫外可见分光光度计(752C)1台、光栅分光光度计(722)1台、电子天平(JA2003)2台、电子天平(FA2004N)2台、烘箱(ZB101-III)4台、真空干燥箱(ZK-82B)1台、调速多用振荡器(HY-2)1台、电导率仪(DDS-307)1台、电子恒温水浴锅(DZKW-C)1台、自动电位滴定仪(ZD-2)1台、超声波清洗器(KQ-500DB)2台、实验室pH计(PHSJ-4A)1台、NP-球磨机(HF-G7-R75S2)1台、离心机(LD4-2A)2台、水浴恒温振荡器(SHZ-82)1台、数字酸度计(PHS-3C)1台、马福炉(SRJX-3-9)2台、电热板1台等30余台,仪器每年都通过计量部门校验,确保检测精度。

(二)环境条件

实验室可用面积为400 m^2,其中恒温面积为350 m^2,配备了化验台和通风柜,排气设施完善,环境条件完全能满足实验室操作要求。

(三)技术改造

自项目实施以来,寿光市在原土肥化验室的基础上,加大了资金投入,购置了部分仪器设备,更新了通风橱。

(四)人员与素质

目前,共有检测人员11人,其中,高级农艺师2人,农艺师5人,助理农艺师3人,技术员1人。均有从事土肥化验工作5年以上的经验,都能熟练且独立进行土肥项目的检测。

(五)测试能力

寿光市土肥检测室能够检测项目:土壤有机质、土壤全氮、土壤水解性氮、土壤有效磷、土壤速效钾、土壤pH、土壤交换性钙镁、土壤有效铁、锰、铜、锌、硼、钼、土壤质地、土壤容重、土壤含水量、土壤田间持水量、土壤阳离子交换量、土壤水溶性盐分;各种化肥、有机肥、有机无机复合肥、叶面肥,灌溉用水等。

(六)质量控制

寿光市土肥检测室2003年通过了省级计量认证,制定了《质量管理手册》,工作中严格按照《质量管理手册》要求进行操作,定期进行管理内审和业务培训,确保检测数据的准确性。

根据检验参数,配备全部仪器设备(标准物质),并对所有仪器设备进行检定和运行检查,贴上合格标识,方可使用。

所用化学试剂严格验收程序保证试剂的质量,对用于检测工作中的外部支持服务和外购物品实行有效控制,以确保外部支持服务和供应的质量,使其符合检验工作的要求,保证检验结果的可靠性。

化验分析方法严格执行国家或行业标准,所用检验方法必须由技术负责人确认,保证采用的检验方法为现行有效版本。

坚持平行试验、再现性试验，控制精密度，减少随机误差，样品分析平行率要达到100%

坚持双人双检，严格校核、签字及记录的修改制度，检验人员负责检验原始记录、仪器设备、标准物质（含标准溶液）使用记录的填写。各种质量记录应客观、规范、准确和及时地直接填写在规定格式的原始记录纸上。原始记录必须由检验者在现场亲自填写，不得事后追记。一项检验有两人或两人以上操作人员时，指定一人担当记录。校核人要对记录的规范性和计算的准确性进行审核，检查无误后签字。原始记录不允许随意更改和删减，数据必须更改时，用两条平行线将错误数据划掉，将正确数据写在其正上方，并在错误数据上加盖更改人印章。

全程序空白值试验，准确度控制，坚持使用标准样品，进行内参样掺插：每次测定两个平行样，用于校正仪器零点或检查是否在允许范围内。同时利用土壤标准样品及山东省土壤肥料总站提供的参比样品进行分析质量控制。

为提高实验室之间分析结果的可比性，积极参加上级实验室组织的样品的比对实验或用同一控制样品主动与同级实验室进行比对实验，通过数理分析，对差异大的数据，查明原因，采取措施。

第四章　土壤养分状况及评价

寿光市粮田、果园、棉田土壤养分现状分析、评价主要采用全国测土配方施肥土壤测试结果统计表中统一使用的七级养分分级标准，寿光市大棚蔬菜土壤养分现状分析、评价根据我市大棚养分实际情况制定了寿光市土壤养分分级标准(见表 4-1 和表 4-2)。

表 4-1　寿光市保护地蔬菜土壤养分分级评价标准

项 目	养分分级标准				
	1	2	3	4	5
土壤有机质	≤10	10～20	20～30	30～40	>40
土壤 pH	≤5.5	5.6～6.5	6.5～7.5	7.5～8.5	>8.5
土壤水解氮	≤50	50～150	150～250	250～300	>300
土壤有效磷	≤50	50～70	70～120	120～150	>150
土壤速效钾	≤100	100～200	200～300	300～400	>400

表 4-2　全国测土配方施肥土壤养分分级评价标准

项 目	养分分级标准						
	1	2	3	4	5	6	7
土壤有机质	≤6	6～10	10～20	20～30	30～40	40～60	>60
土壤 pH	≤4.5	4.6～5.5	5.6～6.5	6.6～7.5	7.6～8.5	8.6～9	≥9
土壤全氮	≤0.5	0.5～1	1～1.5	1.5～2	2～2.5	2.5～3	>3
土壤水解氮	≤50	50～100	100～150	150～200	200～250	250～300	>300
土壤铵态氮	≤25	25～50	50～75	75～100	100～125	125～150	>150
土壤有效磷	≤5	5～10	10～20	20～30	30～40	40～50	>50
土壤速效钾	<50	50～100	100～150	150～200	200～250	250～300	>300
土壤缓效钾	≤150	200～300	200～250	250～300	300～350	350～400	>400
土壤交换性钙	≤200	200～400	400～800	800～1200	1200～2000	2000～2500	>2500
土壤交换性镁	≤25	25～50	50～100	100～200	200～300	300～500	>500

续表

项 目	养分分级标准						
	1	2	3	4	5	6	7
土壤有效硫	≤10	10～15	15～20	20～30	30～40	40～50	>40
土壤有效铁	≤2.5	2.5～4.5	4.5～10	10～20	20～30	30～40	>40
土壤有效锰	≤1	1～5	5～15	15～30	30～45	45～60	>60
土壤有效锌	≤0.1	0.1～0.2	0.2～1	1～1.8	1.8～2.6	2.6～3.4	>3.4
土壤有效铜	≤0.3	0.3～0.5	0.5～1	1～2	2～3	3～4	>4
土壤有效硼	≤0.2	0.2～0.5	0.5～1	1～1.5	1.5～2	2～3	>3
土壤有效钼	≤0.1	0.1～0.15	0.15～0.2	0.2～0.3	0.3～0.4	0.4～0.5	>0.5
土壤有效硅	≤100	100～200	200～300	300～400	400～500	500～600	>600

注：该表数据来自全国测土配方施肥土壤测试结果的统计表中自带数据。

第一节　土壤pH和有机质

一、土壤pH

粮田化验样品580个(见表4-3)，pH平均为7.2，最大值为8.1，最小值为6.1。小于6.5的有2个样品，占样品总数的0.35%；pH为6.5～7.5的样品467个，占样品总数的80.5%主要分布在台头、洛城、侯镇等镇、街道；pH大于7.5的样品有111个，占样品总数的19.1%，主要分布于侯镇、留吕、营里、羊口、洛城等镇、街道。

果园土壤pH：平均含量为7.3，其标准偏差为0.3，最大值为7.6，最小值为6.8，基本都能适宜果树的生长。

棉花土壤pH：平均含量为7.7，其标准偏差为0.2，最大值为8.1，最小值为7.0，含量在6.6～7.5之间的有样品18个，占所测样品总数的22.8%；含量在7.6～8.5的有样品58个，占所测样品总数的73.4%。

保护地蔬菜土壤pH：平均含量为6.7，其标准偏差为0.3，最大值为7.6，最小值为5.4，其中小于5.6的仅占所检样品总数的0.3%，不存在大棚蔬菜土壤酸化问题。

表4-3　不同作物土壤pH统计表

项 目	平均数	标准偏差	样品个数	最大数	最小数
粮食	7.2	0.4	580	8.1	6.1
蔬菜	6.7	0.3	457	7.6	5.4
果树	7.3	0.3	12	7.6	6.8
棉花	7.7	0.2	79	8.1	7.0

二、土壤有机质

粮田土壤有机质：全市化验样品 1028 个，平均为 12.2 g/kg，为全国测土配方施肥土壤养分分级评价标准 3 级水平，含量变化范围是 5～25.7 g/kg，变幅较大，标准偏差 2.8。含量小于 6 g/kg 样品有 4 个，占样品总数的 0.4%，主要分布在纪台镇；6～9.9 g/kg 样品有 191 个，占样品总数的 18.6%，主要分布在侯镇、洛城街道；10～20 g/kg 样品有 819 个，占样品总数的 79.6%，主要分布在营里、台头、化龙等镇；在 20～30 g/kg 属于四级水平的样品有 30 个，占样品总数的 1.42%。总的看来，寿光市粮田土壤有机质含量处于全国测土配方施肥土壤养分分级评价标准的较低三级水平，而且镇、街道之间存在比较突出的不平衡性。

果园土壤有机质：检测 22 个样品，平均为 13 g/kg，其标准偏差为 2.6，最大值为 20.2 g/kg，最小值为 10.1 g/kg，其中大于 20 g/kg 的占样品总数的 4.5%。

棉花土壤有机质：检测样品 79 个，平均为 10.1 g/kg，其标准偏差为 2.3，最大值为 22.9 g/kg，最小值为 4.8 g/kg；总的情况偏低，其中小于 10 g/kg 的样品 34 个，占所测样品总数的 40%，较缺乏。

保护地蔬菜土壤有机质：全市化验样品 888 个，平均为 18.4 g/kg，为全国测土配方施肥土壤养分分级评价标准三级水平，其标准偏差为 4.4，最大值为 45.6 g/kg，最小值为 3.2 g/kg；含量小于 6.0 g/kg 样品有 4 个，占样品总数的 0.45%；6～10 g/kg 样品有 17 个，占样品总数的 1.9%；10～20 g/kg 样品有 610 个，占样品总数的 68.7%；在 20～30 g/kg 属于四级水平的样品有 245 个，占样品总数的 22.6%。总之，寿光市粮田土壤有机质含量处于全国测土配方施肥土壤养分分级评价标准的较低三级水平，而且分布存在不平衡性。

按照寿光市保护地蔬菜土壤养分分级评价标准(简称寿光保护地分级标准)为 2 级水平。含量小于 10 g/kg 样品有 21 个，占样品总数的 2.4%；在 30～40 g/kg 属于四级水平的样品有 11 个，占样品总数的 1.2%。大于 40 g/kg 样品有 2 个，占样品总数的 0.2%。总的看来，寿光市保护地蔬菜土壤有机质含量处于较低的二级水平。

表 4-4　不同作物土壤有机质含量统计表

项目	平均数	标准偏差	样品个数	最大数	最小数
粮食	12.2	2.8	1028	25.7	1
蔬菜	18.4	4.4	888	45.6	3.2
果树	13	2.6	22	20.2	10.1
棉花	10.1	2.3	79	22.9	4.8

第二节　土壤大量元素状况

一、粮田土壤大量元素状况(见表 4-5)

(一)土壤全氮

全市化验粮田土壤样品 386 个,含量平均为 0.82 g/kg,全国测土配方施肥土壤养分分级评价标准 2 级,含量变化范围是 0.1～2.49 g/kg,变幅较大,标准偏差为 0.1。含量在 0.5 g/kg 以下的样品有 384 个,占样品总数的 11.14%;含量在 0.5～1 g/kg 的样品有 300 个,占样品总数的 77.72%,主要分布在稻田、洛城、化龙等镇、街道。含量在 1～1.5 g/kg 的样品有 37 个,占样品总数的 9.59%,含量在 2～2.5 g/kg 的样品有 6 个,占样品总数的 1.55%。

(二) 土壤碱解氮

检测样品数 403 个,全市平均为 68.1 mg/kg,为全国测土配方施肥土壤养分分级评价标准 2 级,含量变幅是 22～487.8 mg/kg,标准偏差为 40.1 mg/kg。总的看来,全市粮田土壤碱解氮属全国测土配方施肥分级标准的较低水平。其中,低于 50 mg/kg 的样品有 70 个,占样品总数的 17.4%,主要分布在稻田、洛城、化龙等镇、街道; 50～100 mg/kg 的样品有 313 个,占样品总数的 77.7%,主要分布在稻田、洛城、化龙等镇、街道;100～150 mg/kg 的样品有 9 个,占样品总数的 2.2%,大于 200 mg/kg 的样品有 7 个,占样品总数的 1.7%。

(三)土壤速效磷

化验土壤样品 1026 个,全市速效磷平均含量为 15.6 mg/kg,标准偏差为 18.2 mg/kg,其中大于 40 mg/kg 属于很丰富的样品只有 46 个,占样品总数的 4.5%,含量在 30～40 mg/kg,属于丰富,水平的样品有 39 个,占样品总数的 3.8%;含量在 20～30 mg/kg 属较丰富水平的有 86 个,占样品总数的 8.4%,我市粮田土壤速效磷含量集中分布在 10～20 mg/kg 之间,有 678 个,占样品总数的 66.1%;含量在 5～10 mg/kg 的有 158 个,占样品总数的 15.4%,低于 5 mg/kg 属极缺乏的有 19 个,占样品总数的 1.9%。速效磷含量较高的主要分布于我市中部地区,有田柳、上口、洛城等镇街道。近几年,由于注重了磷肥的施用,加大了磷素在施肥中的比例,土壤速效磷含量显著增加。尽管如此,目前仍有相当一部分地块土壤速效磷含量不能满足农作物高产的需要。特别是上述存在部分地块土壤有效磷含量低于 5 mg/kg,属于缺乏水平。

(四)土壤速效钾

全市检测粮田速效钾样品 1026 个,平均含量为 129.8 mg/kg 变幅为 19.5～60.2 mg/kg,标准偏差为 62.5 mg/kg,高值是低值的 30.9 倍,均衡性极差。其中含量在 200 mg/kg 以上属很丰富类型的样品有 51 个,占 5%;含量在 150～200 mg/kg 的样品,属丰富类型的有 290 个,占样品总数的 28.3%;含量 100～150 mg/kg 属较丰富的样品有 456 个,占 44.4%;含量在 50～100 mg/kg 的样品有 206 个,占 20.1%;小于 50 mg/kg 的样品有 22 个,占 2.1%。全市各镇平均值都达到了中等以上水平,个别乡镇还达到极丰富水平。这次土壤养分调查结果表明，土壤速效钾含量有所提高，总的看，钾肥在粮食作物上的施用已基本普及，但仍有少数地块缺钾，要有重点地推广施用钾肥。

表 4-5　　粮田土壤大量元素含量情况表

项 目	平均数	标准偏差	样品个数	最大数	最小数
全氮(g/kg)	0.82	0.1	386	2.49	0.1
水解氮(mg/kg)	68.1	41.7	403	487.6	22
有效磷(mg/kg)	15.6	18.2	1026	205.4	3.1
有效钾(mg/kg)	129.8	62.5	1026	602	19.5

二、果园土壤大量元素状况(见表 4-6)

(一)全氮

平均为 0.88 g/kg，标准偏差为 0.1，都集中分布在 0.5～1.5 mg/kg，占所测样品总数的 88.46%；小于 0.5 mg/kg 仅占 7.69%。

(二)水解氮

平均为 81.6 mg/kg，标准偏差为 51.9；集中分布在 50～100 mg/kg，占所测样品总数的 71.4%。

(三)有效磷

全市果园速效磷平均含量为 19.9 mg/kg，标准偏差为 6.8 mg/kg。

(四)有效钾

平均为 162.1 mg/kg，含量在 100～200 mg/kg 的占 86.4%，比较丰富。

表 4-6　　果园土壤大量元素含量情况表

项 目	平均数	标准偏差	样品个数	最大数	最小数
全氮(g/kg)	0.8	0.4	21	2.48	0.53
水解氮(mg/kg)	81.6	51.7	21	275.0	44.0
有效磷(mg/kg)	19.9	6.8	22	30.9	11.0
有效钾(mg/kg)	162.1	33.9	22	250.1	88.3

三、棉田土壤大量元素状况(见表 4-7)

(一)全氮

平均为 0.66 g/kg，标准偏差为 0.3。

(二)水解氮

平均为 59.2 mg/kg，标准偏差为 25.3，含量较低。

（三）有效磷

平均为 13.6 mg/kg，小于 10 mg/kg 的样品 21 个，占所测样品总数的 26.9%，较缺乏。

（四）有效钾

平均为 160.2 mg/kg。

表 4-7　　棉田土壤大量元素含量情况表

项目	平均数	标准偏差	样品个数	最大数	最小数
全氮(g/kg)	0.66	0.3	17	1.65	0.24
水解氮(mg/kg)	59.2	25.3	26	163	21
有效磷(mg/kg)	13.6	6.1	78	45	4.6
有效钾(mg/kg)	160.2	60.1	79	525	60.8

四、保护地蔬菜土壤大量元素含量（见表 4-8）

（一）全氮

全市化验粮田土壤样品 306 个，平均为 1.81 g/kg，标准偏差为 0.84；全国土壤养分分级评价标准 2 级，含量变化范围是 0.16～4.80 g/kg，变幅较大。含量在 0.5 g/kg 以下的样品有 8 个，占样品总数的 2.25%；含量在 0.5～1.0 g/kg 的样品有 62 个，占样品总数的 17.46%，含量在 1～1.5 g/kg 的样品有 95 个，占样品总数的 26.76%，含量在 1.5～2.0 g/kg的样品有 69 个，占样品总数的 19.44%，含量在 2.0～2.5 g/kg 的样品有 45 个，占样品总数的 12.68%。含量在 2.5～3.0 g/kg 的样品有 42 个，占样品总数的 11.83%，含量大于 3.0 g/kg 的样品有 34 个，占样品总数的 9.58%。各个级别分布基本相差不大，说明不同大棚蔬菜土壤全氮差别较大。

（二）土壤碱解氮

检测样品数 339 个，全市平均 205.1 mg/kg，为寿光土壤养分分级评价标准 3 级，含量变幅是 27.7～503.0 mg/kg，标准偏差为 104.6 mg/kg。总的看来，全市大棚蔬菜土壤碱解氮属较高水平。其中，低于 50 mg/kg 的样品有 3 个，占样品总数的 0.88%；50～150 mg/kg 的样品有 127 个，占样品总数的 37.5%；150～250 mg/kg 的样品有 94 个，占样品总数的 27.7%，250～300 mg/kg 的样品有 48 个，占样品总数的 14.2%；大于 300 mg/kg的样品有 67 个，占样品总数的 19.8%。

（三）土壤速效磷

化验土壤样品 887 个，全市速效磷平均含量为 111.1 mg/kg，标准偏差为 82.0 mg/kg，为寿光土壤养分分级评价标准 3 级，其中大于 150 mg/kg 属于很丰富的样品有 189 个，占样品总数的 23.1%，含量在 150～120 mg/kg，属于丰富，水平的样品有 104 个，占样品总数的 11.7%；含量在 120～70 mg/kg 属较丰富水平的有 362 个，占样品总数的 40.8%，含量在 50～70 mg/kg 的有 120 个，占样品总数的 13.5%，含量在小于 50 mg/kg 的有 148 个，占样品总数的 16.7%，除个别新建大棚土壤速效磷含量较低外，大多数大棚土壤速效磷含量较高。

(四) 土壤速效钾

全市大棚蔬菜土壤速效钾样品 888 个,平均含量为 335.7 mg/kg 变幅是 73～1477.9 mg/kg,标准偏差为 191.7 mg/kg,均衡性极差。其中含量在 400 mg/kg 以上属很丰富类型的样品有 232 个,占 26.1%;含量在 400～300 mg/kg 的样品,属丰富类型的有 208 个,占样品总数的 23.4%;含量 300～200 mg/kg 属较丰富的样品有 248 个,占 27.9%;含量在 200～100 mg/kg 的样品有 184 个,占 20.7%;小于 100 mg/kg 的样品有 16 个,占 1.8%。全市各镇平均值都达到了中等以上水平,个别乡镇还达到极丰富水平。

表 4-8　保护地蔬菜土壤大量元素含量情况表

项 目	平均数	标准偏差	样品个数	最大数	最小数
全氮(g/kg)	1.81	0.084	306	4.8	0.16
水解氮(mg/kg)	205.1	104.6	339	503	27.7
有效磷(mg/kg)	111.1	82	887	1248.3	7.6
有效钾(mg/kg)	335.7	191.7	888	1477.9	73

第三节　土壤中量元素状况

一、粮田土壤中量元素含量状况(见表 4-9)

土壤交换性钙、镁:分别平均为 3352.1 mg/kg 和 322 mg/kg,均属较丰富级别,寿光市粮田土壤不缺钙和镁。

表 4-9　粮田土壤中量元素含量情况表

项 目	平均数	标准偏差	样品个数	最大数	最小数
交换性钙(mg/kg)	3352.11	674.2	187	6054.2	1047.6
交换性镁(mg/kg)	322.02	83.4	185	567	94

二、果园土壤中量元素含量状况(见表 4-10)

交换性钙、镁:分别平均为 2882.2 mg/kg 和 369.1 mg/kg,标准偏差分别为 900.7 和 122.8,含量分布差别较大,但都在较丰富等级范围。

表 4-10　果园土壤中量元素含量情况表

项 目	平均数	标准偏差	样品个数	最大数	最小数
交换性钙(mg/kg)	2882.2	900.7	3	3666.6	1898.6
交换性镁(mg/kg)	369.1	122.89	3	500.4	257.1

三、棉田土壤中量元素含量状况(见表 4-11)

交换性钙、镁:分别平均为 2904.44 mg/kg 和 298.45 mg/kg,含量均丰富。

表 4-11 棉田土壤中量元素含量情况表

项 目	平均数	标准偏差	样品个数	最大数	最小数
交换性钙(mg/kg)	2904.44	647.5	13	4389.5	1988.8
交换性镁(mg/kg)	298.45	75.0	13	501.2	189.6

四、保护地蔬菜土壤中量元素含量状况(见表 4-12)

表 4-12 保护地蔬菜土壤中量元素含量情况表

项 目	平均数	标准偏差	样品个数	最大数	最小数
交换性钙(mg/kg)	2808.42	958.3	145	7298.1	857.3
交换性镁(mg/kg)	320.58	115.4	145	918.6	144.6

第四节 土壤微量元素状况

一、粮田土壤微量元素含量情况(见表 4-13)

土壤有效铁、锰、铜、锌、硼、钼:分别平均为 19.0 mg/kg、15.2 mg/kg、1.47 mg/kg、1.17 mg/kg、1.04 mg/kg、0.14 mg/kg。分别属于分级标准 4、3、4、4、4、2 级水平。

粮田土壤中有效铁、锰、铜、锌、硼含量较丰富,有效铁含量小于 4.5 mg/kg,只有 1 个样品,仅占总样品数的 0.1%;有效锰的含量 5~15 mg/kg 的样品有 558 个,占总样品数的 54.6%,含量在 15~30 mg/kg 的样品有 427 个,占 41.8%;大于 30 mg/kg 的样品有 33 个,占 3.23%;有效铜的含量主要分布在 0.2~2.6 mg/kg,其中,含量在 0.2~1.0 mg/kg的样品有 235 个,占总样品数(1021 个)23.0%,含量在 1.0~1.8 mg/kg 的样品有 513 个,占 50.2%,含量在 1.8~2.6 mg/kg 的样品有 201 个,占 19.7%;大于 2.6 mg/kg 的样品有 72 个,占 7.1%;有效锌含量小于 0.5 mg/kg 的样品有 16 个,占 1.6%,其他都集中分布在 0.5~4.0 mg/kg;有效硼含量小于 0.5 mg/kg 的样品仅有 15 个,占所测样品总数的 1.8%;有效钼较缺乏,小于 0.10 mg/kg 的样品就有 82 个,占所测样品总数(299 个)的 27.4%,主要分布在侯镇、洛城、田柳等地区。

表 4-13 粮田土壤微量元素含量情况表

项 目	平均数	标准偏差	样品个数	最大数	最小数
有效铁(mg/kg)	19.00	8.1	1022	70.21	2.00
有效锰(mg/kg)	15.20	7.3	1022	76.80	4.00
有效铜(mg/kg)	1.47	0.7	1021	7.01	0.24
有效锌(mg/kg)	1.17	0.7	1021	11.8	0.20
有效硼(mg/kg)	1.04	0.4	816	3.36	0.27
有效钼(mg/kg)	0.14	0.1	299	0.36	0.05

二、果园土壤微量元素含量情况(见表 4-14)

有效铁、锰、铜、锌、硼、钼:分别平均为 31.9 mg/kg、18.83 mg/kg、2.10 mg/kg、1.84 mg/kg、1.18 mg/kg、0.18 mg/kg。分别属全国测土配方施肥土壤养分分级评价标准的 6、4、5、5、4、3 级,除有效钼局部果园缺乏外,其他基本不缺乏。

表 4-14 果园土壤微量元素含量情况表

项 目	平均数	标准偏差	样品个数	最大数	最小数
有效铁(mg/kg)	31.90	17.1	22	90.12	14.32
有效锰(mg/kg)	18.83	5.0	22	30.10	10.80
有效铜(mg/kg)	2.10	1.3	22	6.10	0.60
有效锌(mg/kg)	1.8/4	1.4	22	6.8	0.60
有效硼(mg/kg)	1.18	0.4	20	2.18	0.60
有效钼(mg/kg)	0.18	0.1	14	0.36	0.09

三、棉田土壤微量元素含量情况(见表 4-15)

有效铁、锰、铜、锌、硼、钼:分别平均为 20.10 mg/kg、14.10 mg/kg、1.84 mg/kg、1.18 mg/kg、1.24 mg/kg、0.14 mg/kg。分别属全国测土配方施肥土壤养分分级评价标准的 5、3、4、4、4、2 级,除有效钼局部地块缺乏外,其他基本不缺乏。

表 4-15 棉田土壤微量元素含量情况表

项 目	平均数	标准偏差	样品个数	最大数	最小数
有效铁(mg/kg)	20.10	0.3	79	60.12	8.71
有效锰(mg/kg)	14.10	4.9	79	26.81	5.10
有效铜(mg/kg)	1.84	1.6	79	12.00	0.68

续表

项 目	平均数	标准偏差	样品个数	最大数	最小数
有效锌(mg/kg)	1.18	0.5	79	4.35	0.50
有效硼(mg/kg)	1.24	0.4	71	3.02	0.47
有效钼(mg/kg)	0.14	0.1	30	0.29	0.08

四、保护地蔬菜土壤微量元素含量情况（见表 4-16）

土壤有效铁、锰、铜、锌、硼、钼：分别平均为 33.0 mg/kg、25.60 mg/kg、3.68 mg/kg、2.65 mg/kg、1.38 mg/kg、0.33 mg/kg。标准偏差分别为 11.8、13.3、2.7、2.1、0.6、0.8，属于分级标准 6、4、6、6、4、5 级水平，含量均丰富。

表 4-16　保护地蔬菜土壤微量元素含量情况表

项 目	平均数	标准偏差	样品个数	最大数	最小数
有效铁(mg/kg)	33.00	11.8	882	72.13	6.6
有效锰(mg/kg)	25.60	13.3	882	101.44	2.3
有效铜(mg/kg)	3.68	2.7	882	33.85	0.14
有效锌(mg/kg)	2.65	2.1	881	17.76	0.40
有效硼(mg/kg)	1.38	0.6	595	5.01	0.30
有效钼(mg/kg)	0.33	0.81	83	7.6	0.06

第五章 耕地地力评价

耕地是土地的精华，是农业生产不可替代的重要生产资料，是保持社会和国民经济可持续发展的重要资源。保护耕地是我国的基本国策之一，因此，及时掌握耕地资源的数量、质量及其变化对于合理规划和利用耕地，切实保护耕地有十分重要的意义。在全面的野外调查和室内化验分析，获取大量耕地地力相关信息的基础上，我们进行了寿光市耕地地力的综合评价，评价结果对于摸清全县耕地地力的现状及问题，为耕地资源的高效和可持续利用提供了重要的科学依据。

第一节 耕地地力评价方法

一、评价原则依据

(一)评价的原则

耕地地力就是耕地的生产能力，是在一定区域内一定的土壤类型上，耕地的土壤理化性状、所处自然环境条件、农田基础设施及耕作施肥管理水平等因素的总和。根据评价的目的要求，在寿光市耕地地力评价中，我们遵循的基本原则是：

1. 综合因素研究与主导因素分析相结合原则

土地是一个自然经济综合体，是人们利用的对象，对土地质量的鉴定涉及自然和社会经济多个方面，耕地地力也是各类要素的综合体现。所谓综合因素研究是指对地形地貌、土壤理化性状、相关社会经济因素之总体进行全面的研究、分析与评价，以全面了解耕地地力状况。主导因素是指对耕地地力起决定作用的、相对稳定的因子，在评价中要着重对其进行研究分析。因此，把综合因素与主导因素结合起来进行评价则可以对耕地地力做出科学准确的评定。

2. 共性评价与专题研究相结合原则

寿光市耕地利用存在菜地、农田等多种类型，土壤理化性状、环境条件、管理水平等不一，因此耕地地力水平有较大的差异。考虑市域内耕地地力的系统、可比性，针对不同的耕地利用等状况，应选用的统一的共同的评价指标和标准，即耕地地力的评价不针对某一特定的利用类型。另一方面，为了了解不同利用类型的耕地地力状况及其内部的差异情况，则对有代表性的主要类型如蔬菜地等进行专题的深入研究。这样，共性的评价与专题研究相结合，使整个的评价和研究具有更大的应用价值。

3. 定量和定性相结合原则

土地系统是一个复杂的灰色系统，定量和定性要素共存，相互作用，相互影响。因此，为了保证评价结果的客观合理，宜采用定量和定性评价相结合的方法。在总体上，为了保证评价结果的客观合理，尽量采用定量评价方法，对可定量化的评价因子如有机质等养分含量、土层厚度等按其数值参与计算，对非数量化的定性因子如土壤表层质地、土体构型等则进行量化处理，确定其相应的指数，并建立评价数据库，以计算机进行运算和处理，尽量避免人为随意性因素影响。在评价因素筛选、权重确定、评价标准、等级确定等评价过程中，尽量采用定量化的数学模型，在此基础上则充分运用人工智能和专家知识，对评价的中间过程和评价结果进行必要的定性调整，定量与定性相结合，从而保证了评价结果的准确合理。

4. 采用 GIS 支持的自动化评价方法原则

自动化、定量化的土地评价技术方法是当前土地评价的重要方向之一。近年来，随着计算机技术，特别是 GIS 技术在土地评价中的不断应用和发展，基于 GIS 的自动化评价方法已不断成熟，使土地评价的精度和效率大大提高。本次的耕地地力评价工作将通过数据库建立、评价模型及其与 GIS 空间叠加等分析模型的结合，实现了全数字化、自动化的评价流程，在一定的程度上代表了当前土地评价的最新技术方法。

(二)评价的依据

耕地地力是耕地本身的生产能力，因此耕地地力的评价则依据与此相关的各类自然和社会经济要素，具体包括三个方面。

1. 耕地地力的自然环境要素

耕地地力的自然环境要素包括耕地地形地貌条件、水文地质条件、成土母质条件、土地利用状况等。

2. 耕地地力的土壤理化要素

耕地地力的土壤理化要素包括土壤剖面与土体构型、耕层厚度、质地、容重等物理性状，有机质、氮、磷、钾、微量元素、pH、交换量等化学性状等。

3. 耕地地力的农田基础设施条件

耕地地力的农田基础设施条件包括耕地的灌排条件、水土保持工程建设、培肥管理条件等。

二、评价流程

整个评价可分为三个方面的主要内容，按先后的次序分别为：

(1)资料工具准备及数据库建立：根据评价的目的、任务、范围、方法，收集准备与评价有关的各类自然及社会经济资料，进行资料的分析处理。选择适宜的计算机硬件和 GIS 等分析软件，建立耕地地力评价基础数据库。

(2)耕地地力评价：划分评价单元，提取影响地力的关键因素并确定权重，选择相应评价方法，制定评价标准，确定耕地地力等级。

(3)评价结果分析：依据评价结果，量算各等级耕地面积，编制耕地地力分布图。分析耕地地力问题，提出耕地资源可持续利用的措施建议。评价的工作流程如图 5-1 所示。

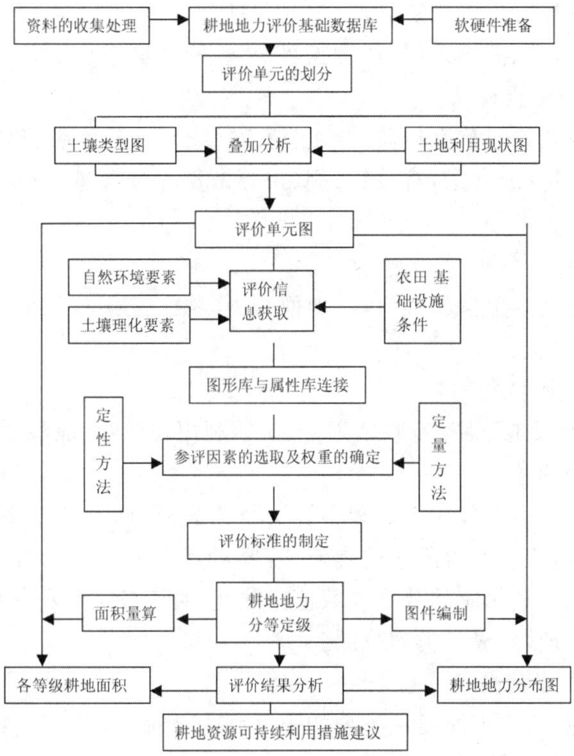

图 5-1　寿光市耕地地力评价流程图

三、软硬件准备

（一）硬件准备

主要包括高档微机、A0 幅面数字化仪、A0 幅面扫描仪、喷墨绘图仪等。微机主要用于数据和图件的处理分析，数字化仪、扫描仪用于图件的输入，喷墨绘图仪用于成果图的输出。

（二）软件准备

一是 Windows 操作系统软件，其次是 FOXPRO 数据库管理、SPSS 数据统计分析/ACCESS 数据管理系统等应用软件，再次是 MAPGIS、ARCVIEW、ARCMAP 等 GIS 软件。

四、资料收集处理

（一）资料的收集

耕地地力评价是以耕地的各性状要素为基础，因此必须广泛地收集与评价有关的各类自然和社会经济因素资料，为评价工作做好数据的准备。本次耕地地力评价我们收集获取的资料主要包括以下几个方面：

1. 野外调查资料

野外调查资料按野外调查点获取，主要包括地形地貌、土壤母质、水文、土层厚度、表层质地、耕地利用现状、灌排条件、作物长势产量、管理措施水平等。

2. 室内化验分析资料

室内化验分析资料包括有机质、全氮、速效氮、全磷、速效磷、速效钾等大量养分含量，交换性钙、镁等中量养分含量，有效锌、硼、钼等微量养分含量，以及 pH、土壤污染元素含量等。

3. 社会经济统计资料

以行政区划为基本单位的人口、土地面积、作物及蔬菜瓜果面积，以及各类投入产出等社会经济指标数据。

4. 基础及专题图件资料

1∶50000 比例尺地形图、行政区划图、土地利用现状图、地貌图、土壤图等。

(二)资料的处理

获取的评价资料可以分为定量和定性资料两大部分，为了采用定量化的评价方法和自动化的评价手段，减少人为因素的影响，需要对其中的定性因素进行定量化处理，根据因素的级别状况赋予其相应的分值或数值。除此，对于各类养分等按调查点获取的数据，则需要进行插值处理，生成各类养分图。

1. 定性因素的量化处理

土壤表层质地：考虑不同质地类型的土壤肥力特征，以及与植物生长发育的关系，赋予不同质地类别以相应的分值(见表 5-1)。

表 5-1　土壤表层质地的量化处理

质地类别	中壤	轻壤	重壤	砂壤	砂土
分值	100	95	80	70	55

土体构型：首先以土层质地类别和其在土体中的部位对各类土体构型进行归纳，根据不同的土体构型对植物生长发育的影响，赋予不同土体构型以相应的分值(见表 5-2)。

表 5-2　土体构型的量化处理

土体构型	壤均质	壤质黏心	黏质壤心	砂质壤心	黏均质	砂质黏心	壤质砂心	砂均质
分值	100	90	87	80	77	70	65	58

地貌类型：根据不同的地貌类型对耕地地力及作物生长的影响，赋予其相应的分值(见表 5-3)。

表 5-3　　地貌类型的量化处理

地貌类型	缓平坡地	湖沼平原	岗地	洼地	滨海平地
分值	100	89	80	78	70

矿化度：根据不同的矿化度程度对耕地地力及作物生长的影响，赋予其相应的分值（见表 5-4）。

表 5-4　　矿化度的量化处理

矿化度	<0.5	0.5～2	2～5	>5
分值	100	90	65	40

盐渍化程度：考虑到寿光市的土壤分布中存在不同的盐渍化程度，将其盐渍化程度划分为不同的等级，并据其对耕地地力的影响程度进行量化处理（见表 5-5）。

表 5-5　　土壤盐渍化程度的量化处理

盐渍化	无	轻度	中度	重度
分值	100	85	70	50

2. 各类养分专题图层的生成

对于土壤有机质、氮、磷、钾、锌、硼、钼等养分数据，我们首先按照野外实际调查点进行整理，建立了以各养分为字段，以调查点为记录的数据库。之后，进行了土壤采样样点图与分析数据库的连接，在此基础上插值生成各养分专题图层。

我们对比了分别在 MapGIS 和 ArcView 环境中的插值结果，发现 ArcView 环境中的插值结果线条更为自然圆滑，符合实际。因此，本研究中所有养分采样点数据均在 ArcView 环境下操作，利用其空间分析模块功能对各养分数据进行自动的插值处理，经编辑处理，自动生成各土壤养分专题栅格图层。后续的耕地地力评价也以栅格形式进行，与矢量形式相比，能够将各评价要素信息精确到栅格（像元）水平，保证了评价结果的准确。图 5-2、图 5-3 所示为在 ArcView 下插值生成的寿光土壤有机质、全盐含量分布栅格图。

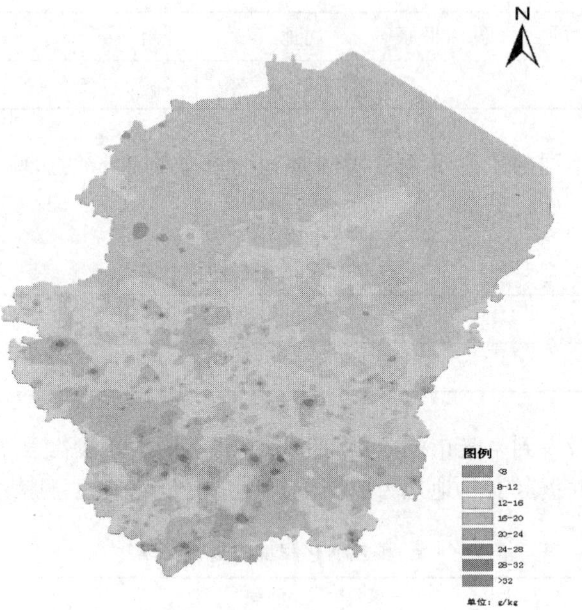

图 5-2 寿光市土壤有机质含量栅格图

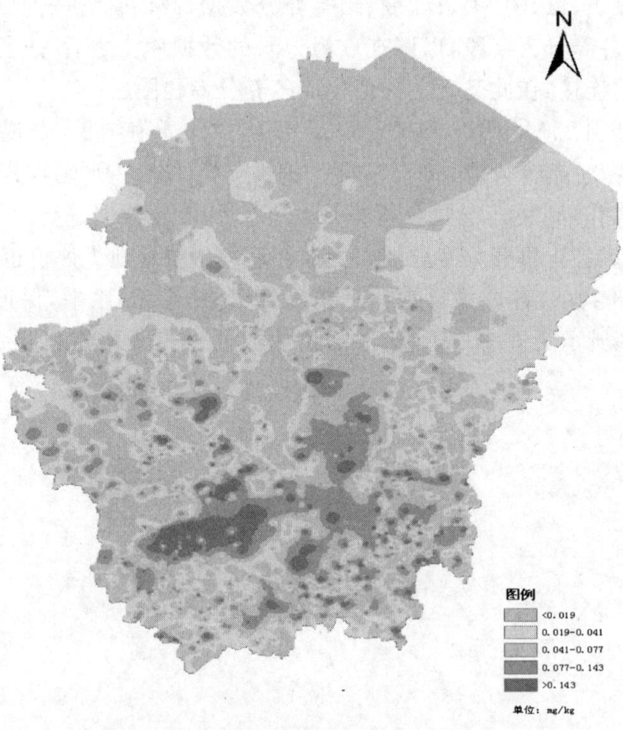

图 5-3 寿光市全氮含量栅格图

五、基础数据库的建立

（一）基础属性数据库的建立

结合耕地资源管理信息系统的建立，采用可视化数据管理系统 ACCESS，为了调查分析数据整理、存储和后续应用的方便，我们研制建立了耕地地力调查与质量评价数据录入管理系统。该系统由 4 个数据录入模块组成，分别是：采样点基本情况调查信息录入、采样点农业生产情况调查信息录入、土壤理化性状化验分析数据录入、土壤污染元素化验分析数据信息录入模块。各模块以调查点为基本数据库记录进行原始数据录入，在此基础上进行汇总整理工作，作为后续耕地地力评价工作的基础。数据录入系统界面如图 5-4 所示。

图 5-4　数据录入系统界面

（二）基础专题图图形库的建立

将扫描矢量化及插值等处理生成的各类专题图件，在 ARCVIEW 和 MAPGIS 软件的支持下，分别以栅格形式和点、线、区文件的形式进行存储和管理，同时将所有图件统一转换到相同的地理坐标系统下，以进行图件的叠加等空间操作，各专题图图斑属性信息通过键盘交互式输入或通过与属性库挂接读取，构成基本专题图图形数据库。图形库与基础属性库之间通过调查点相互连接。

六、评价单元的划分

评价单元是由对土地质量具有关键影响的各土地要素组成的空间实体，是土地评价的最基本单位、对象和基础图斑。同一评价单元内的土地自然基本条件、土地的个体属性和经济属性基本一致，不同土地评价单元之间，既有差异性，又有可比性。耕地地力评价就是要通过对每个评价单元的评价，确定其地力级别，把评价结果落实到实地和编绘的土地资源图上。因此，土地评价单元划分的合理与否，直接关系到土地评价的结果以及工作量的大小。

目前，对土地评价单元的划分尚无统一的方法，有以土壤类型、以土地利用类型、以行政区划单位、以方里网等多种方法。本次寿光市耕地地力评价土地评价单元的划分采用土壤图、土地利用现状图的叠置划分法，相同土壤单元及土地利用现状类型的地块组成一个评价单元，即“土地利用现状类型-土壤类型”的格式。其中，土壤类型划分到土种，土地利用现状类型划分到二级利用类型，制图区界以寿光市最新土地利用现状图为准。为了保证土地利用现状的现势性，基于野外的实地调查对耕地利用现状进行了修正。同一评价单元内的土壤类型相同，利用方式相同，交通、水利、经营管理方式等基本一致，用这种方法划分评价单元既可以反映单元之间的空间差异性，既使土地利用类型有了土壤基本性质的均一性，又使土壤类型有了确定的地域边界线，使评价结果更具综合性、客观性，可以较容易地将评价结果落实到实地。

通过图件的叠置和检索，将寿光市耕地地力划分为7492个评价单元。

七、评价信息的提取

影响耕地地力的因子非常多，并且它们在计算机中的存储方式也不相同，因此如何准确地获取各评价单元评价信息是评价中的重要一环，鉴于此，我们舍弃直接从键盘输入参评因子值的传统方式，采取将评价单元与各专题图件叠加采集各参评因素的信息。具体的做法是：①按唯一标识原则为评价单元编号；②在ARCVIEW环境下生成评价信息空间库和属性数据库；③在ARCMAP环境下从图形库中调出各化学性状评价因子的专题图，与评价单元图进行叠加计算出各因子的均值；④保持评价单元几何形状不变，在耕地资源管理信息系统中直接对叠加后形成的图形的属性库进行“属性提取”操作，以评价单元为基本统计单位，按面积加权平均汇总评价单元立地条件评价因子的分值。

由此，得到图形与属性相连的以评价单元为基本单位的评价信息，为后续耕地地力的评价奠定了基础。

第二节　参评因素的选取及其权重确定

正确地进行参评因素的选取并确定其权重，是科学地评价耕地地力的前提，直接关系到评价结果的正确性、科学性和社会可接受性。

一、参评因素的选取

参评因素是指参与评定耕地地力等级的耕地的诸属性。影响耕地地力的因素很多，在本次寿光市耕地地力评价中根据寿光市的区域特点遵循主导因素原则、差异性原则、稳定性原则、敏感性原则，采用定量和定性方法结合，进行了参评因素的选取。

（一）系统聚类方法

系统聚类方法用于筛选影响耕地地力的理化性质等定量指标，通过聚类将类似的指标进行归并，辅助选取相对独立的主导因子。我们利用 SPSS 统计软件进行了土壤养分等化学性状的系统聚类，结果如下：

从图 5-5 中可以看出氯离子、全盐、硝态氮、全氮、交换性钙、有效硅、交换性镁、有效硼、有效钼、有效铁、有效锰、有效锌、有效铜、有效硫聚为一组，有效磷、速效钾、碱解氮、缓效钾聚为一组，有机质为一组，pH 为一组。

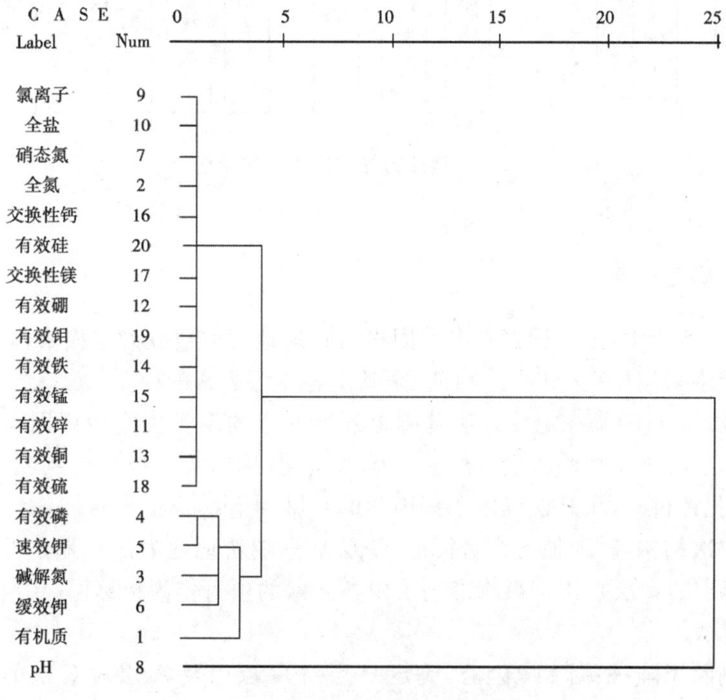

图 5-5　土壤养分等化学性状的聚类分析

（二）DELPHI 法

用 DELPHI 法进行了影响耕地地力的立地条件、物理性状等定性指标的筛选。我们确定了由土壤农业化学学者、专家及寿光市土肥站业务人员组成的专家组，首先对指标进行分类，在此基础上进行指标的选取，并讨论确定最终的选择方案。

综合以上两种方法，在定量因素中根据各因素对耕地地力影响的稳定性，以及营养元素的全面性，在聚类分析第一组中选取有效硼、有效锌为参评因素，第二组中选取有效磷、速效钾、有机质为参评因素。结合专家组选择结果，最后确定灌溉保证率、矿化度、地貌类型、耕层质地、土体构型、盐渍化程度、有机质、大量元素（速效钾、有效磷）、微量元素（有效锌、有效硼）等 11 项因素作为耕地地力评价的参评指标（见图 5-6）。

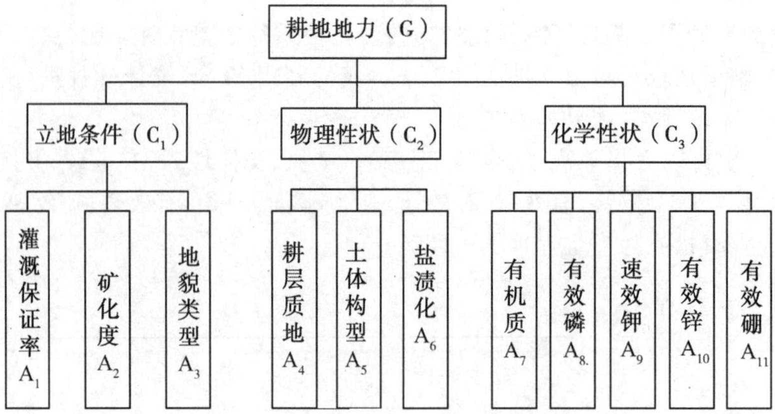

图 5-6 耕地地力影响因素层次结构

二、权重的确定

在耕地地力评价中，需要根据各参评因素对耕地地力的贡献确定权重，确定权重的方法很多，本评价中采用层次分析法（AHP）来确定各参评因素的权重。

层次分析法（AHP）是在定性方法基础上发展起来的定量确定参评因素权重的一种系统分析方法，这种方法可将人们的经验思维数量化，用以检验决策者判断的一致性，有利于实现定量化评价。AHP 法确定参评因素的步骤如下：

（1）建立层次结构：耕地地力为目标层（G 层），影响耕地地力的立地条件、物理性状、化学性状为准则层（C 层），再把影响准则层中各元素的项目作为指标层（A 层），其结构关系，如图 5-6 所示。

（2）构造判断矩阵：根据专家经验，确定 C 层对 G 层以及 A 层对 C 层的相对重要程度，共构成 A、C_1、C_2、C_3 共 4 个判断矩阵。例如，耕层质地、土体构型、盐渍化程度对耕地物理性状的判断矩阵表示为：

$$C_2=\begin{pmatrix} a_{11} & a_{12} & a_{13} \\ a_{21} & a_{22} & a_{23} \\ a_{31} & a_{32} & a_{33} \end{pmatrix}\begin{Bmatrix} 1 & 5 & 3 \\ 0.20 & 1 & 0.33 \\ 0.33 & 3 & 1 \end{Bmatrix}$$

其中，a_{ij}（i 为矩阵的行号，j 为矩阵的列号）表示对 C_2 而言，a_i 对 a_j 的相对重要性的数值。

（3）层次单排序及一致性检验：即求取 A 层对 C 层的权数值，可归结为计算判断矩阵的最大特征根对应的特征向量。利用 SPSS 等统计软件，得到的各权数值及一致性检验的结果（见表 5-6）。

表 5-6 权数值及一致性检验结果

矩阵	特征向量					C_I	C_R
矩阵 A		0.3202	0.1226	0.5571		0.009148	0.01577204<0.1
矩阵 C_1		0.6329	0.1058	0.2613		0.020017	0.03451165<0.1
矩阵 C_2		0.6333	0.1061	0.2606		0.019410	0.03346558<0.1
矩阵 C_3	0.5036	0.2307	0.1526	0.0638	0.0492	0.044324	0.03957510<0.1

从表中可以看出，$C_R<0.1$，具有很好的一致性。

(4)层次总排序及一致性检验：经层次总排序，并进行一致性检验，结果为 $C_I=0$，$C_R=0$，具有满意的一致性，最后计算 A 层对 G 层的组合权数值，得到各因子的权重，最终结果如表 5-7 所示。

表 5-7 各因子的权重

因子	权重	因子	权重	因子	权重	因子	权重
灌溉保证率	0.2027	耕层质地	0.0777	有机质	0.2806	有效锌	0.0355
矿化度	0.0339	土体构型	0.0130	有效磷	0.1286	有效硼	0.0274
地貌类型	0.0837	盐渍化	0.0320	速效钾	0.0850		

第三节 耕地地力等级的确定

土地是一个灰色系统，系统内部各要素之间与耕地的生产能力之间关系十分复杂，此外，评价中也存在着许多不严格、模糊性的概念。因此我们在评价中引入了模糊数学方法，采用模糊评价方法来进行耕地地力等级的确定。

一、参评因素隶属函数的建立

用 DELPHI 法根据一组分布均匀的实测值评估出对应的一组隶属度，然后在计算机中绘制这两组数值的散点图，再根据散点图进行曲线模拟，寻求参评因素实际值与隶属度关系方程从而建立起隶属函数。各参评因素的分级及其相应的专家赋值和隶属度如表 5-8 所示。

表 5-8 参评因素的分级及其分值

参评因素	分值和隶属度				
地貌类型	缓平坡地	湖沼平原	岗地	洼地	滨海平地
分值	100	89	80	78	70
隶属度	1.00	0.89	0.80	0.78	0.70

续表

参评因素	分值和隶属度											
灌溉保证率	80	70	60	50	30	10	0					
分值	100	90	80	65	40	10	0					
隶属度	1.00	0.90	0.80	0.65	0.40	0.10	0.00					
矿化度(g/L)	＜0.5	0.5～2	2～5	＞5								
分值	100	90	65	40								
隶属度	1.00	0.90	0.65	0.40								
有机质	2.0	1.8	1.6	1.4	1.2	1.0	0.8	0.6				
分值	100	98	95	90	84	78	65	50				
隶属度	1.00	0.98	0.95	0.90	0.84	0.78	0.65	0.50				
有效磷	400	300	200	110	80	60	40	30	20	15	10	5
分值	70	80	90	100	98	96	92	90	85	80	60	40
隶属度	0.70	0.80	0.90	1.00	0.98	0.96	0.92	0.90	0.85	0.80	0.60	0.40
速效钾	400	320	240	160	120	100	80	60				
分值	100	98	93	85	82	78	70	50				
隶属度	1.00	0.98	0.93	0.85	0.82	0.78	0.70	0.50				
有效锌	2.0	1.5	1.2	1.0	0.8	0.5	0.3					
分值	100	92	87	85	80	70	55					
隶属度	1.00	0.92	0.87	0.85	0.80	0.70	0.55					
有效硼	1.8	1.5	1.2	1.0	0.8	0.5	0.2					
分值	100	95	87	85	80	70	55					
隶属度	1.00	0.95	0.87	0.85	0.80	0.70	0.55					
耕层质地	中壤	轻壤	重壤	砂壤	砂土							
分值	100	95	80	70	55							
隶属度	1.00	0.95	0.80	0.70	0.55							
土体构型	壤均质	壤质黏心	黏质壤心	砂质壤心	黏均质	砂质黏心	壤质砂心	黏质砂心	砂均质			
分值	100	90	87	80	77	70	65	63	58			
隶属度	1.00	0.90	0.87	0.80	0.77	0.70	0.65	0.63	0.58			
盐渍化	无	轻度	中度	重度	盐土							
分值	100	85	70	50	30							
隶属度	1.00	0.85	0.70	0.50	0.30							

通过模拟共得到正直线型、戒上型、概念型三种类型的隶属函数，其中有效磷、速效钾等属于戒上型隶属函数，矿化度属于正直线型隶属函数，土体构型、耕层质地、盐渍化等描述性因素属于概念型隶属函数，然后根据隶属函数计算各参评因素的单因素评价评语。以有机质为例绘制的散点图和模拟曲线如图 5-7、图 5-8 所示。

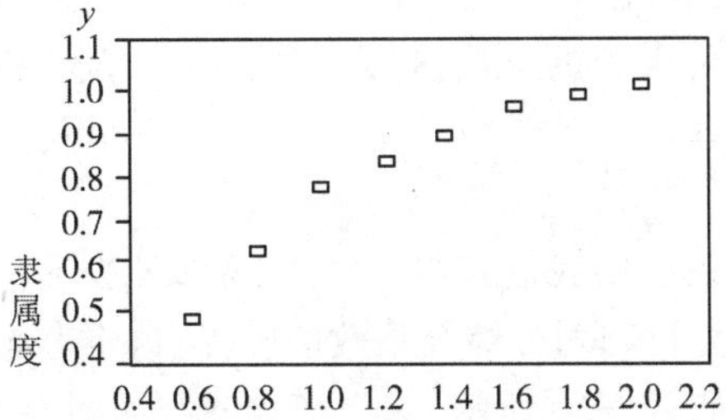

图 5-7　有机质与隶属度关系散点图

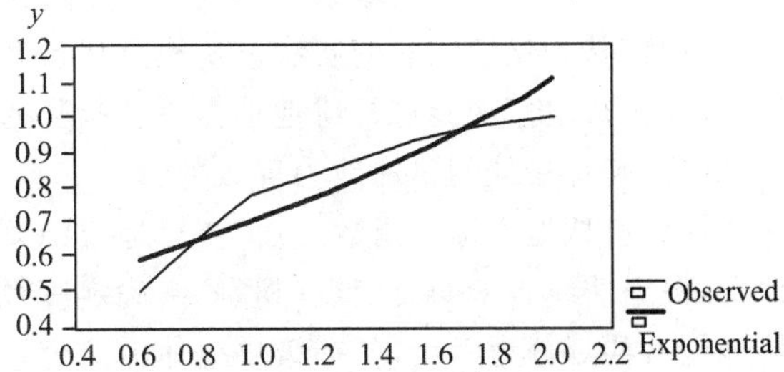

图 5-8　有机质与隶属度关系曲线

其隶属函数为戒上型，形式为：

$$y=\begin{cases}0 & (x\leqslant x_t)\\ 1/(1+A*(x-C)**2) & (x_t<x<C)\\ 1 & (C\leqslant x)\end{cases}$$

各参评因素类型及其隶属函数如表 5-9 所示。

表 5-9　参评因素类型及其隶属函数

函数类型	参评因素	隶属函数	a	c
戒上型	有机质含量(%)	Y=1/(1+A*(x-C)**2)	0.542986462	1.821973978
戒上型 <110	有效磷(mg/kg)	Y=1/(1+A*(x-C)**2)	0.000099	80.159
戒上型 >110			0.0000032	27.031
戒上型	速效钾(mg/kg)	Y=1/(1+A*(x-C)**2)	0.0000076	327.836
戒上型	有效锌(mg/kg)	Y=1/(1+A*(x-C)**2)	0.249	1.885
戒上型	有效硼(mg/kg)	Y=1/(1+A*(x-C)**2)	0.251	1.879
直线型	灌溉保证率(%)	Y=a*x+c	1.294	-0.0054
正直线型	矿化度(分值)	Y=a+c*x	0	1
概念型	土体构型(分值)	Y=a*x	0.01	
概念型	耕层质地(分值)	Y=a*x	0.01	
概念型	盐渍化(分值)	Y=a*x	0.01	
概念型	地貌类型(分值)	Y=a*x	0.01	

二、耕地地力等级的确定

(一)计算耕地地力综合指数

用指数和法来确定耕地的综合指数，公式为：

$$\mathrm{IFI}=\sum F_i\times C_i$$

式中：IFI(Integrated Fertility Index)代表耕地地力综合指数；F_i 为第 i 个因素评语；C_i 为第 i 个因素的组合权重。

具体操作过程：在县域耕地资源管理信息系统中，在“专题评价”模块中编辑立地条件、物理性状和化学性状的层次分析模型以及各评价因子的隶属函数模型，然后选择“耕地生产潜力评价”功能进行耕地地力综合指数的计算。

（二）确定最佳的耕地地力等级数目

计算耕地地力综合指数之后，在耕地资源管理系统中我们选择累积曲线分级法进行评价，根据曲线斜率的突变点（拐点）来确定等级的数目和划分综合指数的临界点，将寿光耕地地力共划分为六级，各等级耕地地力综合指数如表 5-10 所示，综合指数分布如图 5-9 所示。

表 5-10 寿光市耕地地力等级综合指数

IFI	＞0.966	0.934～0.966	0.894～0.934	0.858～0.894	0.823～0.858	＜0.823
耕地地力等级	一等	二等	三等	四等	五等	六等

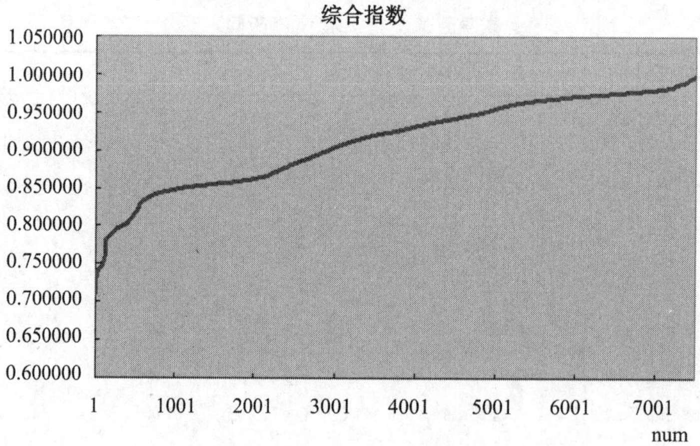

图 5-9 寿光市综合指数分布图

第三节 成果图件的编制及面积量算

为了提高制图的效率和准确性，在地理信息系统软件 MAPGIS 的支持下，进行寿光市耕地地力评价图及相关图件的自动编绘处理，其步骤大致分以下几步：扫描矢量化各基础图件→编辑点、线→点、线校正处理→统一坐标系→区编辑并对其赋属性→根据属性赋颜色→根据属性加注记→图幅整饰输出。此外还充分利用了 ARCVIEW 和 ARCGIS 强大的空间分析功能，将评价图与其他图件进行叠加，从而生成其他专题图件；将评价图与行政区划图叠加，进而计算各行政区划单位内的耕地地力等级面积等。

（一）专题图地理要素底图的编制

专题地图的地理要素内容是专题图的重要组成部分，用于反映专题内容的地理分布，并作为图幅叠加处理等的分析依据。地理要素的选择应与专题内容相协调，考虑图面的负载量和清晰度，应选择基本的、主要的地理要素。

我们以寿光市最新的土地利用现状图为基础，对此图进行了制图综合处理，选取主要的居民点、交通道路、水系、境界线等及其相应的注记，进而编辑生成1∶50000各专题图地理要素底图。

（二）耕地地力评价图的编制

以耕地地力评价单元为基础，根据各单元的耕地地力评价等级结果，对相同等级的相临评价单元进行归并处理，得到各耕地地力等级图斑。在此基础上，分2个层次进行图面耕地地力等级的表示：一是颜色表示，即赋予不同耕地地力等级以相应的颜色，我们以绿色系表示高等级地力，依次由绿色→黄色→红色向低等级地力过渡。其次是代号，用罗马数字Ⅰ、Ⅱ、Ⅲ、Ⅳ、Ⅴ、Ⅵ表示不同的耕地地力等级，并在评价图相应的耕地地力图斑上注明。将评价专题图与以上的地理要素图复合，整饰得寿光市1∶ 50000耕地地力评价图（见图5-10）。

对于有机质含量、速效钾、有效磷、有效锌等其他专题要素地图，则按照各要素的分级分别赋予相应的颜色，同时标注相应的代号，生成专题图层。之后与地理要素图复合，编辑处理生成专题图件，并进行图幅的整饰处理，最终专题图如附图所示。

（三）面积的量算

可通过与专题图相对应的属性库的操作直接完成。对耕地地力等级面积的量算，则可在FOXPRO数据库的支持下，对图件属性库进行操作（见图5-10）。

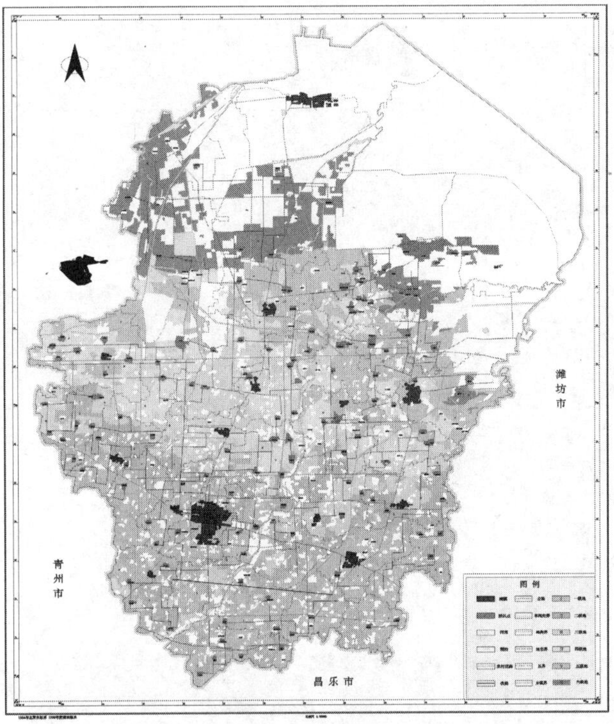

图5-10　寿光市耕地地力等级分布图

(四)其他专题图的编制

检索相同等级的面积,然后汇总得各类耕地地力等级的面积,根据寿光市图幅理论面积进行平差,得到准确的面积数值。对于不同行政区划单位内部、不同的耕地利用类型等的耕地地力等级面积的统计,则通过耕地地力评价图与相应的专题图进行叠加分析,由其相应属性库统计获得(见图 5-11)。

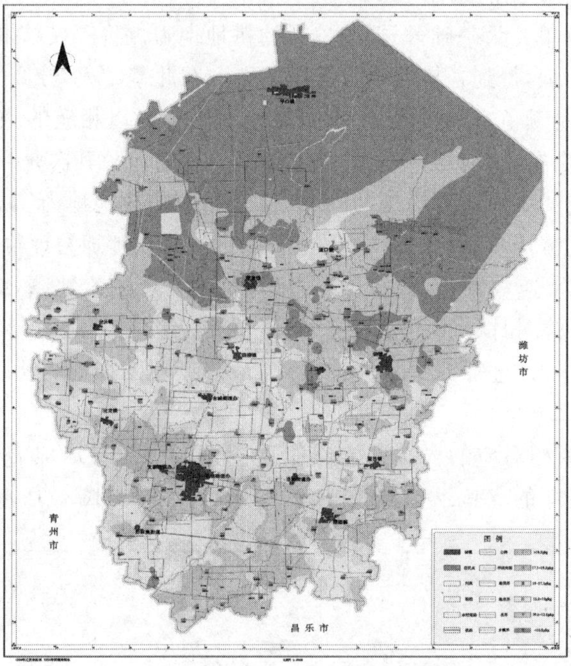

图 5-11 寿光市土壤有机质含量分布图

第六章　耕地地力分析

本次耕地地力分析，按照农业部耕地质量调查和评价的规程及相关标准，结合当地实际情况，选取了对耕地地力影响较大，区域内变异明显，在时间序列上具有相对稳定性，与农业生产有密切关系的 11 个因素，建立评价指标体系。以土壤图与土地利用现状图叠加形成评价单元，应用模糊综合评判方法，通过综合分析，将全区耕地共划分为 6 个等级，根据评价结果进行耕地地力的系统分析。

第一节　耕地地力等级与空间分布

一、耕地地力等级面积统计

利用 MAPGIS 等 GIS 软件，对评价图属性库进行操作，检索统计耕地各等级的面积和图幅总面积。以 2007 年寿光市耕地总面积为基准，按面积比例进行平差，统计得各耕地地力等级面积。

寿光市耕地总面积为 86266.67 hm^2，各等级耕地比例相对较为均衡，其中以一级地、三级地、五级地为主，占耕地总面积的比例接近或超过 20%，三者接近耕地总面积的 60%；其次是二级地和四级地，占耕地总面积的 32.35%；六级地面积较少，占总面积的 10.64%(见表 6-1)。

表 6-1　　寿光市耕地地力评价结果面积统计

等级	一级地	二级地	三级地	四级地	五级地	六级地	总计
面积(hm^2)	17664.53	14467.52	14957.49	13436.12	16560.02	9180.994	86266.67
百分比(%)	20.48	16.77	17.34	15.58	19.2	10.64	100

二、耕地地力空间分布分析

(一)耕地地力等级分布

一级地和二级地主要分布于寿光市南部地区，该区域内农业基础设施均配套成型，测土配方施肥工程也首先在这一区域展开。三级地分布比较分散，但主要集中在中部地区，在南部地区也有少量分布，属于只要加大资金投入，完善基础设施，改善生产条件，产量就能大幅提高的中产田类型,有一定的开发潜力。四级地与五级地主要分布于中部和北部地区覆盖了台头镇、营里镇、上口镇,以及侯镇的大部分。六级地主要分布于西北部地区,少量分布在东北部地区。这部分耕地有效耕层薄,肥力低,灌溉条件比较差,属于低产田类型。

从各等级的分布地域特征可以看出,等级的高低与地貌类型、土壤类型之间存在着密切的关系,呈现明显的地域分布规律:随着耕地地力等级的提高,地貌类型沿着微斜平地—浅平洼地—河间洼地—缓岗—河滩高地—缓平坡地变化。土壤类型由滨海盐化潮土、滨海潮盐土向冲积黑潮土、黏心潮土、褐土潮化土转变。

(二)耕地地力等级的行政区域划分

将耕地地力等级分布图与寿光市行政区划图进行叠置分析,从耕地地力等级行政区域分布数据库中,按权属字段检索出各等级的记录,统计出 1～6 级地所在乡镇的分布状况(见表 6-2)。

表 6-2 寿光市耕地地力等级行政区域分布

乡镇 \ 等级		1	2	3	4	5	6	合计
圣城街道办	面积(hm^2)	1920.22	483.24	130.73	0	0	0	2534.2
	百分比(%)	75.77%	19.07%	5.16%	0	0	0	100%
文家街道办	面积(hm^2)	1829.37	602.47	796.08	394.87	4.14	0	3626.933
	百分比(%)	50.44%	16.61%	21.95%	10.89%	0.11%	0	100%
古城街道办	面积(hm^2)	132.05	707.2	2869.13	1412.29	0	0	5120.667
	百分比(%)	2.58%	13.81%	56.03%	27.58%	0	0	100%
孙家集街道办	面积(hm^2)	1600	2663.1	1196.17	0	0	0	5459.267
	百分比(%)	29.31%	48.78%	21.91%	0	0	0	100%
洛城街道办	面积(hm^2)	869.05	4614.78	3208	255.11	0	0	8946.933
	百分比(%)	9.71%	51.58%	35.86%	2.85%	0	0	100%

续表

乡镇＼等级		1	2	3	4	5	6	合计
化龙镇	面积（hm^2）	855.49	2648.91	2014.94	209.39	0	0	5728.733
	百分比（%）	14.93%	46.24%	35.17%	3.66%	0	0	100%
营里镇	面积（hm^2）	0	0	0	1318.83	4517.7	296.13	6132.667
	百分比（%）	0	0	0	21.51%	73.67%	4.83%	100%
台头镇	面积（hm^2）	0	39.93	515.35	2980.42	1692.6	53.77	5282.067
	百分比（%）	0	0.76%	9.76%	56.43%	32.04%	1.02%	100%
田柳镇	面积（hm^2）	0	63.73	4113.04	1962.97	268.8	0	6408.533
	百分比（%）	0	0.99%	64.18%	30.63%	4.19%	0	100%
上口镇	面积（hm^2）	6.75	204.03	963.95	1386.71	2018.22	0.00	4579.667
	百分比（%）	0.15%	4.46%	21.05%	30.28%	44.07%	0	100%
侯镇	面积（hm^2）	0	64.45	742.87	1947.54	5254.54	359.6	8369
	百分比（%）	0	0.77%	8.88%	23.27	62.79	4.3	100%
纪台镇	面积（hm^2）	3716.68	1540.58	189.21	0	0	0	5446.467
	百分比（%）	68.24	28.29	3.47	0	0	0	100%
稻田镇	面积（hm^2）	6516.87	2336.65	29.55	0	0	0	8883.067
	百分比（%）	73.36	26.3	0.33	0	0	0	100%
羊口镇	面积（hm^2）	0	0	0	249.62	743.23	7731.16	8724
	百分比（%）	0	0	0	2.86	8.52	88.62	100%

从表中看出，高等地力的一、二等耕地所占比例较高的乡镇（街道办）为稻田镇、纪台镇、洛城街道办、化龙镇、圣城街道办和文家街道办；中等地力的三、四等级耕地所占比例较高的乡镇为古城街道办、台头镇、田柳镇和上口镇；较低地力的五、六等耕地所占比例较高的乡镇主要为营里镇、侯镇和羊口镇。

第二节　耕地地力等级分述

一、一级地

(一)面积与分布

一级地，综合评级指数大于 0.996，耕地面积为 17664.53 hm^2，占耕地总面积的 20.48%。其中水浇地 15386.55 hm^2，占一级地面积 87.1%，蔬菜地 2100.14 hm^2，占一级地面积的 11.89%(见表 6-3)。一级地是寿光市面积最大的地力等级，占耕地总面积的 20.48%。

一级地主要分布于稻田镇、纪台镇、圣城街道办事处事处、文家街道办事处、洛城街道办事处和化龙镇。此外，上口镇和古城街道办事处也有零星分布。其中稻田镇中一级地面积最大，占一级地总面积的 37%。

表 6-3　各利用类型一级地面积

利用类型	评价单元(个)	面积(hm^2)	占耕地总面积(%)	占一级地面积(%)
水浇地	1640	15386.55	17.8	87.1
旱地	24	177.83	0.21	1.01
蔬菜地	317	2100.14	2.43	11.89
合计	1981	17664.52	20.48	100

(二)主要属性分析

本级地主要土壤类型有潮土、褐化潮土、冲积褐土和冲积黑潮土，母质主要是洪冲积物，土体构型为均壤质、厚黏心。表层质地为轻壤和中壤。耕层厚度平均为 23 cm。地貌类型主要由河流冲积平原和丘陵缓坡组成。常年降雨量平均为 519 mm，灌溉能力主要为充分满足和基本满足。灌溉方式主要为沟灌和漫灌，能灌能排，土壤肥沃，保肥、保水性能好，质地适中，地势平坦，土层深厚，无不良层次，生产上基本没有限制因素。土壤养分除有效硼略低之外，其余养分都比较理想(见表 6-4)。

表 6-4　一级地主要养分含量

项目	有机质(g/kg)	有效磷(mg/kg)	速效钾(mg/kg)	有效锌(mg/kg)	有效硼(mg/kg)
平均值	17.94	105.71	322.75	2.73	0.97
范围值	11.70～29.80	39.5～299.90	155～850	1.01～11.16	0.02～2.48
含量水平	较高	丰富	丰富	丰富	中等

(三)存在的主要问题与合理利用

该级耕地为全市农业高产高效区,土壤利用率高,但后备资源缺乏,人多地少,用地较重,地力消耗大,化肥施用量较大,有机肥投入明显不足。增施有机肥,增加土壤有机质含量;实施平衡施肥,防止土壤污染,适量补施微肥,提高耕地质量。

该地区属经济较好地区,工矿城镇用地仍在增加,人们历来注重二、三产业,农业投入比例低于二、三产业投入。应采取措施严格控制,监测基本农田保护区的使用。

由于经济发达,工矿企业多,点源污染程度有所加重,应引起重视。

二、二级地

(一)面积与分布

二级地,综合评价指数为0.934～0.966,耕地面积为14467.52 hm^2,占全区耕地总面积16.77%。其中水浇地13304.24 hm^2,占二级耕地面积91.96%;菜地1077.77 hm^2,占二级耕地面积的7.45%(见表6-5)。

二级耕地主要分布在洛城街道办、孙家集街道办、化龙镇、稻田镇和纪台镇。古城街道办、文家街道办、圣城街道办、上口镇分布面积也较大,其他乡镇也有零星分布。其中以洛城街道办事处分布面积最大,为4614.78 hm^2,占二级耕地的31.90%,占洛城街道办事处耕地面积的51.58%。

表6-5 各利用类型二级地面积

利用类型	评价单元(个)	面积(hm^2)	占耕地总面积(%)	占二级地面积(%)
水浇地	1240	13304.24	15.4	91.96
旱地	9	85.51	0.1	0.59
蔬菜地	161	1077.77	1.2	7.45
合计	1410	14467.52	16.78	100

(二)主要属性分析

二级地主要土壤类型有冲积褐土、褐化潮土、潮土、冲积黑潮土,成土母质主要为洪积物。土体构型为均壤质、厚黏心。表层质地为轻壤和中壤,耕层厚度平均为23 cm,没有盐渍化现象。大体与一级地相类似,但是此类型土壤相对面积比一级地少。灌溉方式以漫灌为主,沟灌为辅,灌溉保证率为80%。土壤养分除有机质和有效硼略低外其他养分含量丰富(见表6-6)。

表6-6 二级地主要养分含量

项目	有机质(g/kg)	有效磷(mg/kg)	速效钾(mg/kg)	有效锌(mg/kg)	有效硼(mg/kg)
平均值	15.99	68.39	246.59	2.08	0.88
范围值	8.3～27.29	16.7～563.4	92～838	0.19～8.77	0.01～3.21
含量水平	中等	中偏上	中偏上	丰富	中等

(三)存在问题与合理利用

化肥用量较大,有机肥投入不足。应扩大肥源,改善土壤理化性状,提高土壤有机质含量,培肥土壤。该区在培肥土力上已采取了许多切实可行的措施,尤其在秸秆还田上已有成功经验,应该大力推广。

主要以旋耕犁耕作,耕层较浅。应实行大犁深耕,改变土体性状。

三、三级地

(一)面积与分布

三级地综合评价指数为0.894~0.934,耕地面积为14957.49 hm^2,占全市耕地总面积的17.34%。其中水浇地13394.76 hm^2,占三级耕地面积的89.55%;蔬菜地1159.28 hm^2,占三级耕地面积的7.75%(见表6-7)。

表6-7 各利用类型三级地面积

利用类型	评价单元(个)	面积(hm^2)	占耕地总面积(%)	占三级地面积(%)
水浇地	1152	13394.76	15.53	89.55
旱地	26	403.46	0.47	2.70
蔬菜地	142	1159.28	1.34	7.75
合计	1320	14957.49	17.34	100

三级耕地主要分布在洛城街道办、田柳镇、古城街道办、化龙镇、孙家集街道办事处的大部地区及上口镇、文家街道办事处和侯镇等地区,其他乡镇也有零星分布。

(二)主要属性分析

三级地自然条件较好,地势平坦宽阔,主要土壤类型为褐化潮土、冲积黑潮土、潮土等,母质为洪积物。土体构型为均质壤、厚黏腰、厚黏心。表层质地为轻壤、中壤、有小部分为重壤。有效土层深厚,耕层厚度为20~30 cm。灌溉能力为充分满足部分地区基本满足,灌溉方式以漫灌和沟灌为主,灌溉保证率为80%。土壤养分除有效磷偏低外,其余养分都为中等偏上(见表6-8)。

表6-8 三级地主要养分含量

项目	有机质(g/kg)	有效磷(mg/kg)	速效钾(mg/kg)	有效锌(mg/kg)	有效硼(mg/kg)
平均值	14.93	48.42	205.49	1.89	0.88
范围值	7.6 ~ 24.29	8.3 ~ 318.5	64 ~ 662	0.52 ~ 10.66	0.01 ~ 3.38
含量水平	中偏下	中偏下	中偏上	中偏上	中等

(三)存在问题与合理利用

本级耕地土壤主要问题是土壤肥力不足。灌溉条件是作物高产限制因子之一,少部分地区的障碍层次为灌溉改良型。

土壤肥力不足的耕地，应培肥土壤。结合当前实际，抓好大规模的养畜建圈，积肥沤肥，增加农家肥来源，提高农家肥质量，以提高土壤有机质的含量，大力推广平衡施肥技术，进一步提高耕地的增产潜力。

改善水利条件，维护建设水利设施，提高灌溉保证率。

四、四级地

（一）面积与分布

四级地综合评价指数为0.858～0.894，耕地面积为13436.12 hm^2，占全市耕地总面积的15.58%。其中水浇地8494.94 hm^2，占四级耕地面积的63.22%，蔬菜地352.38 hm^2，占四级耕地面积的2.62%（见表6-9）。

四级地主要分布台头镇、田柳镇、侯镇、古城街道办、上口镇和营里镇，另外文家街道办、洛城街道办、化龙镇和羊口镇有点片分布。

表6-9　各利用类型四级地面积

利用类型	评价单元（个）	面积（hm^2）	占耕地总面积（%）	占四级地面积（%）
水浇地	687	8494.94	9.85	63.22
旱地	301	4588.80	5.32	34.15
蔬菜地	44	352.38	0.41	2.62
合计	1032	13436.12	15.58	100

（二）主要属性分析

四级地主要土壤类型有冲积黑潮土、潮土、褐化潮土等，与前几等级耕地相比其中还增加了滨海潮盐土、滨海潮土等，成土母质为洪积物。土体构型为均壤质为主，表层质地为轻壤、中壤、重壤，还有少量砂土，部分土壤轻度盐渍化，灌溉保证率为60%，少部分地区障碍层次为灌溉改良型和盐碱耕地型。耕层厚度平均为24 cm。土壤养分含量中等偏下，其中有机质、有效磷含量稍低（见表6-10）。

表6-10　四级地主要养分含量

项目	有机质（g/kg）	有效磷（mg/kg）	速效钾（mg/kg）	有效锌（mg/kg）	有效硼（mg/kg）
平均值	12.83	22.58	154.06	1.35	0.83
范围值	8.5～19.6	9～87.09	43～384	0.78～6.11	0.02～1.67
含量水平	中偏下	中偏下	中等	中偏下	中等

（三）主要存在的问题与合理利用

该区的主要问题是地力不均，肥力偏低，灌溉保证率低，小部分土壤有轻微盐渍化，大大限制了农作物的生产。

增施农家肥，培肥土壤提高养分含量，提高土壤有机质量。改良土壤理化性状，提高雨水利用率，疏松土壤，防止返盐。在不同区域的中产田上，大力推广平衡施肥技术，进一步提高耕地增产能力。

五、五级地

（一）面积与分布

五级地综合评价指数为 0.823～0.858，耕地面积为 16560.02 hm^2，占全区耕地总面积的 19.2%，其中水浇地 3486.71 hm^2，占五级耕地面积的 21.05%；旱地 13055.77 hm^2，占五级耕地面积的 78.84%（见表 6-11）。

五级地主要分布在侯镇、营里镇、上口镇和台头镇，此外羊口镇也有部分分布，另外文家街道办有零星分布。

表 6-11 各利用类型五级地面积

利用类型	评价单元（个）	面积（hm^2）	占耕地总面积（%）	占五级地面积（%）
水浇地	400	3486.71	4.04	21.05
旱地	818	13055.77	15.13	78.84
蔬菜地	2	17.53	0.02	0.11
合计	1220	16560.02	19.19	100

（二）主要属性分析

五级地位于寿光市北部和东部地区，中西部地区有少量分布。地貌类型为平原，地形部位包括海滨小平原、黄土丘陵沟谷、坡麓及缓坡梁面平地和缓坡地。表层质地为轻壤、中壤、重壤平均分布，因地势低洼，地下水位高，地表有不同程度的返碱现象。灌溉保证率为 50%，灌溉能力为基本满足和一般满足。土壤养分含量普遍偏低（见表 6-12）。

表 6-12 五级地主要养分含量

项目	有机质（g/kg）	有效磷（mg/kg）	速效钾（mg/kg）	有效锌（mg/kg）	有效硼（mg/kg）
平均值	11.61	14.56	132.60	1.04	0.69
范围值	4.2 ～ 17.7	5.4 ～ 47.79	53 ～ 213	0.43 ～ 2.68	0.02 ～ 1.95
含量水平	中偏下	偏低	中偏下	偏低	中偏下

（三）存在主要问题与合理利用

本级耕地土壤主要问题是土壤理化性状不良，二是肥力低下，有机质含量接近 10 g/kg，速效钾含量逼近临界值；三是盐碱危害较严重。

合理利用以改良盐碱为主要措施。一是疏松土壤，防止返盐。增加土壤有机质，改善土壤结构，增强通透性，提高地力水平，提高作物产量。二是平衡施肥，协调土壤养分。平衡施肥是提高肥料经济效益的重要方法，同时平衡施肥可缓冲盐碱，提高肥料的利用率，在施用化肥时应注意施用生理酸性肥料，控制或避用碱性肥料。三是合理布局，改变种植制度。盐碱土壤在逐步改良的基础上利用，必须因地制宜地搞好作物的合理布局。四是因地制宜用各种化学改良剂，近几年施用的改良剂有磷石膏、硫酸亚铁、腐殖酸等，应在大力宣传的基础上，扩大施用面积。

六、六级地

(一)面积与分布

六级地综合评价指数平均低于 0.823，面积较少，占耕地总面积的 10.64%，并且几乎全是旱地，为 9177.62 hm^2，水浇地和蔬菜地面积极少(见表 6-13)。

六级地主要分布在侯镇、台头镇、羊口镇和营里镇。其中羊口镇分布面积相对较大为 8372.92 hm^2，约占六级地面积的 91.2%。

表 6-13 各利用类型六级地面积

利用类型	评价单元(个)	面积(hm^2)	占耕地总面积(%)	占六级地面积(%)
水浇地	8	2.16	0.001	0.02
旱地	516	9177.62	10.64	99.96
蔬菜地	4	1.21	0.001	0.01
合计	528	9180.99	10.64	100

(二)主要属性分析

六级地大部分位于寿光市北部，土壤类型为滨海盐化潮土，滨海盐潮土和典型黄褐土。地貌类型为滨海小平原和沿湖低平地。耕层质地差，土壤质地为中壤、中壤、黏土和砂壤，土层厚度为 6～35 cm，土壤养分总体水平含量都比较低，灌溉条件比较差(见表 6-14)。

表 6-14 六级地主要养分含量

项目	有机质(g/kg)	有效磷(mg/kg)	速效钾(mg/kg)	有效锌(mg/kg)	有效硼(mg/kg)
平均值	10.76	14.99	157.37	1.19	1.03
范围值	6.2 ～ 16.6	4.3 ～ 34.2	81 ～ 493	0.60 ～ 3.16	0.03 ～ 1.95
含量水平	偏低	偏低	中偏下	中偏下	中偏上

(三)主要存在的问题与合理利用

主要危害是盐碱，漏水漏肥，肥力低下，宜农条件差，灌溉设施不齐全，灌溉保证率不高。

合理利用措施：一是盐碱危害严重的耕地，推广平衡施肥，秸秆还田技术，因地制宜，抑制盐分上升。二是搞好农田基本建设，提高土壤保墒能力。

第七章　耕地资源合理利用与改良

第一节　耕地资源的现状与特征

据寿光市国土资源局土地利用现状更新调查结果，至2007年末，全市实有耕地面积为100930.1 hm^2，与第二次土壤普查后的1980年(109333.3 hm^2)相比，面积减少8403.2 hm^2，减少7.68%。造成土地保有量减少的主要原因是由于大量建设用地没有得到有效补充造成的。另外，企业和村级道路建设等用地也占用了大量耕地。

农作物播种面积达到155933.3 hm^2，其中：小麦41800. hm^2，玉米40333.3 hm^2，棉花播种面积为15133.3 hm^2，蔬菜播种面积为66666.7 hm^2，复种指数为154.5%。与1981年相比，农作物播种面积增加39666.7 hm^2，增长34.1%，其中小麦播种面积减少16600 hm^2，减少了28.4%，玉米播种面积增加了733.3 hm^2，增加1.85%，棉花播种面积增加5866.7 hm^2，增长63.3%，蔬菜播种面积增加49200 hm^2，增长650%，农业、种植业内部结构更加优化。

一、耕地状况

(一)耕地类型

寿光市共有褐土、潮土、盐土和砂姜黑土4个土类，褐土、潮褐土、褐土化潮土、潮土、盐化潮土、湿潮土、砂姜黑土及滨海潮盐土8个亚类，13个土属，79个土种。

褐土面积为12202.3 hm^2，占土地面积的6.61%。共分褐土、潮褐土二个亚类，褐土集中分在洛城、纪台、孙集和稻田南部。面积为10229.7 hm^2，占土地面积的4.69%。潮褐土主要分布在本市褐土带内较低平处，洛城、稻田、纪台、孙集均有零星分布。面积为4172.6 hm^2，占土地面积的1.91%。

潮土面积为92225.9 hm^2，占土地面积的42.31%，包括圣城、营里、古城、田柳、台头、化龙、洛城、侯镇、文家等乡镇街道办大部分地区。

砂姜黑土主要分布西部和东南部的浅平洼地上和洼坡上。西部在化龙、文家、台头等镇(街道)东部，南起纪台镇丁家尧河北至市良种场以南，和洛城街道西桂以北，共计4757.7 hm^2，占土地面积的2.18%。

盐土土类主要分布在滨海浅平洼地和海滩上，包括台头、营里、羊口等镇及侯镇北部和林场、农场的北部，面积为36960 hm^2，占土地面积的16.95%。

(二)耕地地力状况

根据这次调查结果,将全市耕地分为 6 级(见表 7-1)。

表 7-1　　寿光市耕地地力评价结果面积统计

等级	一级地	二级地	三级地	四级地	五级地	六级地	总计
面积(hm^2)	17664.53	14467.52	14957.49	13436.12	16560.02	9180.994	86266.67
百分比(%)	20.48	16.77	17.34	15.58	19.2	10.64	100

(三)土壤养分状况

这次调查,化验分析的项目有:土壤全氮、碱解氮、有效磷、速效钾、缓效钾、交换性钙、交换镁、有效硫、有效锌、有效钼、有效硼、有效铜、有效铁、有效硅、有效锰。经过分析,粮田、棉田、果园等土壤地力较弱,有机质、有效磷含量较低;蔬菜地养分含量丰富,部分营养元素过剩。

二、耕地利用状况

到 2007 年年初,全市耕地面积为 100930.1 hm^2,农作物播种面积达到 155933.3 hm^2,其中:小麦播种面积为 41800 hm^2,玉米播种面积为 40333.3 hm^2,棉花播种面积为 15133.3 hm^2,蔬菜播种面积为 56000 hm^2,复种指数为 154.5%。

寿光耕地利用区域特点明显,表现在两个方面。一是作物布局区域明显。中南部以保护地蔬菜和粮食为主,中西部以粮食和韭菜、胡萝卜为主。咸淡水分界线以北主要是以粮食、大豆、棉田、果园。同时,种植的作物品种也形成了集中连片的生产区,如稻田镇以甜瓜、西红柿为主;纪台以西瓜、辣椒为主,洛城、纪台为辣椒、茄子生产区,孙集、文家的茄子、黄瓜生产区,文家、化龙的保护地韭菜生产区,化龙的胡萝卜生产区,台头、营里、上口、侯镇的小麦、玉米、果园主产区等。二是区域之间受自然条件制约,产量、产值差异十分明显。据本次农户调查结果,同样种植粮食,田柳、上口等中部地区,有水浇条件,平均单产 14400 kg/ hm^2,产值 1632 元,收益 910 元,而北部盐碱地土地区,无水浇条件,正常年份平均产量只有 8400 kg/ hm^2,产值 952 元,效益 480 元,如遇干旱年份,粮食部分绝产。

第二节　耕地资源合理利用的对策

一、耕地存在的主要问题

全市耕地存在干旱、盐碱、质地黏重、养分不平衡等问题。

(一)盐碱

这部分耕地中,尤其是表层土壤中含有过多的可溶性盐分,致使作物生长不良。主要分布在羊口镇、营里镇、侯镇、台头镇的北部。盐土是我区的主要低产土壤,是土壤改良重点。

(二)干旱

这部分耕地水源不足,分布不均,不能满足作物生长发育的需要,受干旱威胁,直接影响农业生产。寿光市北部部分盐碱地灌溉保证率仅有35%，遇到干旱年份，供水不足，减产几成。

（三）质地黏重

这部分耕地的表土或通体为黏质土（包括重壤和黏土），或表土以下有厚黏心，多为砂姜黑土、湿潮土等。这类耕地主要为涝洼地区，全市有2.7万hm^2，主要分布在文家、化龙、古城、稻田、洛城、纪台等镇街道。质地黏重，透性差，呈季节性积水，土性冷、供肥迟缓，保肥性好，发老苗不发小苗；湿黏干硬，不易耕作，旱则裂缝，伤根跑墒，土壤黏重板结，扎根受阻。

（四）隔层

土体中有砂、黏、砂姜、犁底层，影响土体水分和土壤养分运动。河流两岸主要是表层砂质、砂壤质或有夹砂层；砂姜黑土、湿潮土主要是土壤质地黏重，且有砂姜层。大部分耕地都有犁底隔层。

（五）养分不平衡

这部分耕地主要表现在养分过多或过少，养分不平衡相差悬殊。具体表现在蔬菜地土壤养分较高，部分表现过剩；粮田和棉田养分较低。

二、改良利用对策

（一）有机培肥

培育高肥力土壤的中心问题，是增加土壤有机质的含量。通过调查，近年来，虽然有机肥施用量比以前有所增加，但由于施用量不均衡等原因，致使土壤有机质含量增加不大，仍不能满足农作物需要。增施有机肥，提高有机肥的质量和数量。增施有机肥，是发展农业生产的传统经验，但随着农业地发展，目前在有机肥料的积制和施用方面，仍然存在忽视质量的现象，应该给予高度重视。

一是发展畜牧业，走养畜和肥田的路子。有条件的地方，应积极推广粮肥间作或轮作。

二是推广节柴灶，发展农村沼气，逐步解决农村能源，增加秸秆还田的数量。

三是杜绝粪尿与草木灰混积，单晒粪干等不科学的现象，积肥造肥与文明建设相结合，提高人畜粪尿的利用率。

四是充分利用塘泥杂草秸秆等有机物质，对大牲畜和猪圈，勤起勤垫，改变积肥中的"黄土搬家"不良做法。

（二）合理施用化肥，协调土壤中氮、磷、钾的比例

随着化肥的大量施用，作物产量并不因化肥量的增加而相应提高，甚至某些高产地块出现增肥不增产的现象。施用化肥效益降低的主要原因：一是肥料结构不合理。除有机肥料质差量少外，化肥品种单一是重要因素。与肥力指标相比，化肥比例欠佳，直接影响了化肥的效益。据统计，粮田的$N:P_2O_5:K_2O$为1∶0.31∶2.28，与合理的养分含量比例1∶0.4～0.5∶1比较，表明土壤中磷素含量不足，钾较高。露天菜地的$N:P_2O_5:K_2O$为1∶0.64∶1.65，日光温室为1∶0.72∶3.11，塑料大棚为1∶0.53∶1.83，与多种蔬菜吸收$N:P_2O_5:K_2O$比例1∶0.34∶1.23比较，蔬菜地中磷、钾含量较高。二是化肥用量

增多,有机肥不足,诱发土壤缺少部分微量元素。三是在施肥技术上不能因地制宜。由此可见,科学施肥,提高肥料利用率,是搞好化学培肥的首要任务。

总的原则是:调整土壤速效养分含量和比例。立足土壤养分状况,因缺补缺,突出重点,协调施肥配比,改进施肥技术。据此,中低产田的土壤要增氮、增磷;对养分贫乏的低产地块,应以化肥起步,适当加大氮肥,特别是加大磷肥的投放量,以无机促有机;高产地块在稳氮增磷的基础上,应注意钾肥和微肥的施用。

同时,不同的土壤类型和作物种类也可直接影响着化肥的施用效果。如砂姜黑土、湿潮土容易缺磷,盐化潮土和褐土的锌元素较贫乏;玉米、小麦对锌,花生、棉花对硼均有较强的敏感性,施肥时应重视这些特征。

化肥的效益,既取决于上述施肥原则,又取决于科学的施肥方法。如化肥与有机肥堆制施用,碳铵全层深施,磷肥集中施,根外追肥等。

(三)合理耕作

根据作物不同的生物学特点,进行合理的轮作。实践证明,只要采取逐年深耕和客土垫厚,并结合增施有机肥料,整平地面,科学浇水等措施,就能增厚活土层,加速土壤熟化,达到培肥地力的作用。

附　录

专题一　寿光市耕地改良利用分区专题研究

耕地是农业生产和农业可持续发展的重要基础。耕地维持着作物生产力、影响着环境的质量和动物、植物甚至人类的健康。自 1979～1985 年第二次全国土壤普查以来，随着农村经营体制、耕作制度、作物品种、种植结构、产量水平和肥料使用等方面的显著变化，耕地利用状况也发生了明显改变。近年来，虽然对部分耕地实施了地力监测，但至今对区域中低产耕地状况及其障碍因素等缺乏系统性、实用性的调查分析，使耕地利用与改良难以适应新形势农业生产发展的要求。因此，开展区域耕地地力调查评价，摸清区域中低产耕地状况及其障碍因素，有的放矢地开展中低产耕地的科学改良利用，挖掘区域耕地的生产潜力，对于寿光市耕地资源的可持续利用具有十分重要的意义。

一、耕地改良利用分区原则与分区系统

（一）耕地改良利用分区的原则

耕地改良利用区划的基本原则是：从耕地自然条件出发，主导性、综合性、实用性和可操作性相结合。按照因地制宜、因土适用、合理利用和配置耕地资源，充分发挥各类耕地的生产潜力，坚持用地与养地相结合，近期与长远相结合的原则进行。以土壤组合类型、肥力水平、改良方向和主要改良措施的一致性为主要依据。同时，考虑地貌、气候、水文和生态等条件以及植被类型，参照历史与现状等因素综合考虑进行分区。

（二）耕地改良利用分区系统

根据耕地改良利用原则，将影响耕地利用的各类限制因素归纳为耕地自然环境要素、耕地土壤养分要素和耕地土壤物理要素，将全区耕地改良利用划分为 3 个改良利用类型区，即耕地自然环境条件改良利用区、耕地土壤培肥改良利用区、耕地土体整治改良利用区，并分别用大写字母 E、N 和 P 表示。各改良利用类型区内，再根据相应的限制性主导因子，续分为相应的具体改良利用亚类。

二、耕地改良利用分区方法

（一）耕地改良利用分区因子的确定

耕地改良利用分区因子是指参与评定改良利用分区类型的耕地诸属性。由于影响的因素很多，我们根据耕地地力评价，遵循主要因素原则、差异性原则、稳定性原则、敏感性

原则，进行了限制主导因素的选取。考虑与耕地地力评价中评价因素的一致性，考虑各土壤养分的丰缺状况及其相关要素的变异情况，选取耕地土壤有机质含量、耕地土壤有效磷含量、耕地土壤速效钾含量、耕地土壤有效锌含量和耕地土壤有效硼含量等因素作为耕地土壤养分状况的限制性主导因子；选取灌溉保证率、盐渍化水平作为耕地自然环境状况的限制性主导因子；选取耕层质地条件和土体构型条件等作为耕地土壤物理状况的限制性主导因子。

（二）耕地改良利用分区标准

依据农业部《全国中低产田类型划分与改良技术规范》，根据山东省各县区耕地地力评价资料，综合分析目前全省各耕地改良利用因素的现状水平，同时针对影响寿光市耕地利用水平的主要因素，邀请有土壤管理经验的相关专家进行分析，制定了耕地改良利用各主导因子的分区及其耕地改良利用类型的确定标准。具体分级标准如附表 1 所示。

附表 1-1　　耕地改良利用主导因子分区标准

耕地改良利用区划	限制因子	代号	分区标准
耕地土壤培肥改良利用区(N)	有机质(o, g/kg)	No	<12
	有效磷(p, mg/kg)	Np	<15
	速效钾(k, mg/kg)	Nk	<100
	有效锌(zn, mg/kg)	Nzn	<0.5
	有效硼(b, mg/kg)	Nb	<0.5
耕地自然环境条件改良利用区(E)	灌溉保证(i,%)	Ei	灌溉保障率低于 50%
	盐渍化(s)	Es	盐渍化程度轻度以上
耕地土体整治改良利用区(P)	耕层质地(t)	Pt	砂土、砂壤、粗骨土
	土体构型(c)	Pc	土体中有障碍层次

（三）耕地改良利用分区方法

在 GIS 支持下，利用耕地地力评价单元图，根据耕地改良利用各主导因子分区标准在其相应的属性库中进行检索分析，确定各单元相应的耕地改良利用类型，通过图面编辑生成耕地改良利用分区图，并统计各类型面积比例。

四、耕地改良利用分区专题图的生成

（一）耕地土壤培肥改良利用分区图的生成

根据耕地土壤养分限制因素分区标准把寿光市耕地有机质分为两类，即有机质改良利用区和有机质非改良利用区，有机质改良利用区以代号 No 标注；同样，有效磷改良利用区用代号 Np 标注，速效钾改良利用区用代号 Nk 标注，有效锌改良利用区用符号 Nzn 标注，有效硼改良利用区用代号 Nb 表示。编辑生成耕地土壤培肥改良利用分区图（见附图 1-1）。

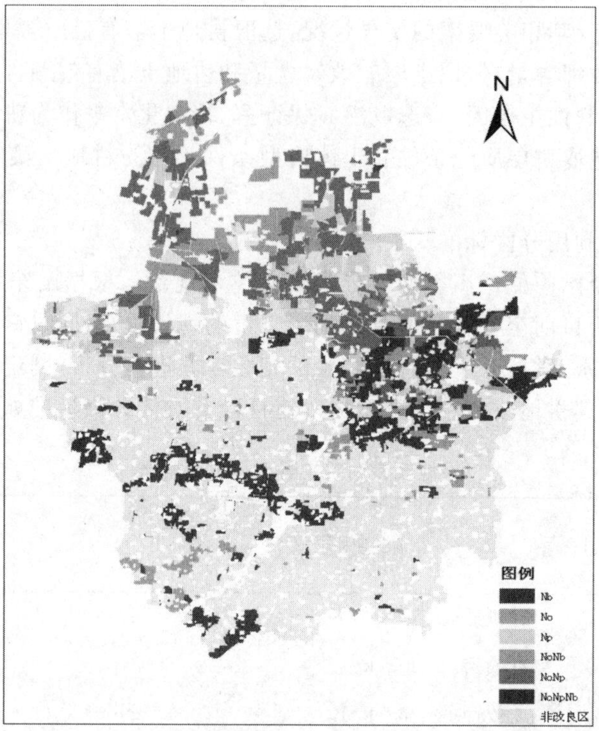

附图 1-1　耕地土壤培肥改良利用分区图

(二)耕地自然环境条件改良利用分区图的生成

根据耕地自然环境条件限制因素分区标准进行寿光市耕地改良利用分区。灌溉保证条件分为灌溉保证条件改良利用区和灌溉保证条件非改良利用区,改良利用区用代号 Ei 标注;盐渍化程度分为盐渍化改良利用区和非改良利用区,盐渍化改良利用区以代号 Es 标注,结果如附图 1-2 所示。

(三)耕地土体整治改良利用分区图的生成

根据耕地土地条件限制因素分区标准,耕地耕层质地条件改良利用区用符号 Pt 标注,耕地土体构型改良利用区用符号 Pc 标注。在 GIS 下检索生成耕地土体整治改良利用分区图,如附图 1-3 所示。

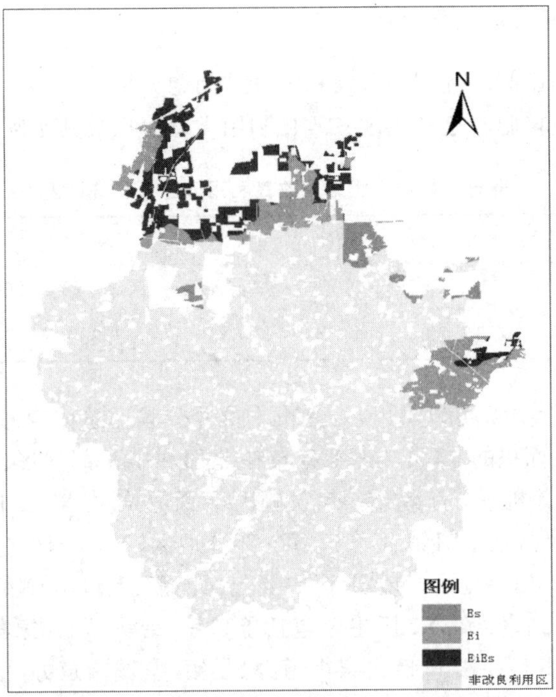

附图 1-2 耕地自然环境条件改良利用分区图

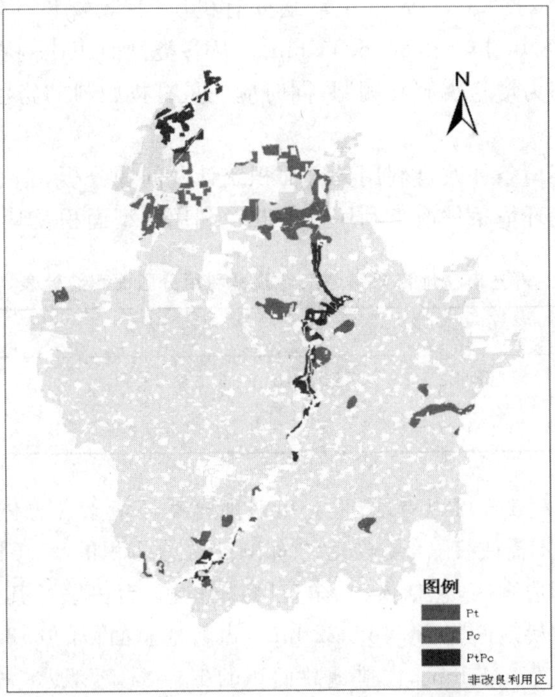

附图 1-3 耕地土体整治改良利用专题图

四、耕地改良利用分区结果分析

(一)耕地土壤培肥改良利用分区面积统计及问题分析

寿光市耕地土壤培肥改良利用区各改良利用类型面积及其比例如附表1-2所示。

附表1-2　　寿光市耕地土壤培肥改良利用分区面积统计表

改良利用分区	NoNpNb	NoNp	NoNb	Np	No	Nb	非改良区
面积(hm^2)	3190.17	11405.98	2190.03	5498.08	7230.72	8056.41	48695.28
百分比(%)	3.70	13.22	2.54	6.37	8.38	9.34	56.45

由附图1-1和附表1-2可以看出,寿光市土壤养分状况总体较好,土壤养分需要培肥改良的耕地占耕地总面积的43.55%,多分布在北部和中东部地区。总体来看导致土壤培肥改良的养分是有机质、有效磷、有效硼。下面是各类培肥土壤具体分布乡镇:NoNpNb区主要包括侯镇、上口镇及羊口镇少部分地区;NoNp区主要包括羊口镇、营里镇、台头镇、侯镇、上口镇等地区;NoNb区主要包括侯镇、上口镇;Np区主要包括营里镇、台头镇、羊口镇、上口镇、侯镇;No区主要包括羊口镇、台头镇、孙家集街道、营里镇、洛城街道办事处、侯镇;Nb区主要包括文家街道办、侯镇、圣城街道办、上口镇、化龙镇、纪台镇、田柳镇。其中有机质、有效磷和有效硼含量都比较少的耕地面积为3190.17 hm^2,占耕地总面积的3.70%,缺少有效磷和有机质的耕地面积为11405.98 hm^2,缺少有机质和有效硼的耕地面积为2190.03 hm^2。单一缺少有机质、有效磷和有效硼的耕地面积分别为7230.72 hm^2、5498.08 hm^2和8056.41 hm^2。从各类型面积比例看出,寿光市耕地土壤培肥改良的主要方向为增施磷肥和硼肥,同时应注重有机肥料的施用,逐步提高土壤有机质含量。

(二)耕地自然环境条件改良利用分区面积统计及问题分析

寿光市耕地自然环境条件改良利用区各改良利用类型面积及其比例如表3所示。

附表1-3　　寿光市耕地自然环境条件改良利用分区面积统计表

改良利用分区	EsEi	Es	Ei	非改良利用区
面积(hm^2)	5468.22	1507.15	6429.73	72861.58
百分比(%)	6.34	1.75	7.45	84.46

由附图1-2和附表1-3可以看出,寿光市耕地自然环境条件总体较好,耕地自然环境条件84.46%的面积不需改良,需要改良的面积仅占总面积的15.54%,主要分布在寿光市的北部地区和东部边缘区,包括侯镇、羊口镇、营里镇、台头镇。其中灌溉保证水平和盐渍化水平都需改良的耕地面积为5468.22 hm^2,占耕地总面积的6.34%,盐渍化水平需要治理的耕地面积为1507.15 hm^2,占耕地总面积的1.75%,灌溉水平需要改善的耕地面积为6429.73 hm^2,占耕地总面积的7.45%。可见,寿光市耕地自然环境条件改良利用的主要方向为改善该区耕地灌溉条件,提高灌溉保障率,其次应防止土壤的次生盐渍化。

（三）耕地土体整治改良利用分区面积统计及问题分析

寿光市耕地土体整治改良利用区各改良利用类型面积及其比例如附表1-4所示。

附表1-4　　寿光市耕地土体整治改良利用分区面积统计表

改良利用分区	EsEi	Es	Ei	非改良利用区
面积(hm^2)	2172.27	75.21	4857.45	79161.74
百分比(%)	2.52	0.09	5.63	91.76

由附图1-3和附表1-4可以看出，寿光市耕地土体结构整体非常好，土体条件好不需改良的非改良区面积为79161.74 hm^2，占耕地总面积的91.76%。需要改良的面积占8.24%，主要在寿光市北部零散部分，还有极少部分地区沿中部线性贯穿寿光地区。这主要包括营里镇、羊口镇、上口镇、纪台镇、田柳镇、侯镇等。其中耕层质地和土体构型情况都比较差的耕地面积为2172.27 hm^2，占耕地总面积的2.52%，耕层质地比较差的耕地面积为75.21 hm^2，占耕地总面积的0.09%。土体构型比较差的面积为4857.45 hm^2。采取秸秆还田、增施有机肥料、深耕等措施，改善偏沙的土壤表层质地及不良的土体结构，是寿光市耕地土体整治改良的主要方向。

五、耕地改良利用对策及措施

（一）增加经济投入，加大耕地保护力度

农业是既要承担自然风险又有市场风险的弱质产业，保护农业是国民经济发展中面临的重大问题。由于调控体制不健全，受比较利益驱使，各层次资金投入重点向非农业倾斜，资金投入不足已成为农业生产发展的主要制约因素。要达到农业增产的途径就要增加耕地投入，加强中低产田改造，不断提高耕地的质量，从而提高耕地利用的经济效益。寿光市宜进一步加强对耕地改良利用的投入，通过对耕地的改良逐步消除制约耕地生产力的限制因素，培肥地力，改善农业生产条件和农田生态环境。

（二）平衡施肥，用养结合，增施有机肥料，培肥地力

长期以来，寿光市在耕地开发利用上重利用，轻培肥，重化肥，轻有机肥，虽然全区化肥的施用量逐年增加，但有机肥投入量却逐年减少，引起土壤养分特别是有机质、有效磷、有效硼含量的下降和矿质养分的失衡，导致耕地肥力下降。全区具有土壤养分含量限制性因素，需要培肥的耕地总面积为37571.39 hm^2，占全区耕地总面积的43.55%．因此，要持续提高中低产耕地的基础地力，为农作物生长创造高产基础，必须将用土与养土妥善结合起来，广辟有机肥源，重视有机肥的施用，提倡冬种绿肥和使用有机-无机复混肥。对于有效磷缺失比较大的地区来说，这可以增强磷的有效性，对改善作物的磷素营养状况有重要的意义。同时应利用中低产耕地调查评价成果，科学指导化肥的调配，采用科学优化平衡施肥，重视合理增施钾肥及微肥，不断培肥地力，实现中低产耕地资源的永续利用。

（三）加强水利建设，改善灌溉条件，注重盐碱地的改良

从耕地自然环境条件改良利用分区面积统计表可以看出寿光市主要方向是改良灌溉条件，防止次生盐渍化。水是作物生长的必要条件，灌排条件与耕地的基础地力有着密切

的关系。因而可以通过采取以下措施，实现自然降水的空间聚集，改善区域农田的土壤水分状况，推广节水灌溉技术，改善和扩大灌溉面积。

1. 健全灌溉工程，改善灌区输水、配水设备，加强灌溉作业管理，改进地面灌溉技术，采用增产、增值的节水灌溉方法和灌溉技术。应加强水利建设，修筑田埂，防止水土冲刷；安排好水利规划，修好水渠，制止渗漏，加强管理，提高引灌水的利用率。

2. 人工富集天然降水，建造大、中、小型蓄水池、塘等蓄水体系，将集纳雨水、拦截径流和蓄水有效结合起来，在作物需水的关键时期进行灌溉，解决作物的需求和降水错位的矛盾，以充分发挥水分的增产效果。

3. 改善土壤结构，增加土壤的蓄水能力，通过对土壤增施有机物料（如施用有机肥，秸秆还田等）和应用土壤改良剂，改良土壤结构，增强土壤结构的稳定性，提高土壤对降水的入渗速率和持水量。

（四）采用农业措施改良土壤质地、改善土体结构

寿光市耕地土壤限制性因素主要为耕层土壤沙化，可以采用以肥改沙的方法，一方面增加土壤中养分含量，另一方面增加土壤中的有机胶体，对改良土壤沙化和提高土壤肥力有显著的作用。此外选择适宜性的作物种植，既能改善土壤性质，又能获得较好的经济效益。因而因地制宜的发展当地名优产品，是适应自然，提高经济效益的有效措施。

（五）集约化利用耕地资源，发展生态型可持续农业，改善生态环境

耕地生态环境质量的高低是保证农作物持续稳产、高产、优产、高效的重要前提。根据寿光市资源优势以及生态环境的特点，因地制宜地利用耕地资源，通过合理轮作、科学间套种等措施，增加复种指数，努力提高耕地资源的利用率；注重多物种、多层次、多时序、多级质能、多种产业的有机结合，农、林、牧、副、渔并举，建立生态型可持续农业系统，达到经济、生态和社会效益的高度统一。此外，应重新审视耕地承包到户政策所致的耕地经营权分散在新形势下出现的不利耕地资源规模集约经营的缺点，努力探讨建立“公司＋农户”或各种专业化合作组织等耕地规模集约经营模式，提高全区耕地资源的集约经营和经济效益。

专题二　寿光市耕地地力评价与测土配方施肥

一、测土配方施肥及配套技术

（一）测土配方施肥技术的回顾

测土配方施肥是以土壤测试和肥料田间试验为基础，根据作物对土壤养分的需求规律、土壤养分的供应能力和肥料效应，在合理施用有机肥料的基础上，提出氮、磷、钾及中、微量元素肥料的施用数量、施用时期和施用方法的一套施肥技术体系。配方施肥的方法可分为三大类，即测土施肥法、肥料效应函数法和作物营养诊断法。其中测土施肥法是重点强调以测定土壤有效养分含量为依据，在播前确定施用肥料的种类和一个与产量相适应的经济合理施肥量的方法。我国测土施肥的研究与推广工作先后经历了几个不同的发展阶段，其中 20 世纪 70 年代末到 80 初期是快速发展时期，这一时期的测土施肥研究与

推广在我国农业生产中发挥了重要作用;到了20世纪90年代后发展相对较慢。20世纪50年代到70年代中期,我国科技工作者对土壤田间速测指导施肥的技术进行了研究和推广应用,当时的技术体系注重用简单的土壤速测方法在田间进行土壤快速测试并用于指导施肥,由于精确度不高,速测结果也只能简单地分出土壤肥力的高低。全国范围内的大规模测土施肥研究与推广应用是在20世纪70年代末随第二次全国土壤普查开始的。当时我国第二次土壤普查野外工作基本结束,土壤肥料科学工作者开始研究普查成果的应用,他们结合土壤有效养分测定结果开展了大量肥料田间试验,在合理施肥方面取得了突破性进展。1986年制定了配方施肥工作要点用于指导全国配方施肥工作。其后农业部在全国组织开展了大规模的配方施肥技术推广工作,主要针对粮食、油料和棉花等作物,在20多个省、市开展了配方施肥技术推广与示范。由于当时正在进行第二次全国土壤普查,土壤普查的土壤测试结果可以直接用来指导施肥,推广起来比较容易,全国推广的面积也比较大。这个阶段对众多土壤测试方法的筛选和校验研究为我国后来的各种测土配方施肥工作打下了基础。1986～1990年“七五”国家重点科技攻关项目“大面积经济施肥和土壤培肥技术研究”在中国农业科学院土肥所山东禹城、隋县,北京农业大学河北曲周,中科院土壤所河南封丘、安徽宿县5个试验点分别建立了小麦、玉米、水稻、棉花10种施肥模型和计算机施肥系统。这个国内首次最大规模的国家级施肥系统研究项目,应用边际分析法开展了计算机施肥。项目一直延续到“八五”“九五”和“十五”,对我国数量化科学施肥发挥了重大的作用。1992年农业部组织了UNDP平衡施肥项目,在毛达如、李仁岗的建议下,中、外双方专家同意“3414”试验设计方案。这期间,原化工部成立了农化服务办公室,在不同地区复合肥料厂试点建立了100余个农化服务中心,由化肥企业开展测土配方施肥,配制各种通用型和专用型复混肥料为农民服务。总之,在20世纪末期我国初步建立了适合我国农业状况和特点的土壤测试推荐施肥体系。

寿光市对有关土壤肥力的调查,包括这次调查共进行了八次:第一次,于1959年开展了以土壤类型为研究对象的调查;第二次,于1974年开展了以土壤养分为主要内容的普查,共取样1756个,获取有机质、全氮、全磷、速效磷、速效钾、pH、全盐、氯离子等化验数据14048个;第三次,于1979年开展了包括土壤的形成、分类、物理性质和养分状况的全面普查,共采集耕层土样1469个,剖面土壤1176个,获取化验数据14008个;第四次,于1982年有代表性地取样37个,对锌、硼、锰、钼的有效含量进行了检测;第五次,于1983年布点采样183个,单独对有效锌含量进行了检测;第六次,于1986年根据不同土类和产量水平布点采样347个,对土壤有机质、碱解氮、速效磷、速效钾进行了检测;第七次,于1998年根据不同作物和产量水平布点采样976个,化验7128项次,取得化验数据3564个,其中检测大棚蔬菜土壤289个、露地蔬菜土壤12个,粮田土壤613个,果园土壤62个,对土壤有机质、碱解氮、速效磷、速效钾及部分微量元素进行了检测;第八次即本次,于2002年根据不同作物和产量水平布点采样217个,检测了土壤有机质、碱解氮、速效磷、速效钾 、盐分、pH、有效铁、有效锌、有效铜、有效钼、有效锰、有效硼、氯等13个项目。

(二)开展测土配方施肥技术的必要性

近几年来,全国随着蔬菜等经济作物迅速发展,特别是设施栽培面积发展,为农民找到一条科技致富的门路。但是随着蔬菜大棚和节能日光温室的迅速发展,农民受经验性施肥的影响和对科学施肥概念的误解，因而在施肥管理上出现了一些亟待解决的问题。

1. 粮田地力下降

由于蔬菜等经济作物产量高，经济效益好，大量优质有机肥都投入到蔬菜地里，导致粮田土壤中有机肥的投入越来越少，甚至出现“卫生田”，致使粮田投入中有机质含量偏低，地力下降，严重影响粮食的高产稳产。

2. 蔬菜地过量施用化肥

大棚蔬菜生产可终年种植，土壤的利用效率高，为了使蔬菜高产，人们往往大量施用化肥，尤其是氮肥。在“施肥越多越增产”观念的误导下，对化肥施用量不计成本，通常每亩肥料投资多在千元以上，盲目投肥的现象普遍存在，化肥投入量远远超过了作物需要量。

大棚蔬菜由于光照条件不足，气温偏低，病虫害较重等客观因素，对蔬菜生长有一定的不良影响，因此人们为了促进蔬菜生长，施肥量一般比露地栽培的蔬菜适当多一些是可以理解的。但是实际施肥情况却超过蔬菜养分需要量的很多倍。这一做法虽能获得蔬菜高产和一定的经济效益，但必然导致养分损失、资源浪费和环境恶化的后果。

过量的养分投入不仅浪费资源，而且降低产品的品质，既增加投入成本，降低菜农的经济收益，也容易造成土壤环境质量下降，削弱菜田土壤的宜种性。多年连作的菜地，由于大量施肥，会出现植株滞长、矮小，根系发育不良，落花落果，产量和品质明显下降的现象，施肥越多这种症状越严重。过量施肥会造成土壤盐分浓度过高以及土壤酸化，这是造成作物生长不良的主要原因。

调查结果表明，大棚蔬菜的养分投入严重超量，其中磷最为严重，其次是氮，钾相对超量较少，在有些地区钾肥投入量严重不足。大量施肥不仅造成肥料的浪费，而且会影响到蔬菜的品质。维生素C、糖分、氨基酸以及蛋白质的含量是表征蔬菜营养品质的几项重要因子。

3. 氮、磷、钾养分比例失衡

由于保护地蔬菜生长快，生长所需的养分主要由肥料特别是化肥供应。所以，要求施用化肥的比例要和作物的需求比例相近。而调查结果中，大棚蔬菜施用的氮磷钾比例与作物需要的氮磷钾比例有较大差距，大棚番茄吸收的氮(N)、磷(P_2O_5)、钾(K_2O)分别占35%、11%、54%，而施用的氮(N)、磷(P_2O_5)、钾(K_2O)为37%、38%、25%；大棚黄瓜吸收的氮(N)、磷(P_2O_5)、钾(K_2O)分别占36%、17%、47%，而施用的氮(N)、磷(P_2O_5)、钾(K_2O)为34%、48%、18%。对保护地蔬菜养分投入情况调查表明，保护地蔬菜氮素平均投入量为725 kg/ hm^2，磷素投入量为500.2 kg/ hm^2，钾素投入量为500.2 kg/ hm^2，养分投入比例平均为1∶0.69∶0.36。养分的投入比例与蔬菜的吸收比例相差很大，磷素比例远大于蔬菜的吸收比例，而钾素比例远低于吸收比例。氮素的投入量超过吸收量的三倍，磷素投入量超过吸收量的6.9倍，钾素的投入量仅比吸收量多20%。磷和氮素大量积累，相对而言势必会导致蔬菜生长中其他中、微量元素的缺乏，因而会导致蔬菜生长障碍。

在保护地蔬菜生产中，养分投入比例失调也导致蔬菜易发生病害。土壤中磷的大量累积能造成植物缺Zn、Mn、Fe、Ca等，引起生理性病害。缺钾是影响蔬菜外观品质和风味的重要因素之一。钾肥施用可以明显提高果实的整齐度，施用钾肥也能明显降低发病率，增强蔬菜的储藏性。

4. 肥料品种选择不合理和施肥方法不当

肥料品种选择不合理和施肥方法不当，其主要表现在：

(1)施用挥发性强的氮肥品种。调查发现，部分菜农在大棚中施用挥发性强的碳酸氢铵，又不及时覆土，因此造成氨的挥发损失。少数大棚由于氨浓度过高对蔬菜叶片造成了一定程度的损伤。

(2)复合肥料施用不合理，肥料品种单一。在种植比例较大的蔬菜(如黄瓜、番茄、辣椒和西葫芦)上复合肥料(15—15—15)和磷酸二铵使用比例很大，其中复合肥与单质肥比例为：氮(N)为59.2∶40.8；磷(P_2O_5)为75.5∶24.5；钾(K_2O)为71.1∶28.9。更为严重的是复合肥作追肥的比例较大，从而造成盲目施肥和磷钾资源的浪费。

当前，保护地蔬菜生产中使用的化肥以氮磷钾为主，其他肥料品种较少。在保护地蔬菜追肥过程中，磷酸二铵和等养分的氮磷钾复合肥是主要的追肥品种。但蔬菜作物对肥料有特殊的要求，不仅需要充足的氮磷钾，而且还喜欢钙、镁、硼、锰、铁、锌、钼等肥料，如果缺乏某种肥料元素就会出现一些生理性病害。因此，设施蔬菜不仅要施充足的氮肥和磷肥，还应根据蔬菜种类和曾经出现过的问题，有针对性地增施某种或几种微量元素肥料。但微量元素肥料不能盲目施用，应首先进行田间对比试验，并由土肥专家诊断确定后方可进行施用，以免造成新的微量元素污染和危害。

(3)氮素大量淋失。蔬菜追肥基本上是采用随水追肥的方式。在大量施用氮肥的情况下，铵态氮肥虽能被土壤胶体吸附，但吸附量有限，大量的铵离子将进行硝化作用，迅速转化成硝态氮而随水下移，到达根系难以吸收的深度。硝态氮肥则由于土壤胶体不能吸附而极易随水大量淋失，进入地下水，既造成养分损失又污染地下水源。

5. 土壤出现次生盐渍化

菜田中施肥灌水量大，大量盐基离子未被作物吸收而残留在土壤耕层中，增加了土壤的含盐量，其中保护地是一个封闭或半封闭的系统，缺少降雨，而且灌溉水深度也仅限于耕层，土壤水分无法将多余的盐分的淋洗出根层，大量盐分累积于土表，导致土壤次生盐渍化。

设施栽培为一年多季种植，年灌水量达22500 m^3/hm^2以上，是一般农田的3倍左右，在无排水条件区域，致使地下水水位升高，在土壤次生盐化临界埋藏深度以内，从而加速了土壤的返盐。盐分在土壤表层的聚集抑制土壤微生物的活性，使土壤养分转化受到影响，造成蔬菜生长不良。与粮食作物相比，大部分蔬菜的根系分布很浅，蔬菜对肥料的依赖程度比其他作物高，尤其是反季节栽培的保护地蔬菜，低温季节根系发育缓慢，对水肥吸收能力弱，存在着高产但生长环境不适宜的矛盾。菜农为追求高产和争取更多的经济收益，在生产中往往投入大量养分和进行大水漫灌，使菜田土壤养分大量累积，尤其是种植时间较长的老菜地。

二、全市耕层土壤养分含量状况

(一)粮田土壤养分

寿光市粮田总的土壤养分现状是:全市土壤 pH 平均为 7.2,为全国测土配方施肥土壤养分分级评价标准(简称分级标准,下同)4 级水平,有机质平均为 12.2 g/kg 为分级标准 3 级水平,全氮:平均为 0.82 g/kg,为分级标准 2 级水平;水解氮平均为 68.1 mg/kg,为分级标准 2 级水平;有效磷平均为 15.6 mg/kg,为分级标准 3 级水平;速效钾平均为 129.8 mg/kg,为分级标准 3 级水平;交换性钙平均为 3352.1 mg/kg,为分级标准 7 级水平;交换性镁平均为 322.02 mg/kg 为分级标准 6 级水平;有效铁、锰、铜、锌、硼、钼:平均分别为 19.00 mg/kg、15.2 mg/kg、1.47 mg/kg、1.17 mg/kg、1.04 mg/kg、0.14 mg/kg。分别属于分级标准 4、3、4、4、4、2 级水平。

(二)果园土壤养分现状分析与评价

果园土壤 pH 平均为 7.3,有机质平均为 13.0 g/kg,全氮平均为 0.88 g/kg,水解氮平均为 81.6 mg/kg,有效磷 19.9 mg/kg,有效钾平均为 162.1 mg/kg,

交换性钙、镁:分别平均为 2882.2 mg/kg 和 369.1 mg/kg,有效铁、锰、铜、锌、硼、钼:分别平均为 31.9 mg/kg、18.83 mg/kg、2.10 mg/kg、1.84 mg/kg、1.18 mg/kg、0.18 mg/kg。分别属全国测土配方施肥土壤养分分级评价标准的 6、4、5、5、4、3 级。

(三)棉田土壤养分现状分析与评价

土壤 pH 平均为 7.7,有机质平均为 10.1 g/kg,全氮平均为 0.66 g/kg,水解氮平均为 59.2 mg/kg,有效磷平均为 13.6 mg/kg,有效钾平均为 160.2 mg/kg。全氮平均为 0.66 g/kg,水解氮平均为 60.68 mg/kg,交换性钙、镁:交换性钙、镁:分别平均为 2904.44 mg/kg 和 298.45 mg/kg,有效铁、锰、铜、锌、硼、钼:有效铁、锰、铜、锌、硼、钼:分别平均为 20.10 mg/kg、14.10 mg/kg、1.84 mg/kg、1.18 mg/kg、1.24 mg/kg、0.14 mg/kg。

(四)保护地蔬菜土壤养分现状分析与平价

土壤 pH 平均为 6.7,土壤有机质平均为 18.4 g/kg,全氮平均为 1.81 g/kg,碱解氮平均为 205.1 mg/kg,速效磷平均为 111.1 mg/kg,土壤速效钾平均为 335.7 mg/kg,土壤交换性钙、镁:分别平均为 2808.42 mg/kg 和 320.58 mg/kg,土壤有效铁、锰、铜、锌、硼、钼:分别平均为 33 mg/kg、25.6 mg/kg、3.68 mg/kg、2.65 mg/kg、1.38 mg/kg、0.33 mg/kg。

三、测土配方施肥指标体系的建立

(一)田间试验与大田示范方案设计

1. 试验设计:采用“3414”方案设计方案

(1)“3414”完全实施方案(附表 2-1)

“3414”方案设计吸收了回归最优设计处理少、效率高的优点,是目前应用较为广泛的肥料效应田间试验方案。“3414”是指氮、磷、钾 3 个因素、4 个水平、14 个处理。4 个水平的含义:0 水平指不施肥,2 水平指当地推荐施肥量,1 水平(指施肥不足)=2 水平×0.5,3 水平(指过量施肥)=2 水平×1.5。为便于汇总,同一作物、同一区域内施肥量保持一致。

附表 2-1 “3414”试验方案处理

试验编号	处理	N	P	K
1	$N_0P_0K_0$	0	0	0
2	$N_0P_2K_2$	0	2	2
3	$N_1P_2K_2$	1	2	2
4	$N_2P_0K_2$	2	0	2
5	$N_2P_1K_2$	2	1	2
6	$N_2P_2K_2$	2	2	2
7	$N_2P_3K_2$	2	3	2
8	$N_2P_2K_0$	2	2	0
9	$N_2P_2K_1$	2	2	1
10	$N_2P_2K_3$	2	2	3
11	$N_3P_2K_2$	3	2	2
12	$N_1P_1K_2$	1	1	2
13	$N_1P_2K_1$	1	2	1
14	$N_2P_1K_1$	2	1	1

(2)“3414”部分实施方案(附表 2-2)

附表 2-2 常规 5 处理试验设计方案

	“3414”方案处理编号	处理	N	P	K
空白对照	1	$N_0P_0K_0$	0	0	0
无氮区	2	$N_0P_2K_2$	0	2	2
无磷区	4	$N_2P_0K_2$	2	0	2
无钾区	8	$N_2P_2K_0$	2	2	0
氮磷钾区	6	$N_2P_2K_2$	2	2	2

2.试验实施

(1)试验地选择:试验地选择平坦、整齐、肥力均匀,具有代表性的不同肥力水平的地块;选择坡度平缓、肥力差异较小的田块同时应具备较好的水浇条件。

(2)试验准备:整地、设置保护行、试验地区划;小区单灌单排,避免串灌串排;试验前采集土壤样品;依测试项目不同,分别制备新鲜或风干土样。

(3)试验重复与小区排列:为保证试验精度,减少人为因素、土壤肥力和气候因素的影响,“3414”部分实施田间试验设 3 个重复。采用随机区组排列,区组内土壤、地形等条件相对一致。“3414”完全实施田间试验采用多点无重复设计。

小区面积:大田作物和露地蔬菜作物小区面积一般为 20～50 m^2,设施蔬菜作物一般为 20～30 m^2,至少 5 行以上。小区宽度:密植作物不小于 3m,中耕作物不小于 4m。

(4)试验记载与测试:试验前采集基础土样进行测定,收获期采集植株样品,进行考种和生物与经济产量测定。必要时进行植株分析。

(5)试验数量和质量控制:为了提高试验精度,充分发挥试验示范的辐射带动作用,每个试验点都在醒目位置树立标志牌,实行责任到人,每人承担的试验、示范从试验布点开始,从种、管、期间考察、收获一包到底。

(二)小麦测土配方施肥指标体系

1. 基本情况

为搞好切实搞好我市测土配方施肥,从2005年开始,在项目区重点地进行了土壤养分调查,调查取样按照种植作物不同分粮田、蔬菜田、棉田、果园等四种类型,共取土样2016个,不同种植作物地块的土壤养分含量基本状况如附表2-3所示。

附表2-3 粮田土壤养分含量统计表

有机质(g/kg)	碱解氮(mg/kg)	速效磷(mg/kg)	速效磷(mg/kg)
12.13	62.98	15.83	128.17

化验方法按农业部《土壤分析技术规范》一书介绍方法进行。

土壤有机质测定:油浴加热重铬酸钾容量法。

土壤碱解氮:碱解扩散法。

土壤速效磷:$NaHCO_3$-钼锑抗比色法。

土壤速效钾:乙酸氨提取-火焰光度计。

2. 结果分析

粮田土壤养分检测结果如表2-4所示。

附表2-4 粮田土壤养分统计表

	平均数	样品个数	高	中	低
有机质(g/kg)	12.2	1028	>20	20~10	<10
			14	819	195
水解氮(mg/kg)	68.1	403	>100	100~60	<60
			20	305	78
有效磷(mg/kg)	15.6	1026	>200	20~10	<10
			171	678	177
有效钾(mg/kg)	129.8	1026	>200	100~200	<100
			51	746	229

结果表明,小麦玉米田有机肥用量较少,但近几年来麦收机械化程度高,麦秸还田量大,化肥施用量较足,因此土壤养分相对丰富,有机质平均含量为12.23 g/kg,属中等偏高水平,变幅为8.1~16.1 g/kg,其中大于20.0 g/kg的样品数占总样品的1.4%,10~20 g/kg的为79.7%,小于10 g/kg的占18.9%。较以前土壤普查数据有机质呈增长趋势。碱解氮含

量为 68.1 mg/kg，属中等水平，变幅为 50.6～156.3 mg/kg，差距较大，其中大于 100 mg/kg的样品数占 5.0%，100～60 g/kg 的为 75.7%，小于 60 mg/kg 的样品数占 19.4%。速效磷平均含量为 15.6 mg/kg，属中等水平，变幅为 7.5～28.3 mg/kg，其中 20～10 mg/kg 范围内的样品数最多，占样品总数的 66.1%，小于 10 mg/kg 的占 17.3%。速效钾平均含量为 129.8 mg/kg，属较高水平，变幅为 58.1～150.2 mg/kg，其中大于 200 mg/kg 的占 5.0%，200～100 mg/kg 的占 72.7%，小于 100 mg/kg 的占 22.3%。

3. 调查综述

通过这次调查，与以往普查结果相比，可以看到寿光市的科学施肥技术有了很大进展。

(1)土壤有机质有逐步提高的趋势。1980 年寿光市通过全国组织的第二次土壤普查，对土壤有机质进行了分析，全市土壤有机质平均含量为 10.26 g/kg。这次的调查，土壤有机质平均含量 12.2 g/kg，高于 1.94 g/kg。主要原因有两点：一是秸秆还田数量和面积同步增加。随着农村经济的发展，农村烧草量越来越少，农业机械化水平进一步提高，尤其是小麦联合收割机的大面积应用，使小麦秸秆还田量大大增加。二是通过增施有机肥改良土壤，提高作物品质，已被大多数农民接受。

(2)土壤大量元素速效养分全面提高，限制产量提高的最小养分得到了补充。1980 年全国第二次土壤普查时，我市的碱解氮、速效磷、速效钾含量分别为 66.6 mg/kg、6.2 mg/kg、83.0 mg/kg，速效磷为最小养分。而这次调查结果中，速效磷养分指标最低的粮田也达到了 8.6 mg/kg，为中等含量水平。

4. 存在的问题

(1)土壤有机质含量偏低。实践证明，高产良田土壤有机质含量应在 12.0 g/kg 以上，我市的土壤有机质含量还达不到这一要求，也不适应当前我国提高农产品品质，实施有机农业的要求。

(2)氮、磷、钾三要素比例不协调，重 N 轻 P 肥的施用，寿光市粮田缺磷严重，尤其高产粮田表现突出。

(3)粮田施肥量相对偏少。由于粮食作物效益比较低，经济作物大面积发展，农民肥料投入的主要力量用在了大棚及高效作物上。

5. 发展对策

(1)普及科学施肥知识，加大测土配方施肥力度，提高全社会科学施肥素质。

(2)加强化验基础设施建设，及时搞好土壤养分普查。

(3)增加有机肥用量，提高地力水平。

(4)调整施肥结构，增加钾肥和微肥的用量。

6. 测土配方施肥的实施

(1)有机肥的平衡施用

土壤有机质是否平衡，决定于两个因素，一是土壤矿质化，二是有机质的腐殖化。如果土壤矿质化过程大于腐殖化过程，则土壤有机质含量降低，反之，则升高。一般来讲，土壤腐殖化、矿质化过程是相对稳定的，所以要维持土壤有机质的平衡，必须向土壤保持投放一定有机质的量，即施用有机肥的多少。增加有机肥的用量是培肥地力的一条重要措施，从这次地力调查情况看，在有机肥的施用上主要存在两个问题：一是部分有机肥资源的利用率不高，有机肥用量特别是粮田的用量偏低；二是施肥量不均衡，突出表现在经济作物用量过大，而粮田不足。针对上述问题，今后在有机肥的施用上，首先要充分利用好现有的有机肥资源，增加有机肥的用量；二是在保证经济作物土壤有机质不降低的情况下，增加粮田的施用量，争取达到亩施用量 3500 kg 以上，工厂精制有机肥 300～500 kg。

(2)氮素的管理(见附表 2-5)

总量控制：

施氮量 ＝目标产量×单位产量吸氮量 ＋ 氮素表观损失 ＋ 土壤氮素残留

－ 土壤养分供应 － 环境氮素供应量

简化公式为：

施氮量＝(目标产量－前期试验空白产量)×单位产量吸氮量＋氮素表观损失

目标产量：农户调查产量的平均值为 6750 kg/hm^2，设置目标产量为 7500 kg/hm^2。

单位产量吸氮量：本地区生产 100 kg 小麦籽粒产量需氮 3.3 kg。

氮素表观损失：小麦生长期间氮素表观损失为 150 kg/hm^2(N)。

氮素用量 ＝(目标产量－前期试验空白产量)×单位产量吸氮量＋氮素表观损失

＝ (7500－6750)/100 ×3.3＋150

＝ 199.5 kg/hm^2

施氮量定为 200 kg/hm^2，氮肥 30％于播前作为基肥施入，70％于起身至拔节期追施。

附表 2-5　生产 100 kg 冬小麦籽粒产量需要的养分吸收量

产量水平 (t/hm^2)	氮 (kg)			磷 (kg)			钾(kg)		
	秸秆	籽粒	秸秆＋籽粒	秸秆	籽粒	秸秆＋籽粒	秸秆	籽粒	秸秆＋籽粒
3.0～4.5	0.9～1.0	2.3～2.5	3.2～3.5	0.2～0.3	1.0～1.2	1.2～1.5	1.8～2.5	0.4～0.5	2.2～3.0
4.5～6.0	0.8～1.0	2.2～2.4	3.0～3.4	0.2～0.3	0.8～1.0	1.0～1.3	2.0～2.9	0.5～0.7	2.5～3.5
6.0～7.5	0.8～1.0	2.2～2.3	3.0～3.3	0.2	0.7～0.8	0.9～1.0	2.4～3.2	0.6～0.8	3.0～4.0
7.5～9.0	0.8～1.0	2.1～2.3	2.9～3.3	0.2	0.7～0.8	0.9～1.0	2.8～3.6	0.5～0.9	3.3～4.5

(3) 磷、钾的管理

通过前期有试验结果，对寿光市的土壤有效磷和速效钾进行肥力等级划分如附表 2-2 和附表 2-3 所示，有效磷低于 14 mg/kg 为低，14～30 mg/kg 为中，大于 30 mg/kg 为高。速效钾低于 70 mg/kg 为低，70～100 mg/kg 为中，大于 100 mg/kg 为高。每生产 100 kg 玉冬小麦籽粒产量需要的养分吸收量(见附表 2-6)。

附表 2-6 基于土壤速效磷测试和磷素平衡的冬小麦磷素恒量监控技术指标

目标产量(t/hm²)	土壤速效磷含量分级 (mg/kg)			
	<7	7～14	14～30	>30
	磷肥用量(kg/hm²)			
3.0～4.5	70～130	50～95	35～65	0
4.5～6.0	90～150	65～110	45～75	0
6.0～7.5	110～170	85～130	55～85	0
7.5～9.0	130～180	100～135	65～90	45～60

附表 2-7 基于土壤速效钾测试和钾素平衡的冬小麦钾素恒量监控技术指标

目标产量(t/hm²)	土壤速效钾含量分级 (mg/kg)		
	<70	70～100	>100
	钾肥用量(kg/hm²)		
3.0～4.5	25～30	15～20	0
4.5～6.0	40～50	25～35	0
6.0～7.5	60～75	45～55	0
7.5～9.0	75～90	50～60	30～60

注：该用量为在秸秆还田的基础上的推荐用量

目标产量为 7500 kg/ hm²时，需磷 P_2O_5 量为 7500×0.8/100＝60 kg。对于磷肥管理来说，当土壤速效磷(Olsen-P)低于 14 mg/kg(P)，磷肥管理的目标是通过增施磷肥提高作物产量和土壤速效磷含量，磷肥用量为作物带走量的 1.5 倍，施磷 P_2O_5 量为 90 kg/ hm²；当土壤速效磷在 14～30 mg/kg 时，磷肥管理的目标是维持现有土壤速效磷水平，磷肥用量等于作物的带走量，施磷 P_2O_5 量为 60 kg/ hm²；当土壤速效磷大于 30 mg/kg 时，施用磷肥的增产潜力不大，个别高产或超高产地区可以适量补充磷，一般地区则无需施磷肥。

目标产量为 7500 kg/亩时，需钾 K_2O 量为 7500×0.6/100＝45 kg。对于钾素来说，管理策略和磷相似，但冬小麦吸收钾素的 80%储存在秸秆中，故在氮肥管理中应首先强调秸秆还田。当土壤交换性钾低于 70 mg/kg(K)时，钾肥管理的目标是通过增施钾肥提高作物产量和土壤速效钾含量，故钾肥用量为作物带走量的 1.5 倍，施钾 K_2O 量为 67.5 kg/ hm²；当土壤交换性钾位于 70～100 mg/kg 时，钾肥管理的目标是维持现有土壤速效钾水平，故钾肥用量等于作物的带走量，施钾 K_2O 量为 45 kg/ hm²；当土壤交换性钾大于 100 mg/kg 时，施用钾肥的增产潜力不大，个别高产或超高产地区可以适量补充钾，一般地区则无须施钾肥。

(4)微肥用量的确定

由于寿光市土壤普遍缺锌，每公顷补充硫酸锌 15～18.75 kg。

总之，寿光市冬小麦施肥要达到：

中部（田柳、古城、上口、留吕、化龙、台头、营里南部、侯镇南部）

基肥：氮磷钾比例为 16∶14∶12 每公顷 750 kg，硫酸锌每公顷 15～22.5 kg，全部基施。

追肥：起身至拔节期追施尿素每公顷 225 kg。

北部（羊口、营里北部、侯镇北部）

基肥：氮磷钾比例为 16∶18∶8 每公顷 750 kg，硫酸锌每公顷 15～22.5 kg，全部基施。

追肥：起身至拔节期追施尿素每公顷 225～270 kg。

（三）玉米测土配方施肥指标体系

根据我市土壤检测结果和高产作物的生长发育规律、养分需求规律和土壤养分供应规律为基础，结合高产栽培技术，对不同营养元素采用不同的管理策略。氮素管理采用区域总量控制、分期调控技术，磷、钾采用恒量监控技术，中微量元素因缺补缺。

由于寿光市夏玉米主要分布在中北部，土壤类型和地力水平基本相似，建立我市夏玉米施肥体系，供参考。

1. 高产栽培技术

(1) 优良品种选择和处理

鲁单 981 和郑单 968 在寿光市常年的种植面积较大，该品种高产、稳产，经过精选后在播种前进行发芽率试验，发芽率达到 95％才进行播种。选择 5.4％·戊玉米种衣剂包衣，以控制苗期灰飞虱、蚜虫、粗缩病、丝黑穗病和纹枯病等。

(2)精细整地，培肥地力

精细整地，打好播种基础是玉 m 高产的关键。通过合理耕作、增施有机肥、秸秆还田等措施提高土地质量，搞好排、灌设施。

(3)播种

5 月 20 号左右播种，采用条播进行播种，保证一播全苗，合理密植，种植的行距为 50 cm，株距 35 cm，出苗后 3～5 片叶时间苗，每公顷定苗 67500 株。

(4)中期管理

苗期中耕松土 2～3 次。拔节以后视天气情况在拔节、大喇叭口、抽雄、开花、灌浆等生育关键时期及时浇水。如果雨水过多，及时开沟排水，防止涝害。开花期人工隔株去雄，开花后人工辅助授粉。保持后期绿叶面积，延长光合时间，防早衰，增粒重。收获前，禁打老叶、削顶芽。播种后直接喷施 40％乙·阿合剂 3000～3750mL/ hm^2，或在玉米 7 叶～8 叶期使用灭生性除草剂 20％百草枯（克芜踪）水剂 1500～2250 mL/ hm^2 定向喷雾处理进行杂草的防治。5％吡虫啉乳油 2000～3000 倍喷雾防治蓟马，用 1.5％辛硫磷颗粒剂 3.75 kg，掺细沙 112.5 kg，混匀后撒入心叶，用量 1.5～2g/株，防治玉米螟。发病初期用 25％粉锈宁可湿性粉剂 1000～1500 倍液防治锈病。

(5)适时晚收获、增加粒重、提高产量

适时晚收获，籽粒乳线消失才收获。目标产量为 9000 kg/ hm^2。预期的产量构成为：亩穗数 4000 个，穗粒数 520 粒，百粒重 31g。

2. 氮素的管理

总量控制：

施氮量 ＝ 目标产量×单位产量吸氮量 ＋ 氮素表观损失 ＋ 土壤氮素残留

－ 土壤养分供应 － 环境氮素供应量

简化公式为：

施氮量＝(目标产量－前期试验空白产量)×单位产量吸氮量＋氮素表观损失

目标产量：前期农户调查产量的平均值为 7800 kg/hm^2，设置目标产量为 9000 kg/hm^2。

空白产量：前期试验空白产量平均为 6000 kg/hm^2。

单位产量吸氮量：生产 100 kg 玉米籽粒产量需氮 2.38 kg。

氮素表观损失：玉米生长期间氮素表观损失为 225 kg/hm^2。

氮素用量 ＝（目标产量－前期试验空白产量）×单位产量吸氮量＋氮素表观损失

＝（9000－6000）×2.38％＋225

＝ 296.4 kg/hm^2

施氮量定为 300 kg/hm^2，氮肥 30％于播前作为基肥施入，30％于 4 叶期时追施，40％于大喇叭期时追施。

3. 磷、钾的管理

通过前期试验结果，对本县的土壤有效磷和速效钾进行肥力等级划分，有效磷划分为三个级别，低于 14 mg/kg 为低，14～30 mg/kg 为中，大于 30 mg/kg 为高。速效钾同样划分为三个级别，低于 70 mg/kg 为低，70～100 mg/kg 为中，大于 100 mg/kg 为高。每生产 100 kg 玉米籽粒产量需要的养分吸收量如附表 2-8 所示。

目标产量为 9000 kg/hm^2 时，需磷 P_2O_5 量为 9000×0.75/100＝67.5 kg。对于磷肥管理来说，当土壤速效磷(Olsen-P)低于 14 mg/kg(P)，磷肥管理的目标是通过增施磷肥提高作物产量和土壤速效磷含量，磷肥用量为作物带走量的 1.5 倍，施磷 P_2O_5 量为 101.25 kg/ hm^2；当土壤速效磷在 14～30 mg/kg 时，磷肥管理的目标是维持现有土壤速效磷水平，磷肥用量等于作物的带走量，施磷 P_2O_5 量为 67.5 kg/ hm^2；当土壤速效磷大于 30 mg/kg 时，施用磷肥的增产潜力不大，只适当补充少量施磷肥，15～30 kg/ hm^2 磷肥作为种肥施入。

附表 2-8　生产 100 kg 玉米籽粒产量需要的养分吸收量

氮(kg)			磷(kg)			钾(kg)		
秸秆	籽粒	秸秆＋籽粒	秸秆	籽粒	秸秆＋籽粒	秸秆	籽粒	秸秆＋籽粒
1.0～1.2	1.2～1.4	2.3～2.5	0.2～0.3	0.7～0.8	0.9～1.0	1.5～2.3	0.5～0.9	2.0～3.2

目标产量为 9000 kg/ hm^2 时，需钾量为 9000×0.7/100＝63.0 kg K_2O。对于钾素来说，管理策略和磷相似，但玉米吸收钾素的 80％储存在秸秆中，故在氮肥管理中应首先强调秸秆还田。当土壤交换性钾低于 70 mg/kg(K)时，钾肥管理的目标是通过增施钾肥提高作物产量和土壤速效钾含量，故钾肥用量为作物带走量的 1.5 倍，施钾量为 94.5 kg K_2O/hm^2；当土壤交换性钾位于 70～100 mg/kg 时，钾肥管理的目标是维持现有土壤速效钾水平，故钾

肥用量等于作物的带走量，施钾量为 63 kg/hm²(K_2O)；当土壤交换性钾大于 100 mg/kg 时，施用钾肥的增产潜力不大，个别高产或超高产地区可以适量补充钾，一般地区则无需施钾肥。

4. 微肥用量的确定

由于本地区土壤普遍缺锌，在示范试验中每公顷补充硫酸锌 22.5 kg。

总之，我市夏玉米施肥要达到：

中部(田柳、古城、上口、留吕、化龙、台头、营里南部、侯镇南部)

基肥：氮磷钾比例为 16∶13∶14 每公顷 750 kg，硫酸锌每公顷 15～22.5 kg，全部基施。

追肥：起身至拔节期追施尿素每公顷 180 kg。

北部(羊口、营里北部、侯镇北部)

基肥：氮磷钾比例为 16∶18∶10 每公顷 750 kg，硫酸锌每公顷 15～22.5 kg，全部基施。

追肥：起身至拔节期追施尿素每公顷 225～275 kg。

四、测土配方施肥配方设计与配肥应用评价

(一)肥料配方设计的基本环节

肥料配方的基本环节包括：一是布点采样，二是土壤样品化验，三是田间试验、示范，四是配方设计，五是校正试验，六是肥料加工，七是示范推广，八是宣传培训。

(二)肥料配方设计与配肥技术应用

1. 肥料配方设计

我市肥料的配方主要根据不同作物，不同肥力水平制定不同的肥料配方，具体是：

小麦：寿北地区(2 号路以北)5250～6000 kg 水平的配方：

$N : P_2O_5 : K_2O$ 为 18∶16∶10

寿北地区(2 号路以南)6000～7500 kg 水平的配方：

$N : P_2O_5 : K_2O$ 为 16∶18∶10

寿南地区 7500 kg 以上水平的配方：

$N : P_2O_5 : K_2O$ 为 13∶17∶12

玉米：寿北地区(2 号路以北) 5250～6000 kg 水平的配方：

$N : P_2O_5 : K_2O$ 为 17∶18∶9

寿北地区(2 号路以南)6000～7500 kg 水平的配方：

$N : P_2O_5 : K_2O$ 为 16∶16∶10

寿南地区 7500 kg 以上水平的配方：

$N : P_2O_5 : K_2O$ 为 14∶16∶12

2. 配肥技术应用

(1)应用效果

通过大田测产情况来看，增产和节本增效效果十分明显。一般较常规施肥每公顷均减少不合理用肥 52.5 kg(折纯)，每公顷均节本 252 元，平均每公顷增产 322.5 kg，每公

顷节本增效 703.5 元。

(2)配方肥加工与推广

专用肥主要采用山东省网联肥业有限公司和山东省肥料研究开发中心集中招标企业按照我们提供的配方进行加工制作，同时寿光市充分利用肥料生产企业较多的优势，通过招标选取质量控制较好，信誉较高的企业按照配方进行加工。

为了加大配方肥的推广力度，我们采取了“政府引导，技术培训，公司运作”的模式。在实施测土配方施肥项目前期，为了迅速让广大农民认识和使用配方肥，采取了领导责任制，把推广测土配方施肥面积和配方肥数量按照作物种植面积分配到镇、街道，市政府与镇、街道办事处政府主要负责人签订责任书，镇、街道办事处再分配到村，层层分解，责任到人。通过一年两季的推广，农民认识到配方肥的好处，逐步转变为自己的行为。其间，我局组织 30 多名农技人员逐村举办培训班，讲授测土配方施肥技术，加大宣传力度，让测土配方施肥技术家喻户晓。在配方肥的供应上，我们选择具有仓储能力较大，资金雄厚的，信誉好的肥料经销企业——寿光市东方誉源农资有限公司具体负责肥料的调运，采取肥料从生产企业直接到农户，减少了中间环节，降低了成本，让利于民。通过四年来的运作，效果非常明显，受到了广大农民的欢迎。

五、测土配方施肥技术应用与推广

(一)小麦施肥技术

根据寿光市土壤检测结果和高产作物的生长发育规律、养分需求规律和土壤养分供应规律为基础，结合高产栽培技术，对不同营养元素采用不同的管理策略。氮素管理采用区域总量控制、分期调控技术，磷、钾采用恒量监控技术，中微量元素因缺补缺。

1. 优良品种选择和处理

济南 17 号在寿光市常年的种植面积最大，该品种高产、稳产。

2. 精细整地，培肥地力

播前造墒，精细整地，打好播种基础是小麦高产的关键。通过合理耕作、增施有机肥、秸秆还田等措施提高土地质量，搞好排、灌设施。

3. 播种

9 月 25 日至 10 月 5 日播种为宜，根据需要进行种子处理，播种时布籽均匀，播深 3～5 cm(晚播稍浅)，足墒下种或播后浇跟种水(凡浇水者需在出苗前划除板结)。每公顷播种量 150 kg 左右，保证一播全苗。早茬精播行距 25～30 cm；中茬精播行距 18～25 cm；晚茬精播行距 13～18 cm。

4. 中期管理

冬前：查苗、疏苗、补苗及时化学除草。群体每公顷超过 750 万，深耘断根，浇冬水保证麦苗安全过冬。必要时深耘，镇压等。早春：早春普遍划锄保墒，进一步除草，及时防治病虫害，浇水结合追肥进行，必要时进行化控。用 2%乐果粉喷粉防治红蜘蛛；返青一拔节期，群体每公顷超过 70 万，冬前没有深耘，返青深耘断根保水。20%粉锈宁乳油或 1%粉锈宁粉剂防治全蚀病。

运用总茎数和 LAI 确定追肥浇水时间和量，酌情浇挑旗水，必要时化控预防白粉病、锈病、纹枯病和早期蚜虫。抽穗前后40%氧化乐果或40%乐果乳油防治麦蚜；25%敌百虫粉或50%辛硫磷防治黏虫；20%甲基异柳磷或50%辛硫磷防治地下害虫。

重视挑旗和扬花水，干旱年份注意灌浆水，抽穗后20%粉锈宁乳油防治锈病和白粉病

5. 适时晚收获、增加粒重、提高产量

在精播前提下，适时晚收获，完熟期收获。目标产量为7500 kg/hm^2。基本苗每公顷为135万，早茬保证40万亩穗数，中茬50万亩穗数。

6. 科学施肥

(1)增施有机肥，大力推广秸秆直接还田

有机肥是一种完全肥料，富含有机质、氮、磷、钾和微量元素，而且又是微生物的重要营养源。施足有机肥，既可以满足小麦生长对各种营养元素的需要，又可促进微生物的活动，有利于土壤各种形态养分的转化，提高土壤肥力。

(2)合理施用氮、磷、钾肥，因地补施锌肥

①寿北区。主要包括：该区土壤养分：有机质含量在10.0g/kg左右；碱解氮52～65mg/kg；速效磷13～15mg/kg；速效钾110～160mg/kg。每公顷底施尿素120～150 kg，过磷酸钙900 kg，钾120～150 kg，硫酸锌15～30 kg。追肥以氮肥为主，一般在拔节期每公顷追施75～120 kg尿素，灌浆初期用0.2%磷酸二氢钾喷雾两次。

②寿中、南部高产区。该区以褐土为主，兼有部分砂姜黑土，土壤养分：有机质含量10～14g/kg，碱解氮60～80mg/kg，有效磷10～22mg/kg；速效钾100～120mg/kg。每公顷底施尿素75～120 kg，过磷酸钙900 kg，氯化钾150～180 kg。追肥于拔节期追施尿素60～90 kg，灌浆初期用0.2%磷酸二氢钾喷雾两次。

(3)注意事项

①小麦施肥一般以底施为主，追施为辅，磷、钾肥全部底施，氮肥底、追各半。

②氮肥一次底施容易造成挥发损失，需分次使用；玉米秸秆还田地块，因秸秆的腐烂与小麦争夺土壤中的氮素，施氮肥应前重后轻。

③小麦基肥以腐熟的有机肥为主，配合无机肥料，一般每公顷施有机肥45000 kg左右，可以改善土壤团粒结构，增加土壤通透性，促进小麦根系的生长。

(二)玉米施肥技术

1. 不同生长时期玉米对养分的需求特点

每个生长时期玉米需要养分比例不同。玉米从出苗到拔节，吸收氮2.5%、有效磷1.12%、有效钾3%；从拔节到开花，吸收氮素51.15%、有效磷63.81%、有效钾97%；从开花到成熟，吸收氮46.35%、有效磷35.07%、速效钾18.58%。

玉米营养临界期：玉米磷素营养临界期在三叶期，一般是种子营养转向土壤营养时期；玉米氮素临界期则比磷稍后，通常在营养生长转向生殖生长的时期。临界期对养分需求并不大，但养分要全面，比例要适宜。这个时期营养元素过多过少或者不平衡，对玉米生长发育都将产生明显不良影响，而且以后无论怎样补充缺乏的营养元素都无济于事。

玉米营养最大效率期：玉米最大效率期在大喇叭口期。这是玉米养分吸收最快最大的时期。这期间玉米需要养分的绝对数量和相对数量都最大，吸收速度也最快，肥料的作

用最大，此时肥料施用量适宜，玉米增产效果最明显。

2. 玉米整个生育期内对养分的需求量

玉米生长需要从土壤中吸收多种矿质营养元素，其中以氮素最多，钾次之，磷居第三位。一般每生产 100 kg 籽粒需从土壤中吸收纯氮 2.5 kg、五氧化二磷 1.2 kg、氧化钾 2.0 kg。氮、磷、钾比例为 1∶0.48∶0.8。

3. 玉米施肥量

(1)确定目标产量。一般根据地块前三年玉米的平均产量，再提高 10%～15%作为玉米的目标产量。例如，某地块为较高肥力土壤，当年计划玉米产量达到每公顷 9000 kg，玉米整个生育期所需要的氮、磷、钾养分量分别为 225 kg、108 kg 和 180 kg。

(2)计算土壤养分供应量。测定土壤中含有多少速效养分，然后计算出每公顷中含有多少养分。由于土壤多种因素影响土壤养分的有效性，土壤中所有的有效养分并不能全部被玉米吸收利用，需要乘上一个土壤养分校正系数。我国各省配方施肥参数研究表明碱解氮的校正系数为 0.3～0.7(Olsen 法)，有效磷校正系数为 0.4～0.5，速效钾的校正系数为 0.5～0.85。氮、磷、钾化肥利用率为：氮 28%～35%、磷 10%～20%、钾 40%～50%。

(3)确定玉米施肥量。有了玉米全生育期所需要的养分量和土壤养分供应量及肥料利用率就可以直接计算玉米的施肥量了。再把纯养分量转换成肥料的实物量，就可以用来指导施肥。

(4)微肥的施用。玉米对锌非常敏感，如果土壤中有效锌少于 0.5～1.0 mg/kg 就需要施用锌肥。土壤中锌的有效性在酸性条件下比碱性条件要高，所以现在碱性和石灰性土壤容易缺锌。长期施磷肥的地区，由于磷与锌的拮抗作用，易诱发缺锌，应给予补充：常用锌肥有硫酸锌和氯化锌，基施亩用量 0.5～2.5 kg，拌种 4～5g/kg，浸种浓度 0.02%～0.05%。如果复混肥中含有一定量的锌就不必单独施锌肥了。

4. 玉米施肥方法

(1)基肥。春玉米及直播夏玉米一般每公顷用 45000～75000 kg 有机肥、全部磷、钾肥、三分之一氮肥做基肥或种肥。氮肥一般为尿素 150 kg，磷肥为过磷酸钙 450～600 kg，钾肥为氯化钾 150 kg。

(2)种肥。套种夏玉米有机肥、磷、钾肥多施在小麦生育期内。种肥是夏玉米最经济有效的施肥方法。种肥的施用方法多种，有拌种、浸种、条施、穴施。拌种：可选用腐殖酸、生物肥以及微肥，将肥料溶解，喷洒在玉米种子上，边喷边拌，使肥料溶液均匀地沾在种子表面，阴干后播种。浸种：将肥料溶解配成一定浓度，把种子放人溶液中浸泡 12 小时，阴干后随即播种。条施、穴施：化肥适宜条施、穴施，一般每公顷用磷酸二铵 52.5～60 kg 做种肥。但肥料一定与种子隔开；深施肥更好，深度以 10～15 cm 为宜。

(3)追肥。剩下 2/3 氮肥做追肥。追肥分苗肥、秆肥、穗肥和粒肥四种追肥时期，并将以下两个时期作为重点：

①秆肥：拔节后 10 天内追施，有促进茎生长和促进幼穗分化作用。将追肥中氮肥的 1/3 做拔节肥，肥与苗的距离为 5～7 cm。

②穗肥：剩下的氮肥在玉米抽穗前 10～15 天大喇叭口期施入，能有促进穗大粒多，并对后期籽粒灌浆也有良好效果。

六、耕地地力提升技术

(一)地力培肥技术

在目前我国人多地少,工业与农业争地矛盾十分突出的现实条件下,应重点要保护耕地的现有数量,提升现有耕地质量。在继续重视保护高产稳产农田的同时,要下大力气改造中低产田,通过培肥地力使中低产田变高产田。

1. 建立健全耕地质量监测预报警体系

2005年以来,通过测土配方施肥工作的开展,调查摸清了我市耕地质量状况,在此基础上建立健全职责清晰、功能齐备、运转规范的全市耕地质量监管体系。根据不同土壤类型、耕作制度等,建立农作物土壤肥力、农田环境质量监测点,结合开展肥料、农药等农业投入品施用相关试验研究,实行长期定位动态监控,并逐步构建区域性耕地质量管理信息系统,定期向政府提供耕地质量现状与预测预警报告,为政府决策提供科学依据。

2. 测土配方施肥,协调土壤养分,改善土壤物理性状,提高耕地生产能力

以有机肥施用为基础的测土配方施肥技术,是实现以有机促无机,有机无机相结合,协调氮、磷、钾及各种中、微量元素,提高肥料利用率,不断改善土壤物理性状,丰富植物营养元素,促进土壤有益微生物的活动的最有效的技术措施之一;是实行用地与养地相结合,提高耕地肥力水平,提高耕地综合产出能力的重要手段。因此,应大力推广应用测土配方施肥技术,探索推广的长效机制,使其发挥更大的作用。

3. 发展旱作农业,建设灌溉农业

寿光市北部淡水缺乏,搞好旱作农业开发十分必要。一是要推广抗旱作物及耐旱优种;二是调整旱作农业种植结构和产业结构;三是采取农机措施与农艺技术结合,工程措施与生物技术结合,蓄水措施与保墒技术结合,传统抗旱措施与现代旱作技术结合的技术。

大力推广喷灌、滴灌技术,节约用水;保护地下水资源,防止次生盐渍化和次生潜育。

4. 制定耕地污染防治措施,确保农业生产安全

为防止走先污染后治理的路子,必须制定防止耕地污染的政策和措施,做到防患于未然

5. 耕作改土

以深耕为中心的耕、耙、磨、压等耕作措施,是加速生土熟化、定向培肥土壤的重要措施之一,而深耕则是耕作改土的关键因素。通过深耕,可以加厚耕作层,促进有机、无机胶体均匀紧密结合,改进结构状况,改善土体构造,为作物高产、稳产创造适宜的土壤条件和物质基础。目前寿光市北部耕作区,多采用旋耕犁,致使犁底层变浅。因此;必须每三年进行一次深耕,以改善土壤的耕作性能。同时,通过耕作改土,结合增施有机肥,大力推广秸秆还田,可有效改变土壤质地黏重的问题。

(二)土壤改良技术

1. 寿光市中部耕地

寿光市中部历来就是寿光市的粮袋子、菜篮子。这部分耕地土层深厚,灌溉水源充足,复种指数高,利用方向应在发展优质商品粮基地、设施农业建设、标准化生产基地等方

面下工夫。其利用改良措施应以培肥地力，深耕活化土壤，增加耕作层，提高耕地生产能力为主。配方施肥，因土施肥，是解决目前氮、磷、钾肥料施用比例失调的根本措施。在搞清土壤条件、养分状况的基础上，确定最佳肥料配比和最佳用量，以最小的投资获得最大的经济效益，使粮食产量稳中有增。坚持以有机肥为主、化肥为辅的原则，合理进行秸秆还田是用养结合的良好方法，是改善土壤理化性状、增加土壤养分、培肥地力的有效措施，但必须切实掌握好秸秆还田技术，确定合理的翻压时期。粮食和蔬菜品质优劣直接影响到人们的身体健康，因此必须加强粮食和蔬菜管理，首先禁止用工业废水直接灌溉土地，防止污染。同时要科学施肥，因土因菜施肥，克服过去那种一味追求产量而大量施用氮肥，造成硝酸盐、亚硝酸盐在作物体内积累水平较高的错误做法。搞好氮、磷、钾化肥配比，既能获得高产，又能保证粮食、蔬菜品质优良。

2. 北部盐碱地中低产粮田

本地区改良原则是“防治结合，防重于治”。主要采取生物措施、农业耕作措施、工程措施三大类。生物措施，在盐碱较重的地块，包括营造农田内的防护林、种植绿肥和耐盐作物等；农田耕作措施。主要有平整土地、覆盖耕作、增施有机肥、粮草结合、不同作物带状间作、免耕及留茬种植等；工程措施，是指水利改良措施，包括挖沟（或暗沟）排水、打井排水、“井灌井排，以灌代排”等。搞好灌溉配套工程，对易受洪涝灾害的地区要整修农田疏通渠道，保证汛期不受危害，在旧河床及河漫滩可种植季节菜或栽植耐涝的树种。增施肥料，提高土壤养分。要以有机肥为主，化学肥料为辅，特别是以优质厩肥为主。在化肥施用中，要合理搭配氟；磷、钾肥料比例；提高肥料利用率。

利用方向：这部分地区在正常年份水资源充沛，土质良好，要充分发挥这一优势，搞好粮食生产。充分发挥当地优势，调整作物布局，改变耕作制度。部分地区地下水位高，水资源丰富，可引黄河水灌溉，以水压盐，洗盐，改良土壤。

七、测土配方施肥技术实施与推广

（一）组织体系建设

1. 成立了一套班子，组建了一支队伍

为了切实搞好我市的测土配方施肥工作，成立项目领导小组，市政府以寿政办发[2005]87 号文件成立了由分管农业的副市长任组长，农业局、财政局、各镇（街道）政府主要负责人为成员，领导小组负责监督检查项目进度和资金拨付。办公室设在农业局，农业局局长兼任办公室主任，具体负责项目实施，落实责任制。各镇（街道）政府主要负责人为第一责任人，分管领导为直接责任人，明确责任，统一调度，共同按照要求及时完成项目建设任务。

成立技术小组，对测土配方施肥工作领导小组负责，主要承担测土配方施肥技术规范的编制、实施技术方案的制定、技术指导、人员培训以及针对性的技术专题研究以及土壤检测工作。

各镇、街道办事处也成立由政府一把手为组长的测土配方施肥工作领导小组和农技站长为组长的技术小组。

同时，在每村配备一名测土配方施肥工作联络员，形成了由市、镇、村三级组成的

1000 余人的测土配方施肥工作队伍，为这一工作奠定了好的基础。

2. 召开了测土配方施肥工作动员会，签订了责任状

寿光市委、市政府对测土配方施肥项目非常重视，2005 年 9 月 10 日上午专题召开了测土配方施肥工作会议，会上分管农业的王副市长与各镇（街道）政府主要负责人签订了测土配方施肥项目责任状，分解了测土配方施肥面积，推广配方肥面积及试验、示范培训等指标。明确了各镇政府、街道办事处主要负责人为测土配方施肥工作的第一责任人，负总责。分管的负责人为直接责任人，专抓专靠，并把该项目列为年度考核指标，确保测土配方施肥工作稳步开展。

以市政府文件（寿政发第 68 号）批转下发了《寿光市人民政府批转市农业局关于寿光市 2005 年测土配方施肥实施方案的通知》方案中详细明确了工作目标和内容，分配了测土配方施肥面积和配方肥数量。

2006 年全省春季测土配方施肥会议结束以后，市政府于 3 月 2 日召开全市春季测土施肥工作调度会，分管农业的副市长总结了前一阶段测土施肥工作情况，并就今后工作做了安排，参加会议的有市直有关部门负责人、各镇镇长、街道办事处主任和有关技术人员 80 余人。3 月 10 日，市农业局又专门召开了包括镇（街道办事处）农技站长参加的全市测土施肥技术小组座谈会，座谈会上就前一阶段测土施肥工作存在的问题进行了认真讨论，并对夏玉米配方肥的推广进行了探讨和安排。

为了搞好 2006 年测土施肥工作，市委、市政府领导高度重视，把这项工作列为全年农业、农村工作的一项重要任务，并作为单独一项内容列入了全市农业标准化的百分考核，有力地调动了全市测土施肥的积极性。

2006 年 3 月 17 日，市政府又专门下发了《寿光市人民政府办公室关于搞好春季测土配方施肥工作的通知》寿政办明电（2006）48 号，通知分三个方面：一是认清形势，统一思想，充分认识，搞好测土配方施肥工作的重要性；二是突出重点，强化措施，全面搞好寿光市春季测土配方施肥工作，对继续搞好施肥情况调查和土壤样品采集工作，层层抓好示范带动和深入进行技术培训及宣传工作，做了明确要求；三是规范操作，让利于民，大力推广配方肥。各镇、街道办事处也都专门召开了测土施肥会议，对照《测土配方施肥责任书》层层落实，使寿光市测土施肥工作自上而下，得到了广泛的宣传发动。

2006 年 8 月 18 日市政府再次下发了《寿光市人民政府办公室关于搞好秋季测土配方施肥工作的通知》寿政办明电（2006）152 号，通知分四个方面要求开展好测土配方施肥工作：一是继续搞好施肥情况调查和土壤样品采集工作。二是继续做好技术培训和宣传工作。三是继续搞好配方肥的推广应用。四是继续落实好领导责任制。

2007 年春季、2007 年秋季、2008 年春季市政府又三次下发了明传电报，进行督促测土配方施肥工作。

（二）技术培训与宣传

1. 技术培训

目前已举办培训班 114 期，其中举办乡镇农技人员培训班 23 次，培训 1571 人次。培训农民技术员 17245 人次。印制《测土配方施肥技术手册》20000 册，测土配方施肥技术挂历和测土配方施肥技术宣传画以及专用肥明白纸 10 万余份。

2. 加大宣传力度

一是利用电视、报纸等媒体进行宣传，2006 年 3 月 10 日我们会同寿光市广播电视台联合录制了 2 期测土配方施肥讲座，讲座采取技术人员讲、现场解答和实地操作，深入浅出地把测土施肥技术过程向广大农民进行宣传，该片每集在电视台《田园采风》栏目连续播放 7 次，有力的宣传了测土施肥工作。同时，我们利用寿光日报举办的《寿光蔬菜报》，多次大篇幅介绍了测土配方施肥技术，前后共进行测土配方施肥宣传 45 次，其中在市电台举办讲座 3 次，新闻报道 13 次，深受农民欢迎。

二是利用宣传车走村入户进行广泛宣传，利用送科技下乡的形式，广泛宣传实施测土配方施肥的重要性和必要性。为了加大宣传力度，我们组织了技术人员，利用测土施肥流动检测车、宣传车等工具，采取走村入户、赶大集、发放“明白纸”等形式向广大农民宣传测土施肥技术的好处。面对面、手把手指导农民搞好测土施肥工作。到目前已发放“明白纸”12.6 万余份，出动宣传车 80 余车次，让测土施肥工作家喻户晓。

2006 年 7 月 13 日名，我局组织了 8 名技术人员会同中国农业大学、莱阳农学院的 2 名教授，17 名博士、硕士研究生组成了寿光市测土配方施肥宣讲团，主要做了以下几方面工作：一是宣讲团举行了 2 次大型集中宣传活动，主要是利用乡镇大集之日，采取现场技术解答、发放明白纸等形式广泛宣传测土施肥的好处、意义，两次活动解答农民咨询问题 320 多人次，发放明白纸 3 万余份，每次活动都邀请寿光电视台、寿光日报社进行宣传报道。二是采取走村入户方式，深入田间地头，与农民面对面传授测土配方施肥技术，历时 18 天。在全市 16 处乡镇选择较大的 200 余个村进行，宣讲团每到一村，在镇政府、街道办事处的配合下，组织知识讲座，并入户进行有关测土施肥方面的问卷调查，已调查问卷 600 余份。通过面对面与农户零距离接触，即了解了我市农民施肥现状，又回答农民在种田遇到的问题，深受广大农民的欢迎，收到了良好效果。

我们还同中国农业大学和莱阳农学院的教授、博士一起组成送科技下乡队，利用赶大集和走村入户为广大农民讲授测土施肥知识 12 次，在全市上下形成一种测土配方施肥、科学施肥的社会舆论氛围。

(三)配方肥推广

我们在配方肥的推广过程中，采取“政府搭台，企业唱戏”的模式，土肥站作为政府负责土肥技术推广的职能部门有技术优势，但缺少资金、人手、仓储及运输设备和设施，而作为企业虽然有雄厚的资金和完备的配送网络及仓储、车辆等硬件设施，但又不具备技术推广服务的优势。为此寿光市在配方肥的推广过程中，充分发挥优势互补，实行政府部门负责宣传发动和技术培训，加强了行政引导和科技推广，农资配送企业负责资金和产品配送的“政府技术推广＋企业负责配送”配方肥推广机制，确保推广配方肥数量，推动了测土配方施肥项目的实施，既充分履行了农技推广部门服务三农的工作职责，参与配方肥供应的企业也在农民中树立了良好的企业形象，农民用上了质优价廉的肥料。做到了政府、企业和农民三方互利共赢。

(1)建立健全市、镇、村三级配方肥推广网络，提高技术的覆盖率与到位率。在全市 820 个从事农业生产的村，每村设立 1～2 名测土配方施肥联络员，建立了有市、镇、村三级 1000 余人组成的测土配方施肥技术推广网络，使新技术和配方肥通过网络迅速推广到农民手中，提高技术的覆盖率与到位率。

(2)广泛宣传发动，严格落实责任，加强调度和指导。通过召开现场会，进行了广泛宣传发动，通过层层签订责任状和列入年度农村工作考核和村级班子的考核内容，调动了村级推广配方肥的积极性。

(3)采取多种形式搞好技术培训，提高配方肥推广速度。每年在主要作物施肥季节都组织农业技术人员进行集中培训，邀请高等院校和科研单位的专家授课，通过培训进一步提高了科技人员技术水平。

(4)科学制定配方。根据寿光市作物种植制度，落实小麦、玉米、棉花、蔬菜配方施肥试验示范点120多处，对全市14个镇(街道)的820余个自然村的耕地取土化验，根据土样检测结果结合寿光市的农业种植情况，制定适寿光市不同作物的肥料配方5个。

(5)选择优势企业，搞好配送服务。选择具有雄厚的资金和仓储能力山东东方誉源现代农业集团公司合作成立了寿光市测土配方施肥项目配方肥配送中心。

一是充分利用企业资金充足，有仓储条件的优势，根据肥料市场价格走势，在用肥淡季或者肥料价格较低时由企业垫付资金与配方肥生产企业签订需肥合同，并把配方肥及时调运到仓库备用，以防用肥旺季产供不及时，同时降低了肥料价格。

二是负责配方肥的配送。公司专门成立了配方肥配送队伍，配备了车辆，不论农民需肥数量多少，路途远近，都要及时配送到村到户，送到农民手中。

(6)效果显著

一是优势互补，互利共赢。政府和技术部门充分发挥了组织和技术优势，保证了配方肥推广数量。企业减少了推广成本，提高了知名度。

二是减少中间环节，降低运作成本。配方肥采取直供方式直接供应到农民手中，减少了零售环节，大大降低销售价格，一般比同类肥料每吨便宜300元以上。

三是确保了肥料质量。政府部门负责配方肥质量监督，配方肥不在各农资店销售，避免了伪冒假劣肥料坑农害农现象的发生。

四是政府部门不参与经济往来，不参与配方肥流通中的利益分配。降低成本，充分体现了实施测土配方施肥项目服务农民的原则，树立了农技推广部门在农民中的良好形象，使广大农民群众真正得到了实惠，受到了农民群众的普遍欢迎。

在搞好“政府宣传培训引导+企业配肥服务”配方肥推广的同时，我们还充分利用寿光市肥料生产企业多的优势，调动肥料生产企业积极参与配方肥的推广。我们在主要农作物用肥旺季前60天，通过电视、报纸和网络以及以农业局文件形式公开发布主要农作物用肥配方，引导肥料生产企业生产适合我市农作物的配方肥，一年来累计推广配方肥4.2万吨。

(四)取得的效益

1. 经济效益

通过4年来测土配方施肥工作的开展，完成试验42处、示范40处。其中：小麦试验21处，示范15处；玉米试验16处，示范25处；蔬菜试验6处。建立了面积相对集中连片的测土配方施肥中心示范区3处，每处面积为330 hm^2，通过建立中心示范区以充分发挥辐射带动作用。4年共推广配方施肥面积达到70200 hm^2，推广配方肥15560000 kg。覆盖820个村，较常规施肥每公顷均减少不合理用肥52.5 kg(折纯)，共节肥2254000 kg

（折纯），亩均节本 16.8 元，平均每公顷增产小麦 508.5 kg、玉米 409.5 kg，每公顷节本增效 795.9 元，共增加纯收入 5587.7 万元。经济效益十分明显。

2. 社会效益

4 年来，在测土配方施肥技术推广过程中，紧紧依靠山东省土壤肥料总站、中国农业大学、山东农业大学、青岛农业大学等农业高等院校和科研、推广部门作为技术支持，深入研究和探索测土配方施肥技术以及推广模式。学到了许多新的技术，提高了寿光市农业技术人员的业务水平。同时，在寿光市大面积推广测土配方施肥技术，使寿光市农民的施肥水平也有了较大的提高，改变了农民不科学的施肥观念。

3. 生态效益

通过测土配方施肥技术的推广，不同作物肥料利用率都有了不同程度的提高。

由于农作物盲目施肥致使土壤出现了不同程度的盐害问题，特别是寿光市的大棚蔬菜土壤尤为明显，由于土壤盐害的发生，致使大棚约 5 年即出现程度不同的生长障碍，蔬菜受害初期表现植株生长矮小，产量降低，严重者不能立苗，植株枯萎。保护地菜田土壤可溶性盐含量过高是限制蔬菜生产、影响保护地土壤持续利用的主要因子。大量地施用肥料是造成保护地土壤盐分累积的重要原因之一。

由硝酸盐的淋洗而造成的地下水污染，已经成为一个备受关注的问题。蔬菜生产中氮肥的过量施用和频繁大量的灌水是导致硝酸盐向地下水中的淋洗，造成地下水污染的主要原因之一。由于饮用水中的硝酸盐是人体从外界摄入硝酸盐的另一个主要来源，因此不合理的灌溉施肥对人体健康和生态环境都构成严重的威胁。

世界卫生组织（WHO）规定，饮用水的硝酸盐含量不得超过 45 mg/L，而目前的实际情况是，我市许多地区的地下水硝酸盐含量呈逐年上升的趋势，部分地下水硝酸盐含量超标现象严重。

磷素也是一种不可忽视的水体污染源。保护地蔬菜中长期过量的施用磷肥，造成表层土壤中磷的大量富积。高量的累积磷，不仅使磷资源浪费，而且对环境造成潜在的威胁。当表层土壤 Olsen-P 含量超过 60 mg/kg 时，磷的淋失量会急剧增加，从而污染地下水。

针对当前农作物生产中大水漫灌和过量氮、磷投入问题，农作物生产连作障碍问题，生产碳氮投入比例失调问题尤为突出，通过测土配方施肥技术的推广，合理调整了施肥过程中各种养分的比例，适当减少肥料用量，建立了一个高产、优质和环保型的蔬菜生产体系提供技术支撑。初步建立持续高产、土壤肥力持续提高和资源高效的蔬菜养分资源管理综合生产体系，同时减少了肥料资源浪费和因过量使用化肥造成的对地下水的污染。

八、测土配方施肥成果展示

测土配方施肥工作是一项涉及面广、环节多、技术性强、农民难以掌握。要搞好这项工作，必须要做到领导重视、多部门配合，要建立和完善长效机制。通过 4 年来的工作，取得了较大的成绩。

(一)建立健全测土配方施肥技术推广网络

提高技术的覆盖率与到位率成立了测土配方施肥技术指导小组，建立了有市、镇、村三级1000余名技术人员组成的测土配方施肥技术推广网络，使新技术通过网络迅速推广到农民手中，提高技术的覆盖率与到位率。

(二)建立测土配方施肥长效机制

我市在配方肥的推过程中，实行了“八个统一”即：统一制定配方，通过土肥部门在测土、田间试验示范的基础上，根据土壤养分校正系数、土壤供肥量、农作物需肥规律和肥料利用率等基本参数，制定适合寿光市不同作物的肥料配方5个。统一宣传发动，从上到下由农业部门统一印发宣传资料，制定技术规程进行宣传发动。统一培训，由寿光市测土配方施肥技术指导小组负责，制定培训计划和培训材料，组织市、镇技术人员统一对农民进行培训，让全市广大农民测土配方施肥技术家喻户晓。建立统一网络，市里由测土配方施肥技术指导小组统一负责，镇、街道有一名副科级领导挂帅，农技站具体负责，村级采取每村设1～2名测土配方施肥联络员，形成市、镇、村三级测土配方施肥网络。统一配送，选择有仓储能力、资金实力、诚实守信的经销企业(山东东方誉源农资有限公司)与农业技术推广单位成立寿光市配方肥配送中心，减少中间环节，把农民所需的配方肥由配送中心按时、足量送货到村。统一销售价格，为了让利于民，全市对配方肥只加部分销售费用，实行了统一销售价格。统一检测，市土肥站对每批配方肥都进行取样检测，确保配方肥质量。统一售后服务，建立严格的销售台账，明确记录购肥户信息，加强跟踪指导。

(三)摸清了耕地主要养分状况

形成了小麦、玉米、果树、蔬菜等作物不同土壤类型、不同产量水平的配方施肥技术方案；创建了测土配方施肥的技术体系；构建了耕地资源管理信息系统，为在我市大面积推广应用提供了依据。

(四)建立了测土配方施肥技术体系

通过测土配方施肥工作的开展，我市依托山东省土壤肥料总站、中国农业大学、山东农业大学、青岛农业大学等农业高等院校和科研、推广部门的专家，结合本市科技人员组成了我市测土配方施肥工作技术体系，具体解决测土配方施肥工作中遇到的难题，搞好测土配方施肥技术培训，采取举办测土配方施肥技术培训班，组织测土配方施肥技术宣讲团下乡搞科技咨询等方式，大力推广测土配方施肥技术，起到了较好的成效。

目前，已建立了有高等院校专家为指导的，有我市市镇两级农业技术人员组成的全市测土配方施肥技术指导小组，并在每村选择了一名科技带头户，形成了覆盖面广，技术力量较强的测土配方施肥技术体系。

(五)初步建立主要作物施肥指标体系

建立了小麦、玉米、果树和蔬菜主要品种施肥体系26个，建立了主要作物施肥管理月历。

(六)显著提高测试化验技术水平

通过测土配方施肥工作的开展，进一步完善了我市土肥化验室的建设，投资50多万元购置了仪器设备完善了11台套，通过各级化验室的化验结果比对和互相学习，先后派出7人次到北京、济南等地进行业务培训，提高了化验员的技术水平，确保了检测数据的准确性,锻炼了检测队伍。

(七)研制主要作物肥料配方及施肥技术

根据测土配方施肥试验、示范的数据,结合农民施肥习惯及不同作物,不同肥力水平制定不同的肥料配方 6 个,使我市配方肥施用面积达到了 32.5 万亩。

(八)摸清主要作物施肥现状及施肥效应

寿光市农民历年来在小麦上普遍采取每公顷基施 750 kg 碳铵、750 kg 过磷酸钙,冬前和返青每公顷追 375 kg 尿素的方式,钾肥和中微量元素肥料很少使用;玉米大多采取苗期每公顷追复合肥 450 kg,大喇叭口期追 225 kg 尿素的方式。导致了土壤养分的不平衡和肥料利用率下降,2005 年之前测土配方施肥开展的面积不大,特别是在蔬菜等经济作物上面积更少,通过 3 年来测土配方施肥工作的开展,我市肥料利用率有了较大的提高。

(九)构建了多种新的推荐施肥方式

1. 氮素推荐目标值的应用

由于作物氮素的需求在生育期内随作物养分吸收规律变化而变化,加上土壤氮素转化的复杂性,对于设施蔬菜必须在不同生育阶段确定适宜的氮素推荐目标值,通过增加土壤测试次数来减少不确定因素对氮肥推荐的影响,实现氮素供应与氮素需求的同步。最终确定不同作物不同时期的施肥规范。

2. 调控氮素形态及缓释肥料

恩泰克是德国巴斯夫农业化肥研发部门从 1994 年开始研制,历时 5 年时间开发出来的控释肥料,主要利用土壤胶体吸附铵离子的原理,加入硝化抑制剂 DMPP(二甲基吡唑磷酸盐),控制铵态氮向硝态氮转化而达到稳定释放,减少硝态氮淋失、氧化亚氮的排放,减少化肥用量,保护环境。恩泰克利用植物吸收铵态氮和硝态氮加强效应,获得协同作用的增产效益,在减少氮肥用量的同时作物产量还有提高。

3. 填闲作物减少硝酸盐淋洗的应用技术

填闲作物首先是通过深根系作物的吸收作用减少表层土壤溶液中氮素浓度,从而减少淋洗强度;此外通过对深层土壤氮素的吸收作用(即提氮作用),减少根层以下的氮素浓度,甚至由此产生的浓度差使得氮素向上扩散,以期为阻控日光温室土壤硝酸盐淋失寻求新路。可种植糯玉米进行填闲,由于糯玉米生长期短,适合作填闲作物,玉米棒鲜食,玉米秸作饲料或秸秆还田。

4. 石灰氮的合理利用技术

石灰氮是长速效兼顾的一种农药性肥料,具有土壤消毒、除草、提供钙素和缓释氮肥四大功能,石灰氮作为缓释氮肥在提高氮素利用,减少环境淋洗污染方面的贡献;并可调整土壤酸性、改良土壤、释放被固定的肥分,从而增加作物产量、改善产品品质、排除连作障碍。在休闲期进行石灰氮与秸秆混用进行土壤消毒和碳素施用等方面的研究。

(十)获奖情况

2006 年,寿光市农业局被农业部授予全国测土配方施肥工作先进单位。获得省科技进步奖和丰收奖 3 次。

专题三　寿光市耕地培肥与改良利用

耕地培肥与改良利用是以耕地地力调查与质量评价为基础，通过野外调查和室内化验分析，耕地地力等级评价，土壤改良利用现状分析，结合寿光市农业区划情况进行的。分析了耕地资源利用现状及其特点、各等级地力属性、障碍因素，将寿光市耕地改良利用分成五个区，提出了切实可行的改良措施和利用方向。

一、耕地资源利用特点

寿光市位于潍坊市西北部，地处北纬 36°41′～37°19′，东经 118°32′～119°10′之间。东与寒亭区、潍城区相邻，南与昌乐县、青州市接壤，西与东营市广饶县毗邻，北临莱州湾。南北长 60 km，东西宽约 48 km，总面积为 2180 k m^2。海岸线长 56 km。辖 14 处镇、街道，人口 103 万，土层深厚，属暖温带地季风性大陆气候，四季分明。年平均气温为 12.4 ℃，年平均日照时数为 2160h，0 ℃以上的积温为 4243 ℃，无霜期 195 天。年降雨量为 614 mm，地下水资源丰富，pH6.5～8.0，适宜于农田灌溉，寿光市耕地资源利用特点主要表现在复种指数高、区域特点明显和农业设施化三个方面。

高复种指数表现在粮食作物以小麦、玉米一年两熟为主。小麦、玉米播种面积占粮田播种面积的 93.5%，而谷子、大豆等播种面积仅占 6.5%，北部盐碱地，棉花、大豆多为一年一作。菜田韭菜和小部分黄瓜、茄子一大茬等作物虽为一年一作，但占地时间长；其他蔬菜品种栽培模式多为一年两作或一年三作。综合耕地复种指数达 154.5%。

区域特点明显表现在两个方面。一是作物布局区域明显。中南部以保护地蔬菜和粮食为主，中西部以粮食和韭菜、胡萝卜为主。咸淡水分界线以北主要是以粮食、大豆、棉田、果园。同时，种植的作物品种也形成了集中连片的生产区，如稻田镇以甜瓜、西红柿为主；纪台以西瓜、辣椒为主，洛城、纪台为辣椒、茄子生产区，孙集、文家的茄子、黄瓜生产区，文家、化龙的保护地韭菜生产区，化龙的胡萝卜生产区，台头、营里、上口、候镇的小麦、玉米、果园主产区等等。二是区域之间受自然条件制约，产量、产值差异十分明显。据本次农户调查结果，同样种植粮食，田柳、上口等中部地区，有水浇条件，平均单产为 14400 kg/hm^2，产值 1632 元，收益 910 元，而北部盐碱地土地区，无水浇条件，正常年份平均产量只有 8400 kg/hm^2，产值 952 元，效益 480 元，如遇干旱年份，粮食部分绝产。

农业设施化表现在蔬菜生产的设施化和灌溉设施化。近年来，我市全面推广蔬菜保护地栽培，日光温室、塑料大棚二者占蔬菜总面积的 83%。在粮食生产和果树生产方面，经近 30 年的农田基本建设，灌溉设施日趋完善。中南部地区井渠配套，北部地区库渠配套，。全市灌溉能力大为提高，能有效地抵御干旱危害。

二、耕地障碍因素分析

全市耕地存在干旱、盐碱、质地黏重、养分不平衡等问题。

(一)盐碱

这部分耕地中，尤其是表层土壤中含有过多的可溶性盐分，致使作物生长不良。本市盐碱地为 5117.4 hm^2，占耕地面积的 5.1%，主要分布在羊口镇、营里镇、侯镇、台头镇的北部。盐土是我区的主要低产土壤，是土壤改良重点。

(二)干旱

这部分耕地水源不足，分布不均，不能满足作物生长发育的需要，受干旱威胁，直接影响农业生产。寿光市北部部分盐碱地灌溉保证率仅有 35%，旱地粮田 5881.0 hm^2，占全市耕地面积的 5.8%，遇到干旱年份，供水不足，减产几成以上。

(三)质地黏重

这部分耕地的表土或通体为黏质土(包括重壤和黏土)，或表土以下有厚黏心，多为砂姜黑土、湿潮土等。这类耕地主要为涝洼地区，全市有 2.7 万 hm^2，主要分布在文家、化龙、古城、稻田、洛城、纪台等镇街道。质地黏重，透性差，呈季节性积水，土性冷、供肥迟缓，保肥性好，发老苗不发小苗；湿黏干硬，不易耕作，旱则裂缝，伤根跑墒，土壤黏重板结，扎根受阻。

(四)隔层

土体中有砂、黏、砂姜、犁底层，影响土体水分和土壤养分运动。河流两岸主要是表层砂质、砂壤质或有夹砂层；砂姜黑土、湿潮土主要是土壤质地黏重，且有砂姜层。大部分耕地都有犁底隔层。

(五)养分不平衡

这部分耕地主要表现在养分过多或过少，养分不平衡相差悬殊。据统计，一是作物之间养分施用不平衡。蔬菜、棉花、果品等作物引起经济效益不同，养分的投入明显不同，致使作物之间土壤养分含量差异较大。二是栽培方式不同土壤养分不平衡。陆地蔬菜与拱棚、日光温室栽培方式之间不平衡。日光温室蔬菜地每公顷平均施用有机肥 114000 kg，施用化肥实物量 10386 kg，折纯 N 1518 kg、P_2O_5 1726.5 kg、K_2O 1336.5 kg，总纯养分量 4581 kg，其 N：P_2O_5：K_2O 为 1：1.14：0.88；而土壤碱解氮为 202.79 mg/kg，P_2O_5 为 115.94 mg/kg，K_2O 为 336.10 mg/kg，N：P_2O_5：K_2O 为 1：0.57：1.66。与当前 30 种蔬菜 1000 kg 产量平均吸收纯 N 3.66 kg、P_2O_5 1.24 kg、K_2O 4.52 kg，N：P_2O_5：K_2O 为 1：0.34：1.23 比较，化肥投入是 P_2O_5 过剩。三是区域之间土壤营养元素不平衡。因各地施肥习惯不同，不同街道、镇土壤养分表现出一定的区域性。

三、耕地资源的地力现状

土壤养分检测结果来看，不同作物土壤养分差别较大，大棚蔬菜土壤养分比粮田土壤养分要高 1～6 倍，像大棚蔬菜土壤有效磷含量全市平均为 111.1 mg/kg，比粮田土壤有效磷含量(全市平均为 15.6 mg/kg)高 95.5 mg/kg，高出 6 倍。与第二次土壤普查相比，粮田土壤中有机质、全氮、碱解氮、有效磷、有效钾均有不同程度的提高，分别提高了 1.87 g/kg、0.09 g/kg、1.5 mg/kg、9.4 mg/kg 和 46.8 mg/kg。

寿光市粮田、果园、棉田土壤养分现状分析、评价主要采用全国测土配方施肥土壤测试结果统计表中统一使用的七级养分分级标准，寿光市大棚蔬菜土壤养分现状分析、评价根据我市大棚养分实际情况制定了寿光市土壤养分分级标准，见附表 3-1。

为了更准确地分析、评价其土壤养分现状，利用土壤养分测试数据，我们对全市 3 年来的土壤测试数据按粮田、保护地蔬菜、果园、棉田进行了分类汇总、整理和统计分析。

附表 3-1 全国测土配方施肥土壤养分分级评价标准

项目	养分分级标准						
	7	1	2	3	4	5	6
土壤有机质	≤6	6～10	10～20	20～30	30～40	40～60	>60
土壤 pH	≤4.5	4.6～5.5	5.6～6.5	6.6～7.5	7.6～8.5	8.6～9.0	≥9.0
土壤全氮	≤0.5	0.5～1.0	1.0～1.5	1.5～2.0	2.0～2.5	2.5～3.0	>3.0
土壤水解氮	≤50	50～100	100～150	150～200	200～250	250～300	>300
土壤铵态氮	≤25	25～50	50～75	75～100	100～125	125～150	>150
土壤有效磷	≤5	5～10	10～20	20～30	30～40	40～50	>50
土壤速效钾	<50	50～100	100～150	150～200	200～250	250～300	>300
土壤缓效钾	≤150	150～200	200～250	250～300	300～350	350～400	>400
土壤交换性钙	≤200	200～400	400～800	800～1200	1200～2000	2000～2500	>2500
土壤交换性镁	≤25	25～50	50～100	100～200	200～300	300～500	>500
土壤有效硫	≤10	10～15	15～20	20～30	30～40	40～50	>40
土壤有效铁	≤2.5	2.5～4.5	4.5～10.0	10.0～20.0	20.0～30.0	30.0～40.0	>40.0
土壤有效锰	≤1.0	1.0～5.0	5.0～15.0	15.0～30.0	30.0～45.0	45.0～60.0	>60.0
土壤有效锌	≤0.1	0.10～0.20	0.20～1.0	1.0～1.8	1.8～2.6	2.6～3.4	>3.4
土壤有效铜	≤0.30	0.30～0.50	0.50～1.00	1.00～2.00	2.00～3.00	3.00～4.00	>4.00
土壤有效硼	≤0.20	0.20～0.50	0.50～1.00	1.00～1.50	1.50～2.00	2.00～3.00	>3.00
土壤有效钼	≤0.10	0.10～0.15	0.15～0.20	0.20～0.30	0.30～0.40	0.40～0.50	>0.50
土壤有效硅	≤100	100～200	200～300	300～400	400～500	500～600	>600

注：该表数据来自全国测土配方施肥土壤测试结果的统计表中所自带数据。

四、粮田土壤养分现状分析与评价

4 年来，测土配方施肥的土壤养分调查结果表明，寿光市粮田总的土壤养分现状是：全市土壤 pH 平均为 7.2，为全国测土配方施肥土壤养分分级评价标准（简称分级标准，下同）4 级水平，有机质平均为 12.2 g/kg 为分级标准 3 级水平，比全国第二次土壤养分普查时提高了 1.84 g/kg；全氮：平均为 0.82 g/kg，比全国第二次土壤养分普查时提高了 0.09 g/kg 为分级标准 2 级水平；水解氮平均为 68.1 mg/kg，比全国第二次土壤养分普查时提高了 1.5 mg/kg 为分级标准 2 级水平；有效磷平均为 15.6 mg/kg，比全国第二次土壤养分普查时提高了 9.40 mg/kg，为分级标准 3 级水平；速效钾平均为 129.8 mg/kg，比全国第二次土壤养分普查时提高了 46.8 mg/kg，为分级标准 3 级水平；交换性钙平均为 3352.1 mg/kg 为分级标准 7 级水平；交换性镁平均为 322.02 mg/kg 为分级标准 6 级水平；有效铁、锰、铜、锌、硼、钼：平均分别为 19.00 mg/kg、15.20 mg/kg、1.47 mg/kg、

1.17 mg/kg、1.04 mg/kg、0.14 mg/kg。分别属于分级标准 4、3、4、4、4、2 级水平。

附表 3-2 粮田土壤养分含量情况表

项目	平均数	标准偏差	最大数	最小数
pH	7.2	0.4	8.1	6.1
有机质(g/kg)	12.2	2.8	25.7	1.0
全氮(g/kg)	0.82	0.48	2.49	0.1
水解氮(mg/kg)	68.1	41.7	280	22.0
有效磷(mg/kg)	15.6	18.2	205.4	3.1
有效钾(mg/kg)	129.8	62.5	381.9	19.5
交换性钙(mg/kg)	3352.1	674.2	6054.2	1047.6
交换性镁(mg/kg)	322.02	83.4	567.0	94.00
有效铁(mg/kg)	19.00	8.1	70.21	2.00
有效锰(mg/kg)	15.20	7.3	76.80	4.00
有效铜(mg/kg)	1.47	0.7	7.01	0.24
有效锌(mg/kg)	1.17	0.7	11.8	0.2
有效硼(mg/kg)	1.04	0.4	3.36	0.27
有效钼(mg/kg)	0.14	0.1	0.36	0.05

(一)土壤 pH

粮田化验样品 580 个，pH 平均为 7.2，最大值为 8.1，最小值为 6.1。小于 6.5 的有 2 个样品，占样品总数的 0.35%；pH 为 6.5～7.5 的样品 467 个，占样品总数的 80.5%主要分布在台头、洛城、侯镇等镇、街道；pH 大于 7.5 的样品有 111 个，占样品总数的 19.1%，主要分布于侯镇、留吕、营里、羊口、洛城等镇、街道。

(二)土壤有机质

全市化验样品 1028 个，平均 12.2 g/kg，为全国测土配方施肥土壤养分分级评价标准 3 级水平，含量变化范围是 5～25.7 g/kg，变幅较大，标准偏差为 2.8。含量小于 6 g/kg 样品有 4 个，占样品总数的 0.4%，主要分布在纪台镇；6～9.9 g/kg 样品有 191 个，占样品总数的 18.6%，主要分布在侯镇、洛城街道；10～20 g/kg 样品有 819 个，占样品总数的 79.6%，主要分布在营里、台头、化龙等镇；在 20～30 g/kg 属于四级水平的样品有 30 个，占样品总数的 1.42%。总的看来，寿光市粮田土壤有机质含量处于全国测土配方施肥土壤养分分级评价标准的较低三级水平，而且镇、街道之间存在比较突出的不平衡性。

(三)土壤全氮

全市化验粮田土壤样品 386 个，含量平均为 0.84 g/kg，全国测土配方施肥土壤养分分级评价标准 2 级，含量变化范围是 0.1～2.49 g/kg，变幅较大，标准偏差为 0.48。含量为 0.5 g/kg 以下的样品有 43 个，占样品总数的 11.14%；含量为 0.5～1.0 g/kg 的样品有 300 个，占样品总数的 77.72%，主要分布在稻田、洛城、化龙等镇、街道；含量为 1.0～1.5 g/kg 的样品有 37 个，占样品总数的 9.59%；含量为 2.0～2.5 g/kg 的样品有 6 个，占样品总数的 1.55%。

（四）土壤碱解氮

检测样品数 403 个，全市平均为 68.1 mg/kg，为全国测土配方施肥土壤养分分级评价标准 2 级，含量变幅是 22.0～487.8 mg/kg，标准偏差为 40.1 mg/kg。总的看来，全市粮田土壤碱解氮属全国测土配方施肥分级标准的较低水平。其中，低于 50 mg/kg 的样品有 70 个，占样品总数的 17.4%，主要分布在稻田、洛城、化龙等镇、街道；50～100 mg/kg 的样品有 313 个，占样品总数的 77.7%，主要分布在稻田、洛城、化龙等镇、街道；100～150 mg/kg的样品有 9 个，占样品总数的 2.2%，大于 200 mg/kg 的样品有 7 个，占样品总数的 1.7%。

（五）土壤速效磷

化验土壤样品 1026 个，全市速效磷平均含量为 15.6 mg/kg，标准偏差为 18.2 mg/kg，其中大于 40 mg/kg 属于很丰富的样品只有 46 个，占样品总数的 4.5%；含量为 30～40 mg/kg属于丰富水平的样品有 39 个，占样品总数的 3.8%；含量为 20～30 mg/kg 属较丰富水平的有 86 个，占样品总数的 8.4%，我市粮田土壤速效磷含量集中分布在 10～20 mg/kg，有 678 个，占样品总数的 66.1%；含量为 5～10 mg/kg 的有 158 个，占样品总数的 15.4%；低于 5 mg/kg 属极缺乏的有 19 个，占样品总数的 1.9%。速效磷含量较高的主要分布于我市中部地区，有田柳、上口、洛城等镇街道。近几年由于注重了磷肥的施用，加大了磷素在施肥中的比例，土壤速效磷含量显喜增加。尽管如此，目前仍有相当一部分地块土壤速效磷含量不能满足农作物高产的需要。特别是述存在部分地块土壤有效磷含量低于 5 mg/kg，属于缺乏水平。

（六）土壤速效钾

全市检测粮田速效钾样品 1026 个，平均含量为 129.8 mg/kg 变幅是 19.5～602.0 mg/kg，标准偏差为 62.5 mg/kg，高值是低值的 30.9 倍，均衡性极差。其中含量为200 mg/kg以上属很丰富类型的样品有 51 个，占 5.0%；含量为 150～200 mg/kg 的样品，属丰富类型的有 290 个，占样品总数的 28.3%；含量为 100～150 mg/kg 属较丰富的样品有 456 个，占 44.4%；含量为 50～100 mg/kg 的样品有 206 个，占 20.1%；小于 50 mg/kg的样品有 22 个，占 2.1%。全市各镇平均值都达到了中等以上水平，个别乡镇还达到极丰富水平。这次土壤养分调查结果表明，土壤速效钾含量有所提高，总的看，钾肥在粮食作物上的施用已基本普及，但仍有少数地块缺钾，要有重点地推广施用钾肥。

（七）土壤交换性钙、镁

交换性钙、镁：分别平均为 2904.44 mg/kg 和 298.45 mg/kg，含量均丰富。

（八）土壤有效铁、锰、铜、锌、硼、钼

土壤有效铁、锰、铜、锌、硼、钼：分别平均为 19.0 mg/kg、15.2 mg/kg、1.47 mg/kg、1.17 mg/kg、1.04 mg/kg、0.14 mg/kg。分别属于分级标准 4、3、4、4、4、2 级水平。

粮田土壤中有效铁、锰、铜、锌、硼含量较丰富，有效铁含量小于 4.5 mg/kg，只有 1 个样品，仅占总样品数的 0.1%。有效锰的含量为 5～15 mg/kg 的样品有 558 个，占总样品数的 54.6%；含量为 15～30 mg/kg 的样品有 427 个，占 41.8%；大于 30 mg/kg 的样品有 33 个，占 3.23%。有效铜的含量多为 0.2～2.6 mg/kg，其中，含量为 0.2～1.0 mg/kg

的样品有 235 个，占总样品数(1021 个)23.0%；含量为 1.0～1.8 mg/kg 的样品有 513 个，占 50.2%；含量为 1.8～2.6 mg/kg 的样品有 201 个，占 19.7%；大于 2.6 mg/kg 的样品有 72 个，占 7.1%。有效锌含量小于 0.5 mg/kg 的样品有 16 个，占 1.6%，其他都集中分布在 0.5～4.0 mg/kg。有效硼含量小于 0.5 mg/kg 的样品仅有 15 个，占所测样品总数的 1.8%。有效钼较缺乏，小于 0.10 mg/kg 的样品就有 82 个，占所测样品总数(299 个)的 27.4%，主要分布在侯镇、洛城、田柳等地区。

五、果园土壤养分现状分析与评价

(一)果园土壤 pH

平均含量为 7.3，其标准偏差为 0.3，最大值为 7.6，最小值为 6.8，基本都能适宜果树的生长。

(二)有机质

检测 22 个样品，平均为 13.0 g/kg，其标准偏差为 2.6，最大值为 20.2 g/kg，最小值为 10.1 g/kg，其中大于 20 g/kg 的占样品总数的 4.5%。

(三)全氮

平均为 0.88 g/kg，标准偏差为 0.1，都集中分布在 0.5～1.5 mg/kg，占所测样品总数的 88.46%；小于 0.5 mg/kg 的仅占 7.69%。

(四)水解氮

平均为 81.6 mg/kg，标准偏差为 51.9，集中分布在 50～100 mg/kg 之间，占所测样品总数的 71.4%。

(五)有效磷

全市果园速效磷平均含量为 19.9 mg/kg，标准偏差为 6.8。

(六)有效钾

平均为 162.1 mg/kg，含量为 100～200 mg/kg 的占 86.4%，比较丰富。

(七)交换性钙、镁

交换性钙、镁：分别平均为 2882.2 mg/kg 和 369.1 mg/kg，标准偏差分别为 900.7 和 122.8，含量分布差别较大，但都在较丰富等级范围。

(八)有效铁、锰、铜、锌、硼、钼

分别平均为 31.9 mg/kg、18.83 mg/kg、2.10 mg/kg、1.84 mg/kg、1.18 mg/kg、0.18 mg/kg。分别属全国测土配方施肥土壤养分分级评价标准的 6、4、5、5、4、3 级，除有效钼局部果园缺乏外，其他基本不缺乏。

六、棉田土壤养分现状分析与评价

我市棉花种植主要分布在羊口镇，面积为 23 万亩。检测样品 79 个，其养分含量分布如下：

(一)土壤 pH

平均含量为 7.7，其标准偏差为 0.2，最大值为 8.1，最小值为 7.0，含量在 6.6～7.5 的有样品 18 个，占所测样品总数的 22.8%；含量在 7.6～8.5 的有样品 58 个，占所测样品总数的73.4%。

(二)有机质

检测样品79个,平均为10.1 g/kg,其标准偏差为2.3,最大值为22.9 g/kg,最小值为4.8 g/kg;总的情况偏低,其中小于10.0 g/kg的样品34个,占所测样品总数的40.0%,较缺乏。

(三)全氮

平均为0.66 g/kg,标准偏差为0.3。

(四)水解氮

平均为59.2 mg/kg,标准偏差为25.3,含量较低。

(五)有效磷

平均为13.6 mg/kg,小于10.0 mg/kg的样品21个,占所测样品总数的26.9%,较缺乏。

(六)有效钾

平均为160.2 mg/kg。

(七)交换性钙、镁:交换性钙、镁

分别平均为2904.44 mg/kg和298.45 mg/kg,含量均丰富。

(八)有效铁、锰、铜、锌、硼、钼

有效铁、锰、铜、锌、硼、钼:分别平均为20.10 mg/kg、14.10 mg/kg、1.84 mg/kg、1.18 mg/kg、1.24 mg/kg、0.14 mg/kg。分别属全国测土配方施肥土壤养分分级评价标准的5、3、4、4、4、2级,除有效钼局部地块缺乏外,其他基本不缺乏。

七、保护地蔬菜土壤养分现状分析与平价

寿光是中国蔬菜之乡,保护地蔬菜生产尤其是日光温室蔬菜生产发展早、规模大、效益高,而且生长期多数处在冬季寒冷季节,具有复种指数高、对肥料依赖性大等特点。为更好地分析、评价好保护地蔬菜土壤养分含量现状,我们在采用《全国测土配方施肥土壤养分分级标准》进行评价分析的基础上,结合寿光日光温室蔬菜生产的实际,制定了《寿光市保护地蔬菜土壤养分分级评价标准》(见附表3-3),并据此作相应评价,仅作参考。

附表3-3 寿光市保护地蔬菜土壤养分分级评价标准

项目	养分分级标准				
	1	2	3	4	5
土壤有机质	≤10	10~20	20~30	30~40	>40
土壤pH	≤5.5	5.6~6.5	6.5~7.5	7.5~8.5	>8.5
土壤水解氮	≤50	50~150	150~250	250~300	>300
土壤有效磷	≤50	50~70	70~120	120~150	>150
土壤速效钾	≤100	100~200	200~300	300~400	>400

（一）土壤 pH

平均含量为 6.7，其标准偏差为 0.3，最大值为 7.6，最小值为 5.4，其中小于 5.6 的仅占所检样品总数的 0.3%，不存在大棚蔬菜土壤酸化问题。

（二）土壤有机质

全市化验样品 888 个，平均为 18.4 g/kg，为全国测土配方施肥土壤养分分级评价标准三级水平，其标准偏差为 4.4，最大值为 45.6 g/kg，最小值为 3.2 g/kg；含量小于 6.0 g/kg 样品有 4 个，占样品总数的 0.45%；6.0～10.0 g/kg 的样品有 17 个，占样品总数的 1.9%；10.0～20.0 g/kg 的样品有 610 个，占样品总数的 68.7%；20.0～30.0 g/kg 属于四级水平的样品有 245 个，占样品总数的 22.6%。总的看来，寿光市菜田土壤有机质含量处于全国测土配方施肥土壤养分分级评价标准的较低三级水平，而且分布存在不平衡性。

按照寿光市保护地蔬菜土壤养分分级评价标准（简称寿光保护地分级标准）为 2 级水平。含量小于 10.0 g/kg 样品有 21 个，占样品总数的 2.4%；30.0～40.0 g/kg 属于四级水平的样品有 11 个，占样品总数的 1.2%；大于 40.0 g/kg 样品有 2 个，占样品总数的 0.2%。总的看来，寿光市保护地蔬菜土壤有机质含量处于较低的二级水平。

（三）全氮

全市化验蔬菜土壤样品 306 个，平均为 1.81 g/kg，标准偏差为 0.84；全国土壤养分分级评价标准 2 级，含量变化范围是 0.16～4.80 g/kg，变幅较大。

（四）土壤碱解氮

检测样品数 339 个，全市平均为 205.1 mg/kg，为寿光土壤养分分级评价标准 3 级，含量变幅是 27.7～503.0 mg/kg，标准偏差为 104.6 mg/kg。总的看来，全市大棚蔬菜土壤碱解氮属较高水平。其中，低于 50 mg/kg 的样品有 3 个，占样品总数的 0.88%；50～150 mg/kg 的样品有 127 个，占样品总数的 37.5%；150～250 mg/kg 的样品有 94 个，占样品总数的 27.7%；250～300 mg/kg 的样品有 48 个，占样品总数的 14.2%；大于 300 mg/kg 的样品有 67 个，占样品总数的 19.8%。

（五）土壤速效磷

化验土壤样品 887 个，全市速效磷平均含量为 111.1 mg/kg，标准偏差为 82.0 mg/kg，为寿光土壤养分分级评价标准 3 级，其中大于 150 mg/kg 属很丰富的样品有 189 个，占样品总数的 23.1%，含量为 150～120 mg/kg 属丰富水平的样品有 104 个，占样品总数的 11.7%；含量为 120～70 mg/kg 属较丰富水平的有 362 个，占样品总数的 40.8%，含量在 50～70 mg/kg 的有 120 个，占样品总数的 13.5%，含量在小于 50 mg/kg 的有 148 个，占样品总数的 16.7%，除个别新建大棚土壤速效磷含量较低外，大多数大棚土壤速效磷含量较高。

（六）土壤速效钾

全市大棚蔬菜土壤速效钾样品 888 个，平均含量为 335.7 mg/kg 变幅是 73～1477.9 mg/kg，标准偏差为 191.7 mg/kg，均衡性极差。其中含量为 400 mg/kg 以上属很丰富类型的样品有 232 个，占 26.1%；含量为 400～300 mg/kg 的样品属丰富类型的有 208 个，占样品总数的 23.4%；含量为 300～200 mg/kg 属较丰富的样品有 248 个，占 27.9%；含量为 200～100 mg/kg 的样品有 184 个，占 20.7%；小于 100 mg/kg 的样品有 16 个，占

1.8%。全市各镇平均值都达到了中等以上水平，个别乡镇还达到极丰富水平。

全市各镇平均值都达到了中等以上水平，个别乡镇还达到极丰富水平。

（七）土壤交换性钙、镁

分别平均为 2808.42 mg/kg 和 320.58 mg/kg，均属较丰富级别，从含量上看寿光市大棚蔬菜土壤不缺钙和镁。

（八）土壤有效铁、锰、铜、锌、硼、钼

土壤有效铁、锰、铜、锌、硼、钼：分别平均为 33.0 mg/kg、25.60 mg/kg、3.68 mg/kg、2.65 mg/kg、1.38 mg/kg、0.33 mg/kg。标准偏差分别为 11.8、13.3、2.7、2.1、0.6、0.8，属于分级标准 6、4、6、6、4、5 级水平，含量均丰富。

专题四　耕地培肥

根据耕地养分含量丰缺指标（见附表 3-2）可以看出，全市粮田有机质含量较高，有效养分含量处于中低等水平；蔬菜地有机质含量较低，有效养分含量处于中高等水平。

通过调查分析，实施秸秆还田，可以改善土壤理化性状，降低土壤容重，增加土壤有机质，起到培肥地力的良好作用。玉米秸秆还田 7500 kg/hm^2，平均有机质增加 0.5 g/kg，碱解氮增加 15 mg/kg，有效磷增加 1.4 mg/kg，速效钾增加 4.3 mg/kg，土壤容重降低 0.032g/cm^3，含水量增加 2.5%～5.5%。所以，采取有机培肥为重点，有机和无机相结合，合理耕作，发展灌溉等措施，是耕地培肥的基本途径。

一、有机培肥

培育高肥力土壤的中心问题，是增加土壤有机质的含量。通过调查，现阶段全市耕地的有机质含量较低。近年来，虽然有机肥施用量比以前有所增加，由于施用量不均衡等原因，致使土壤有机质含量增加不大，仍不能满足农作物需要。目前，全市发展高产、高效、优质农业，产业结构有了明显的变化。产业结构的改变和农作物产量的大幅度提高，对耕地的要求更高。针对这一问题，培肥耕地，应提倡有机和无机相结合的办法，增施有机肥，增加土壤有机质，培肥地力。

增施有机肥，提高有机肥的质量和数量。增施有机肥，是发展农业生产的传统经验，但随着农业地发展，目前在有机肥料的积制和施用方面，仍然存在忽视质量的现象，应该给予高度重视。2007 年全市 102 万人，大牲畜 1.62 万头、猪 6 万头、家禽 609.91 万只，可产生大量的排泄物，是很好的有机肥源。提高有机肥料的质量和数量，最根本的途径是进一步扩大有机肥源和倡导有机肥料的正确积制技术。

一是发展畜牧业，走养畜和肥田的路子。有条件的地方，应积极推广粮肥间作或轮作。

二是推广节柴灶，发展农村沼气，逐步解决农村能源，增加秸秆还田的数量。

三是杜绝粪尿与草木灰混积，单晒粪干等不科学的现象，积肥造肥与文明建设相结合，提高人畜粪尿的利用率。

四是充分利用塘泥杂草秸秆等有机物质，对大牲畜和猪圈，勤起勤垫，改变积肥中的“黄土搬家”不良做法。

二、合理施用化肥，协调土壤中氮、磷、钾的比例

随着化肥的大量施用，作物产量并不因化肥量的增加而相应提高，甚至某些高产地块出现增肥不增产的现象。施用化肥效益降低的主要原因：一是肥料结构不合理。除有机肥料质差量少外，化肥品种单一是重要因素。与肥力指标相比，化肥比例欠佳，直接影响了化肥的效益。据统计，粮田的 N ∶ P_2O_5 ∶ K_2O 为 1 ∶ 0.31 ∶ 2.28，与合理的养分含量比例 1 ∶ 0.4～0.5 ∶ 1 比较，表明土壤中磷素含量不足，钾较高。露天菜地的 N ∶ P_2O_5 ∶ K_2O为 1 ∶ 0.64 ∶ 1.65，，塑料大棚为 1 ∶ 0.57 ∶ 1.66，与多种蔬菜吸收 N ∶ P_2O_5 ∶ K_2O 比例 1 ∶ 0.34 ∶ 1.23 比较，蔬菜地中磷、钾含量较高。二是化肥用量增多，有机肥不足，诱发土壤缺少部分微量元素。四是在施肥技术上不能因地制宜。由此可见，科学施肥，提高肥料利用率，是搞好化学培肥的首要任务。

总的原则是：调整土壤速效养分含量和比例。立足土壤养分状况，因缺补缺，突出重点，协调施肥配比，改进施肥技术。据此，中低产田的土壤要增氮、增磷；对养分贫乏的低产地块，应以化肥起步，适当加大氮肥，特别是加大磷肥的投放量，以无机促有机；高产地块在稳氮增磷的基础上，应注意钾肥和微肥的施用。

同时，不同的土壤类型和作物种类也可直接影响着化肥的施用效果。如砂姜黑土、湿潮土容易缺磷，盐化潮土和褐土的锌元素较贫乏；玉米、小麦对锌，花生、棉花对硼均有较强的敏感性，施肥时应重视这些特征。

化肥的效益，既取决于上述施肥原则，又取决于科学的施肥方法。如化肥与有机肥堆制施用，碳铵全层深施，磷肥集中施，根外追肥等。

三、合理耕作

根据作物不同的生物学特点，进行合理的轮作。实践证明，只要采取逐年深耕和客土垫厚，并结合增施有机肥料，整平地面，科学浇水等措施，就能增厚活土层，加速土壤熟化，达到培肥地力的作用。

专题五　耕地资源的合理利用与开发

一、耕地改良利用分区

通过分析寿光市土地利用资源的特点，针对不同等级耕地地力存在的障碍因素，根据寿光市农业生产的地域性，将全市划分为五个改良区，即北部改盐、粮棉枣果多经区，中部粮菜果生产区，东南部瓜果菜生产区，西部韭菜、胡萝卜生产区，沿弥两岸果品蔬菜高效农业观光旅游区。改良利用分区是将障碍因素相近，改良措施相似，利用方向一致的耕地划为一起，并适当保持地域上连片，以便于统一规划，统筹安排。

二、各区范围、特点、改良措施及利用方向

(一)北部改盐、粮棉枣果多经区

本区包括羊口、营里镇以及台头、侯镇的北部地区,耕地面积为 11751.8 hm^2,占全市耕地的 32.9%,在地力分级类型中多属三、五级地,其次是一、二级地,少量四、六级地。土壤类型为潮土、盐土两大类,其中以冲积黑潮土和轻、中度盐化潮土为主,表层质地多为重壤、中壤。土层深厚,土壤肥力高,粮田养分平均有机质含量 13.1 g/kg,碱解氮 61 mg/kg,有效磷 16.8 mg/kg,速效钾 173 mg/kg;菜田养分有机质平均含量 12.2 g/kg,碱解氮 109 mg/kg,有效磷 68.9 mg/kg,速效钾 336 mg/kg,土壤养分中等偏上。地下水埋深 1~40m。主要障碍因素是干旱、黏、盐碱。

改良措施:

1. 完善水利设施,提高灌溉保证率。本区的地下水一般不能用于灌溉,可靠灌渠引客水进行灌溉,因此要开挖蓄水池,利用多雨季节积蓄淡水,以备晚秋及早春干旱用水。整平地面,大力推广滴灌、喷灌,防止大水灌溉,即可节约淡水,又可防止返盐。

2. 推广秸秆还田,改良土壤,培肥地力。本区系黑黏土,质地黏重,土壤颗粒细,黏粒含量高。只有不断地向土壤中补充新鲜有机物,才能增加土壤团粒结构,改善土壤理化性状。

3. 采取以砂压黏,向黏土中逐年掺砂,提高土壤孔隙度,改良表层的黏重质地。

4. 挖沟、修筑台田排盐;用淡水压碱,围堰蓄淡进行压盐;植树种草,减少蒸发,降低返盐;整平地面,增加播量,深播浅盖,中耕松土,躲避盐害,进行抑盐;增施有机肥料,广种绿肥,用绿肥改良盐碱地。

5. 实行科学种田。轮作换茬,粮肥轮作、间种、套种,增加有机肥源,用地与养地相结合,改良土壤的黏性及盐碱,培肥地力,种植耐盐作物及其合理施用氮、磷化肥。合理选择农作物品种,如棉花、小麦、大豆、油料作物等,充分发挥黏土的发老苗,不发小苗,有后劲等特点。

6. 科学施用化肥,走"有机培肥、无机补偿"的改土培肥途径。

利用方向:发展标准化生产基地。一是棉花生产基地,棉花每 667 m^2 平均年产值达 993.0 元,纯收益 733.93 元,小麦、玉米每 667 m^2 平均产值 680.42 元,纯收益 228.46 元,棉花收益是小麦、玉米的 3.2 倍,在保证粮食供给的前提下,适当扩大棉花种植面积,缩小小麦、玉米播种面积。二是耐盐碱水果及小枣生产基地,近几年小枣每 667 m^2 平均产值在 1483.64 元,是粮食产值的 2.2 倍,应下决心调整种植结构。

(二)中部粮菜果生产区

本区包括台头、侯镇南部、化龙、田柳、上口大部分。耕地面积约为 16333.5 公顷,占全区耕地总面积的 45.8%,在地力分级类型中主属一、二级地,其次三、四级地,很少五、六级地。土壤类型以潮土为主,褐土和砂姜黑土次之。土层深厚、土壤肥沃,粮田土壤有机质平均含量为 12.5 g/kg,碱解氮 57 mg/kg,有效磷 15.6 mg/kg,速效钾 106 mg/kg;蔬菜地土壤有机质平均含量为 9.8 g/kg,碱解氮 95 mg/kg,有效磷 47.8 mg/kg,速效钾 190 mg/kg,土壤养分中等。土壤质地以轻壤为主,松紧适中,适种各种作物,地下水丰富,潜水埋深 30~45m,水质好,水浇条件好。

改良措施是:

(1)完善水利设施,节水灌溉,采用畦灌、滴灌、喷灌等灌溉方式,发展节水农业。

(2)本区生产条件好、农作物产量高,因此一定要注意增施有机肥,培肥地力。同时要整平地面,实行片区生产,进一步发展机械化作业,提高生产效率。

(3)合理施用化肥,平衡土壤养分。本区的蔬菜地由于连年种菜,土壤养分较高,化肥用量应适当减少。

利用方向:随着传统农业向高产、高效、优质农业的转化,本区应适当调整瓜、菜、粮、果的种植比例。一是建立高标准商品粮基地,发展优质小麦、优质玉米,提高种粮的经济效益。二是发展蔬菜出口基地,该区地理位置优越,发展蔬菜出口基地潜力很大,如圆葱、芦笋、胡萝卜等出口基地均可发展。三是发展优质果品基地。本区比较适宜种植果园,像苹果、葡萄、梨、冬雪枣等,应加快发展速度,尽快形成规模,建成果品生产基地。

(三)东南部瓜果蔬菜生产区

本区包括洛城、稻田、圣城、古城、纪台、孙集大部以及文家东部。耕地面积约为5973.7 hm^2,占全市耕地总面积的16.7%,在地力分级类型中属四、五级地,少部分二级地,土壤类型主要是褐土和部分潮土。土壤砂性大,表层质地多为砂壤和部分轻壤。土壤蓄肥保水能力弱,粮田土壤有机质含量平均为10.5 g/kg,碱解氮50 mg/kg,有效磷20.8 mg/kg,速效钾113 mg/kg;蔬菜地土壤有机质含量平均为8.7 g/kg,碱解氮75 mg/kg,有效磷36 mg/kg,速效钾119 mg/kg,除有效磷稍高外,其他养分属中低等地力水平,地下水缺乏,潜水埋深在5～85 m,地势倾斜,水土流失严重。

专题六　寿光市蔬菜地地力调查、质量评价与施肥技术

目前,随着人民生活水平地提高,对农产品的质量和安全提出了更高的要求,蔬菜质量安全问题已经引起全国各级政府、各大媒体的高度重视和广泛关注,各地纷纷实行市场准入,市场竞争日趋激烈,蔬菜生产形势非常严峻。在这严峻的形势面前,如何正视现实,找出问题,加强检测,提高质量,确保我市蔬菜品牌长盛不衰是摆在我们面前的一个重大课题,广大消费者对营养价值高、口味好、无残留的蔬菜越来越受到青睐。近几年,全市积极调整种植业结构,大力推广"农业标准化",蔬菜生产现已成为一大支柱产业。同时也能看到,盲目施肥、乱用农药、不讲科学的生产方式,带来了耕地污染、品质染污等问题。为保障蔬菜品质安全,提高蔬菜竞争能力,适应WTO新形势,我们积极开展这次蔬菜地质量调查评价技术及应用研究,将为指导无公害蔬菜标准化生产,建立外贸出口生产基地提供科学依据,对提高菜农的生产水平,增加农民的经济效益,有着重要意义。

第一节　调查方法与内容

一、调查方法与内容

(一)野外样品采集

1. 前期准备

主要包括资料收集、技术培训、物资和设备购置等。

2. 布点

首先在 1∶10000 土地利用现状图上，对大棚蔬菜类型的菜田进行野外调绘，将目前蔬菜地现状绘到土地利用现状图上。然后将土种图与调绘好的土地利用现状图进行套合，形成评价单元。再按每个样点代表的面积数，分不同蔬菜品种布点。共选择在本市种植面积较大，具有一定特色的番茄、黄瓜、茄子、辣椒、西葫芦、甜瓜等蔬菜品种。同时主要参考土种类型、种植年限等因素。蔬菜地共布点 888 个。

3. 土样采集

采集人员由市农业局及各乡镇农技站技术人员共同组成，每乡镇 4～15 人。为了尽量避免施肥对样品的影响，统一在冬春保护地蔬菜收获后的 7 月份进行。选取具有代表性的一家农户，在同一棚内或田块采取土样，采样深度耕层 0～25 cm，采用 S 法、X 法或棋盘法，均匀随机采取 15～20 个采样点，充分混合后，用四分法留土 1 kg。一袋土样填写两张标签，内外各备一张，标签主要内容是：野外编号、采样深度、采样地点、采样时间、采样人等。采样工具用不锈钢土钻、木铲。

(二)野外资料调查

野外调查与取样同时进行，填写《采样点基本情况表》和《采样点农户调查表》两张表格。《基本情况表》主要填写：立地条件、土壤类型、农田基本建设、耕作管理和生产能力。《采样点农户调查表》主要填写：调查取样农户的作物面积、种植制度、当季与上季作物面积、产量、产值、成本、效益等情况。成本包括有机肥、化肥、农药、农膜、灌溉、种苗、人工等项目。

二、室内分析方法和分析项目

(一)测试项目

土壤有机质、土壤全氮、土壤水解性氮、土壤有效磷、土壤速效钾、土壤 pH、土壤交换性钙镁、土壤有效铁、锰、铜、锌、硼、钼、土壤质地、土壤容重、土壤含水量、土壤田间持水量、土壤阳离子交换量、土壤水溶性盐分、

(二)测试方法

项目	方法
土壤有机质	油浴加热重铬酸钾氧化容量法测定
土壤全氮	凯氏蒸馏法测定
土壤水解性氮	碱解扩散法测定
土壤有效磷	碳酸氢钠浸提-钼锑抗比色法测定
土壤缓效钾	硝酸提取-火焰光度计法测定
土壤速效钾	乙酸铵浸提-火焰光度计法测定
土壤交换性钙、镁	乙酸铵交换-原子吸收分光光度计法
土壤有效硫	磷酸盐-乙酸法测定
土壤有效铜、锌、铁、锰	DTPA 浸提-原子吸收分光光度计法或 ICP 法测定
土壤有效硼	姜黄素比色法测定
土壤有效钼	草酸-草酸铵浸提-极谱法测定
土壤质地	比重计法测定
土壤容重	环刀法测定

土壤含水量	烘干法测定
土壤田间持水量	环刀法测定
土壤 pH	土液比 1∶2.5,电位法测定
土壤交换酸	氯化钾交换-中和滴定法测定
土壤阳离子交换量	EDTA-乙酸铵盐交换法测定
土壤水溶性盐分总量	电导率法测定
氯离子	硝酸银滴定法测定
硫酸根离子	EDTA 间接滴定法测定
钙、镁离子	原子吸收分光光度计法测定

第二节　蔬菜生产历史及现状分析

一、蔬菜生产历史

(一)寿光蔬菜产业化的形成和发展

北魏时期的高阳太守贾思勰就诞生在寿光,他撰写的农学巨著《齐民要术》大部分篇幅是介绍蔬菜的品种、栽培和加工技术,说明寿光蔬菜种植历史悠久。经过历届市委、市政府和寿光人民的不懈探索和实践,寿光蔬菜产业的发展经过了五个发展阶段,树立了五个里程碑.

解放思想,调整结构,为寿光蔬菜的发展树立了第一个里程碑(1979～1984 年)。十一届三中全会后,全县普遍推行了家庭联产承包责任制,寿光农村全部实行了大包干,农民有了更大、更多的自主权。极大地调动了农民的生产积极性。农民开始迫切要求调整作物结构,甩开膀子,发展蔬菜生产。蔬菜播种面积由 1979 年的 5933.3 hm^2 增加到 1984 年的 12266.7 hm^2,增长了 1.1 倍。"解放思想,调整结构"是寿光蔬菜发展的第一个里程碑。

建市场,促流通,为寿光蔬菜的发展树立了第二个里程碑(1984～1989 年)。1983 年秋菜上市,因为流通不畅白白烂掉 5×10^7 kg,出现了"菜贱伤农"现象。给了当时决策者们以启示,抓生产必须抓流通,抓流通必须抓龙头。1984 年 3 月 1 日,寿光蔬菜批发市场在九巷村正式开业,此后经过 20 年的建设,逐渐发展为"设施先进、功能完备、品种齐全、货畅其流"的全国最大的蔬菜批发市场之一。目前,这里是全国最大的蔬菜集散中心、价格形成中心和信息交流中心。外地蔬菜现在占到 90%以上,市场常年上市 200 多个品种,辐射全国 20 多个省市、自治区,并出口日本、韩国、东南亚等 10 多个国家和地区,结束了寿光菜卖不出去的历史,"这里没有卖不了的菜,也没有买不到的菜"。

建大棚,促发展,为寿光蔬菜的发展树立了第三个里程碑(1989～1996 年)。1989 年,三元朱村党支部书记王乐义带领村民建起了 17 个大棚搞试验,并对当地传统种植方式进行了五项改革,研制成功了深冬生产不需要加温的冬暖式蔬菜大棚,创造了我国北方平原蔬菜越冬史上的奇迹,昂起了寿光蔬菜发展的第二个"龙头",并由此引发了我国农业保护地栽培的一场大革命。冬暖大棚降低了生产成本,提高了经济效益。首先是带动了蔬菜面积的不断扩大。二是带动了蔬菜品种结构调整。1989 年以前寿光蔬菜品种以大葱、白菜、韭菜、萝卜、胡萝卜、芹菜、菠菜等大路菜为主,以后则以大棚黄瓜、番茄、辣椒、茄子、西葫芦、菜豆、苦瓜、丝瓜、香椿等精细菜为主。三是带动了蔬菜产品质量的提高。四是带动了果、林、牧、渔、花卉产业的发展。如大棚果树、大棚花卉、大棚养鱼、大棚养鳖、大棚养蟹、大棚养猪、大棚养鸡等多种生产模式，相继开发并逐步推广开来。大棚养花，已成为花卉产业的主要生产模式。

抓科技，创绿色，为寿光蔬菜的发展树立了第四个里程碑(1996～2000 年)。寿光的蔬菜生产，从开始启动的第一天起，就紧紧地和科学技术融为一体，不断地有所改革，有所创新，有所发展。冬暖式大棚试验成功后，为加快农业现代化进程，三元朱村先后从中国农科院、山东农业大学等单位长期聘请专家教授进行新品种、新技术的试验。1996 年试验成功了集大棚滴灌、模板护墙、电动卷帘、钢架支撑、微机控制于一体的高标准大棚，并迅速推广到全国各地。1997 年开始进行绿色食品蔬菜的大面积开发，建成了以该村为基点，辐射周边村庄，占地 133.3 hm^2 的绿色食品开发园。并派人到日本、荷兰学习，先后引进了国内外 26 类 150 种名优新品种，试验推广了 20 多项新技术，使大棚产量翻了一番，效益增长近一倍。该村注册了“乐义”牌蔬菜商标，大力推行标准化生产，建设了有机质无土栽培大棚 133.3 hm^2。在北京、上海、济南、烟台等大中城市设立了“乐义”蔬菜专柜，产品远销到俄罗斯、蒙古、日本等国家和地区。伴随着三元朱村的实践，寿光农业产业化有了新发展。近年来，寿光在总结寿光市农业农村经济发展的经验，特别是蔬菜生产经验教训的基础上，确立了农业产业化发展思路。基本内容是：以国内外市场为导向，以提高经济效益为中心，对农业各支柱产业和产品，实行区域化布局、专业化生产、一体化经营、社会化服务、企业化管理，形成了市场牵龙头、龙头带基地、基地连农户、集种养加、产供销、贸工农、农科教为一体的“一条龙”经营机制，逐步实现农业生产的专业化、商品化和社会化。这一阶段全市先后建设了各类大型专业市场 30 多处，带动了农业主导产业的发展壮大，基本实现了一家一户分散经营的小生产与统一开放的大市场的有效衔接，推动了农村市场经济的迅速发展。

1997 年以后，全国菜篮子产品供大于求，形成买方市场，寿光蔬菜受到了市场竞争的冲击。这时，市委、市政府审时度势，果断地作出了“发展绿色食品，走向二次革命”的战略决策。1997 年 10 月，市里成立了绿色食品蔬菜生产指导办公室。1998 年 5 月，示范基地通过土、水、气和各种蔬菜品种检测化验，各项化验数据全部达标，获得了由中国绿色食品发展中心发给的绿色食品蔬菜名牌和证书，示范基地生产的各种蔬菜均可使用绿色食品标志。名牌和证书的获得，标志着寿光蔬菜第二次革命即“绿色革命”的开始，也成为寿光蔬菜发展树立的第四个里程碑。

提升会展水平，办好蔬菜博览会，为寿光蔬菜的发展树立了第五个里程碑(2000～今)。寿光市坚持“以菜为媒，经贸唱戏”的办会宗旨，精心组织，周密安排，把蔬菜博览会办成了展示国内外蔬菜优良品种、先进技术设备的盛会和招商引资、经贸洽谈的盛会，蔬菜博览会已成为一个响亮的会展品牌和体现寿光特色的一张独特名片，对推动寿光市农业及经济发展、加快农业产业化进程起到了巨大的促进作用，收到了很好的经济效益和社会效益，成为全市农业开放的窗口。

(二)实现六个转变，推动蔬菜产业发展

1. 实现由量到质的转变

经过近几年的发展，寿光蔬菜种植面积已发展到 56000 hm^2，无公害蔬菜种植面积达

43333.3 hm^2，蔬菜产业培植起了很大的规模。随着生活水平的提高，人们对食品的要求越来越高，已不仅仅满足于无公害食品。下一步，要加快蔬菜基地转化，实现由“无”到“绿”，由“无”到“有”，即由“无公害蔬菜基地”向“绿色蔬菜基地”转变，由“无公害蔬菜基地”向“有机蔬菜基地”转变，生产出满足人们需求的绿色、有机蔬菜产品。

2. 实现由单一生产基地到多功能(种子、种苗)生产基地的转变

寿光市 2005 年蔬菜种子总销量 60000 kg，其中进口 40000 kg，菜种用量 60%以上依赖进口。每年外国种子公司通过寿光在中国销售种子超过 6 亿元，辐射全国蔬菜面积 166666.7 hm^2以上，仅寿光菜农每年就要拿出 3 亿元购买国外种子。从寿光目前情况来看，国产种子与进口种子的比例为 4∶6。制种产业是蔬菜产业最尖端、最基础的环节，同时也是技术含量高、花费时间长、易于垄断的产业，“一颗种子可以改变世界”。1998 年以来，先后有世界第三大种子公司瑞士先正达公司、世界第五大蔬菜种子公司荷兰瑞克斯旺公司及以色列海泽拉优质种子公司、以色列尼瑞特种子公司、荷兰安莎种子集团、中荷合资纽内姆公司等 30 余家外国公司进驻寿光，寿光也因此成为跨国蔬菜种苗公司在中国的首选“淘金地”和“世界蔬菜种植联合国”，据估算每个外国公司每年的纯利润在 2000 万元以上，6 亿～7 亿元的资金流入了外商的腰包。下一步，依托中国农业大学寿光蔬菜研究院，加大具有自主知识产权的蔬菜良种开发力度，提高我市蔬菜产业的核心竞争力。目前，寿光蔬菜研究院已从中国农业大学、中国农科院等科研院所引进了包括番茄、甜(辣)椒、黄瓜、甜瓜、茄子等新育成品种(系)共计 135 个，长势良好，正在进行对比种植试验。

3. 实现由蔬菜流通中心向加工中心转变

加强对寿光蔬菜拍卖运行管理模式的研究，逐步实行拍卖会员制，参与拍卖的蔬菜要达到“质量等级化、重量标准化、包装规格化”，逐年加大拍卖交易的比重。由国家发改委重点扶持的项目、2005 年 4 月新开通的全国首家蔬菜网上交易市场——寿光蔬菜电子交易市场的交易品种已扩展到 15 个左右。大力推进天成食品、赛维科技等 40 家重点农业龙头企业发展，不断提高农产品附加值和出口创汇能力，实现由现在的蔬菜流通中心向全国蔬菜加工中心转变。

4. 实现蔬菜种植模式由分到统的转变

大力发展农民专业合作社，积极推广农业龙头企业带动式的天成食品模式、基地加农户式的稻田燎原模式、连锁式的东方誉源模式及洛城绿色食品基地统一产品收购销售、统一对农户管理控制的模式，田苑蔬菜有限公司技术服务到户、产品登记到户的协会式管理模式，实现种植模式由分散到统一的转变，提高蔬菜质量安全水平。

5. 实现由单一功能向多功能转变

目前，寿光种植农业已具有相当规模，下一步重点向休闲农业发展，以生态农业观光旅游为重点，加快“一会一带一村一园一湖”建设，即蔬菜博览会、弥河生态农业观光带、三元朱村、蔬菜高科技示范园、巨淀湖建设，充分整合旅游资源，提升旅游品牌效应，实现由单一的种植功能向休闲农业旅游方面发展。

6. 由引进技术品种到引进人才的转变

近年来，寿光市在引进技术品种的同时，也在加强人才的引进，但进展相对缓慢。下一步，依托中国农业大学寿光蔬菜研究院加强与国内外农业科研机构、大专院校和种子公

司的合作，建立健全人才引进优惠政策，引进蔬菜育种方面的专家教授，组建高层次种子研发队伍，吸引他们来寿光开展蔬菜种子研发工作，进一步整合全省蔬菜方面的人才资源。

二、蔬菜生产现状特点

全市蔬菜生产现状可具以下几个特点：

(一)蔬菜品种多

目前我市的蔬菜品种50多个，种植面积比较大的主栽品种有：番茄、黄瓜、茄子、辣椒，芸豆、豆角、胡萝卜、大白菜、韭菜、大葱、甜瓜等品种。引入瓜菜新、优、特品种30多个，如樱桃番茄、七彩椒等。

(二)区域生产规模化

附表 5-1　蔬菜品种分类面积

名称	面积(万亩)	栽培方式	名称	面积(万亩)	栽培方式	名称	面积(万亩)	栽培方式
黄瓜	12	大棚	豆类	3	大棚	甘蓝	1	露地
西红柿	14	大棚	芹菜	1	露地	香菜	1	大棚
胡萝卜	9	露地	白菜	1	露地	山药	1	露地
辣椒	7	大棚	菠菜	2	露地	香椿	0.5	大棚
茄子	8	大棚	大蒜	1	露地	土豆	1	露地
甜瓜	5	大棚	萝卜	1	露地	杂菜	2	大棚
韭菜	5	露地	菜花	1	露地	冬瓜	0.5	大棚
大葱	3	露地	大棚果	0.5	大棚			

全市形成了裴岭万亩胡萝卜、上口万亩脱毒山药、田马洋香瓜、古城西红柿、三元朱、欧亚特、洛城、燎原、农圣等十几个成方连片的优质瓜菜基地。

附表 5-2　各镇(街道办)蔬菜面积

单位	面积(万亩)	主要蔬菜种植品种
圣城街道办事	3.82	黄瓜、芸豆、西红柿
文家街道办	7.50	韭菜、黄瓜、西红柿
古城街道办	7.47	西红柿、辣椒
孙家集街道办	8.01	苦瓜、黄瓜、西红柿
洛城街道办	7.03	黄瓜、辣椒、西红柿、甜瓜、芹菜
化龙镇	10.47	茄子、胡萝卜、黄瓜
营里镇	3.20	大蒜

续表

单 位	面 积(万亩)	主要蔬菜种植品种
台头镇	2.70	黄瓜、辣椒、西红柿
田柳镇	3.0	黄瓜、辣椒、西红柿
上口镇	1.89	山药、丝瓜、辣椒
侯 镇	6.09	西红柿、辣椒、芥菜
纪台镇	10.5	茄子、辣椒
稻田镇	7.46	黄瓜、西红柿、香瓜、山药

(三)标准化生产无公害蔬菜

近年来,寿光市始终把推行农业标准化生产作为实现农民增收、农业增效的重要措施来抓,加强标准化生产基地建设和管理,强化科技宣传培训,严控农业生产资料市场准入,严格质量监控,培植龙头企业,搞活农产品市场流通,推动了我市蔬菜标准化的快速发展。

1. 加强基地规范化管理,打造农产品知名品牌

近年来,为保持寿光农产品市场竞争优势,不断加大投入,加强无公害农产品基地标准化、规范化管理,提高了寿光农产品的质量水平。一是高标准建设优质农产品生产基地。引导群众积极发展标准化生产。14 处镇(街道办事处)都建立了自己的标准化蔬菜生产示范基地。目前全市无公害蔬菜基地面积达到 40000 hm^2。二是加强基地规范化管理。在基地内要求实行统一技术培训、统一检测检疫、统一制度规范、统一包装标识等管理制度,尤其对优质蔬菜基地涉及的大棚和农户,都建立了标准化生产档案,从育苗、移栽、施肥、用药等环节实现了标准化生产。三是打造知名农产品品牌。积极引导农产品加工龙头企业、各类基地和示范区,搞好产地认定、产品认证和商标注册。目前,全市有 229 种农产品获得国家无公害农产品、绿色食品和有机食品认证,并有 120 多种涉农产品注册了商标,其中有 23 种国家优质农产品注册了商标,提高了寿光农产品的知名度和市场占有率。四是市政府与镇政府(街道办事处)、镇政府(街道办事处)与村、村与农户逐级签订了蔬菜质量安全责任书,出台了蔬菜标准化生产考核奖励办法,对蔬菜标准化生产进行严格考核,建立产品质量追溯体系,提高了基地管理水平。

2. 积极推广新技术、新成果,提高农产品科技含量

寿光市一直把农技推广抓在手上,通过农技推广中心这个平台,积极推广了农业新技术、新成果。一是依托优质蔬菜基地、各类农业示范区和协会,搞好农业新技术、新成果的引进、实验、示范。依托瑞士先正达、荷兰瑞克斯旺、以色列海泽拉等一批外资农业示范基地的带动作用和通过举办菜博会,架起了农民与农业高新技术、农产品与市场对接的桥梁,先后引进推广了大棚滴灌、无土栽培等 200 多项新技术和 400 多个农产品新品种,全市农业新技术、新品种覆盖率分别达到 95%和 98%。二是落实农产品生产标准规范。根据国内外市场需求,先后制定了无公害蔬菜标准化生产实施意见以及 60 多项用药、用肥的标准,依托各类示范基地,加强对群众的宣传和培训,指导群众科学施肥用药。大力推广了无土栽培蔬菜种植模式,对大多数老棚进行了高标准更新改造,有效防止了土传病害

浸染。三是广泛开展宣传培训。全市健全完善了以市培训中心为骨干，组织农技人员培训到镇到村。近年来，坚持技术人员逐村进行标准化生产技术培训，特别是去年，结合党员先进性教育，我们组织农技人员开展了"五下乡"活动，为农民送科技，通过当一天农民活动，了解了农民对科技知识的需求。同时，报社和电视台设立了寿光蔬菜专题节目，对广大农民广泛开展技术培训，广大干部群众的标准化生产知识水平和科技素质明显提高。

3. 加强质量监控，提升农产品品质档次

从产前、产中、产后各个环节加强优质农产品生产监控。全市健全完善了蔬菜质量检测化验网络。市农产品质量检测中心通过了省级计量认证，成为全省十大区域性农产品质量安全检测中心之一。在镇（街道）建设了14处农产品质量速测室，定期对辖区内的农产品进行检测监控。投入20多万元购置了农产品质量安全流动监测车，直接到田间地头检测。年检测蔬菜样品4.8万余个，检测农资样品1200余个，土壤样品900余个。对经检测超标严重的蔬菜及时提出整改措施，增强了广大干部群众的农业标准化生产意识。在农业部对全国"无公害食品行动计划"试点城市农产品质量抽检中，寿光市综合检测成绩始终名列前茅。

4. 搞好农资市场治理整顿，积极探索推行市场准入制

每年农业、工商、质监等执法部门对辖区内农药肥料使用和经营情况进行多次专项整顿。农业、工商、质监等部门还联合与农资经营业户签订了《农药经营管理责任状》，推行了农资产品市场准入制度，有100多家农资生产经营单位的729个产品（其中农药207个，肥料192个，种子330个）办理了准入登记，多个产品因质量问题被拒绝进入寿光市场。在中南部蔬菜产区禁销剧毒农药，在北部棉区实行定点销售。组建了农资协会和140家农资连锁超市，严把生资质量关，为推行农业标准化生产创造了良好环境。

5. 搞活龙头企业运作机制，大力开拓国内外市场

近几年来，农业龙头企业发展迅速，由2002年的156家发展到现在的378家，目前全市有国家级龙头企业1家，省级龙头企业8家，潍坊市级以上龙头企业43家，龙头企业的发展对蔬菜的加工和流通起到了较大的带动作用。一是引导企业积极推行"龙头企业加基地联农户"的产业化经营模式，推广优质农产品产地标识销售，按企业和市场要求发展定单、合同种植，提高了农产品产出效益。二是完善农产品市场网络。在加强寿光蔬菜批发市场建设的同时，在8处重点镇建设了10个农产品专业批发市场，全市农贸批发市场发展到26处，中介组织1.7万个，搞活了农产品流通。三是大力开展农产品直供直销业务。先后开通了寿光到北京、寿光到哈尔滨等部分大中城市的"绿色通道"，在全国20多个大中城市商场设立专柜，并与北京、哈尔滨、济南等大中城市蔬菜批发市场和国家机关、大型企业合作，开展了直供直销，建立了连锁店，产品销往全国30个省、自治区、直辖市和10多个国家、地区。

第三节　蔬菜施肥存在的问题

一、过量施用化肥

近几年来，由于大棚蔬菜是一项高投入、高产出、高效益的产业，各地蔬菜大棚和日光温室发展很快。大棚蔬菜生产可终年种植，土壤的利用效率高，为了使蔬菜高产，人们往

往大量施用化肥，尤其是氮肥。在“施肥越多越增产”观念的误导下，对化肥施用量不计成本，通常每公顷肥料投资多在15000元以上，盲目投肥的现象普遍存在，化肥投入量远远超过了作物需要量。

大棚蔬菜由于光照条件不足，气温偏低，病虫害较重等客观因素，对蔬菜生长有一定的不良影响，因此人们为了促进蔬菜生长，施肥量一般比露地栽培的蔬菜适当多一些是可以理解的。但是实际施肥情况却超过蔬菜养分需要量的很多倍。这一做法虽能获得蔬菜高产和一定的经济效益，但必然导致养分损失、资源浪费和环境恶化的后果。

过量的养分投入不仅浪费资源，而且降低产品的品质，既增加投入成本，降低菜农的经济收益，也容易造成土壤环境质量下降，削弱菜田土壤的宜种性。多年连作的菜地，由于大量施肥，会出现植株滞长、矮小，根系发育不良，落花落果，产量和品质明显下降的现象，施肥越多这种症状越严重。过量施肥会造成土壤盐分浓度过高以及土壤酸化，这是造成作物生长不良的主要原因。

大量施肥不仅造成肥料的浪费而且还会影响到蔬菜的品质。同时过量施肥也常导致一些蔬菜病虫害和生理性病变的发生。追施氮肥还会使芽菜的口感变差，苦味增加。

二、氮、磷、钾养分比例失衡

所谓氮磷钾养分比例失衡是指所施肥料中氮磷钾养分比例不适合作物要求，也未能起到调节土壤养分状况的作用，而造成的比例失衡现象。正是因为土壤中养分比例不平衡难以满足作物的需要，所以才需要通过合理施肥来协调养分比例，使之达到相对平衡，满足作物营养需求，进而达到高产、优质、高效的目的。

由于保护地蔬菜生长快，生长所需的养分主要由肥料特别是化肥供应。所以，要求施用化肥的比例要和作物的需求比例相近。而调查结果中，大棚蔬菜施用的氮磷钾比例与作物需要的氮磷钾比例有较大差距，大棚番茄吸收的氮(N)、磷(P_2O_5)、钾(K_2O)分别占35%、11%、54%，而施用的氮(N)、磷(P_2O_5)、钾(K_2O)为37%、38%、25%；大棚黄瓜吸收的氮(N)、磷(P_2O_5)、钾(K_2O)分别占36%，17%，47%，而施用的氮(N)、磷(P_2O_5)、钾(K_2O)为34%、48%、18%。对保护地蔬菜养分投入情况调查表明，保护地蔬菜氮素平均投入量为725 kg/hm^2(N)，磷素投入量为500.2 kg/hm^2(P_2O_5)，钾素投入量为500.2 kg/hm^2(K_2O)，养分投入比例平均为1∶0.69∶0.36。养分的投入比例与蔬菜的吸收比例相差很大，磷素比例远大于蔬菜的吸收比例，而钾素比例远低于吸收比例。磷和氮素大量积累，相对而言势必会导致蔬菜生长中其他中、微量元素的缺乏，因而会导致蔬菜生长障碍。

在保护地蔬菜生产中，养分投入比例失调也导致蔬菜易发生病害。土壤中磷的大量累积能造成植物缺Zn、Mn、Fe、Ca等，引起生理性病害。缺钾是影响蔬菜外观品质和风味的重要因素之一。钾肥施用可以明显提高果实的整齐度，施用钾肥也能明显降低发病率，增强蔬菜的储藏性。

三、肥料品种选择不合理和施肥方法不当

肥料品种选择不合理和施肥方法不当，其主要表现在：

（一）施用挥发性强的氮肥品种

调查发现，部分菜农在大棚中施用挥发性强的碳酸氢铵，又不及时覆土，因此造成氨的挥发损失。少数大棚由于氨浓度过高对蔬菜叶片出现了一定程度的损伤。

（二）复合肥料施用不合理，肥料品种单一

在种植比例较大的蔬菜（如黄瓜、番茄、辣椒和西葫芦）中复合肥料（15-15-15）和磷酸二铵使用比例很大，其中复合肥与单质肥比例为：氮（N）为 59.2：40.8；磷（P_2O_5）为 75.5：24.5；钾（K_2O）为 71.1：28.9。更为严重的是复合肥作追肥的比例较大，从而造成盲目施肥和磷钾资源的浪费；

（三）氮素大量淋失

蔬菜追肥基本上是采用随水追肥的方式；在大量施用氮肥的情况下，铵态氮肥虽能被土壤胶体吸附，但吸附量有限，大量的铵离子将进行硝化作用，迅速转化成硝态氮而随水下移，到达根系难以吸收的深度；硝态氮肥则由于土壤胶体不能吸附而极易随水大量淋失，进入地下水，既造成养分损失又污染地下水源。

（四）有机肥施用不合理

施用有机肥是我国蔬菜生产中的一个重要措施。已有的研究表明，合理施用有机肥可以改善蔬菜品质，降低蔬菜硝酸盐含量。保护地猪厩肥和鸡粪的施用量高达 150000 kg/hm^2 以上。然而，许多研究表明，长期大量的施用有机肥会影响土壤的理化性质，严重时导致一系列不良后果，如土壤盐分累积，影响作物生长。而且过量投入有机肥也存在硝酸盐在蔬菜体内累积和从土体中向下淋洗的危险。过量施用被重金属污染的城市垃圾等有机肥料还会造成土壤和蔬菜重金属污染。

（五）土壤出现次生盐渍化

菜田中施肥灌水量大，大量盐基离子未被作物吸收而残留在土壤耕层中，增加了土壤的含盐量，其中保护地是一个封闭或半封闭的系统，缺少降雨，而且灌溉水深度也仅限于耕层，土壤水分无法将多余的盐分的淋洗出根层，大量盐分累积于土表，导致土壤次生盐渍化。

设施栽培为一年多季种植，年灌水量达 22500 m^3/hm^2 以上，是一般农田的 3 倍左右，在无排水条件区域，致使地下水水位升高，在土壤次生盐化临界埋藏深度以内，从而加速了土壤的返盐。盐分在土壤表层的聚集抑制土壤微生物的活性，使土壤养分转化受到影响，造成蔬菜生长不良。与粮食作物相比，大部分蔬菜的根系分布很浅，蔬菜对肥料的依赖程度比其他作物高，尤其是反季节栽培的保护地蔬菜，低温季节根系发育缓慢，对水肥吸收能力弱，存在着高产但生长环境不适宜的矛盾。菜农为追求高产和争取更多的经济收益，在生产中往往投入大量养分和进行大水漫灌，使菜田土壤养分大量累积，尤其是种植时间较长的老菜地。

（六）硝酸盐累积及淋洗

由硝酸盐的淋洗而造成的地下水污染，已经成为一个备受关注的问题。许多调查研究表明，蔬菜生产中氮肥的过量施用和频繁大量的灌水是导致硝酸盐向地下水中的淋洗，造成地下水污染的主要原因之一。由于饮用水中的硝酸盐是人体从外界摄入硝酸盐的另一个主要来源，因此不合理的灌溉施肥对人体健康和生态环境都构成严重的威胁。

地下水硝酸盐污染与蔬菜生产中的频繁大量灌水密切相关，因为水分是硝态氮在土壤中运移的重要载体。在水分供应有限的条件下，大部分氮素都集中在土壤表层，当灌溉量或降水量超过土壤田间持水量时，未来得及被作物吸收利用的硝态氮就会随水分下移而逐渐淋出有效根区范围，进一步被淋洗而污染地下水，尤其是在轻质地土壤上这种硝酸盐淋失状况更为严重，这也是氮素损失的主要途径之一。

保护地蔬菜生产中，土壤的基础肥力普遍都很高，作物对氮素的吸收利用效率低，导致收获后的根层土壤中残留大量氮素。这些氮素在下一茬蔬菜生长中仍可被有效利用，而超出根系有效吸收范围的这部分根层中的氮素则因频繁的灌溉进一步淋洗渗入更深的土层中，造成实际上的氮素损失。

蔬菜耗水需肥量大，在实际生产过程中，传统方式是施入肥料后，进行大水漫灌，将根层中原有的大量硝态氮淋洗掉，等到下一次施肥后灌溉时，又将上一次转化的硝态氮淋洗掉，如此反复，根层中养分含量始终不高，为保证作物的生长需求，农民又大量投入氮肥。因此，菜田土壤中过量灌溉是造成根区养分的淋失，增加养分投入的主要原因。

（七）磷肥过量对水体的威胁

保护地蔬菜中长期过量的施用磷肥，造成表层土壤中磷的大量富积。

第四节　保护地蔬菜土壤养分现状分析与评价

寿光是中国蔬菜之乡，保护地蔬菜生产尤其是日光温室蔬菜生产发展早、规模大、效益高，而且生长期多数处在冬季寒冷季节，具有复种指数高、对肥料依赖性大等特点。为更好地分析、评价好保护地蔬菜土壤养分含量现状，我们在采用《全国测土配方施肥土壤养分分级标准》进行评价分析的基础上，结合寿光日光温室蔬菜生产的实际，制定了《寿光市保护地蔬菜土壤养分分级评价标准》（见附表 5-3），并据此作相应评价，仅作参考。

附表 5-3　寿光市保护地蔬菜土壤养分分级评价标准

项目	养分分级标准				
	1	2	3	4	5
土壤有机质	≤10	10～20	20～30	30～40	>40
土壤 pH	≤5.5	5.6～6.5	6.5～7.5	7.5～8.5	>8.5
土壤水解氮	≤50	50～150	150～250	250～300	>300
土壤有效磷	≤50	50～70	70～120	120～150	>150
土壤速效钾	≤100	100～200	200～300	300～400	>400

一、土壤 pH

平均含量为 6.7，其标准偏差为 0.3，最大值为 7.6，最小值为 5.4，其中小于 5.6 的仅占所检样品总数的 0.3%，不存在大棚蔬菜土壤酸化问题。

二、土壤有机质

全市化验样品 888 个，平均为 18.4 g/kg，为全国测土配方施肥土壤养分分级评价标准三级水平，其标准偏差为4.4，最大值为45.6 g/kg，最小值为3.2 g/kg；含量小于6.0 g/kg样品有4个，占样品总数的0.45%；6.0～10.0 g/kg样品有17个，占样品总数的1.9%；10.0～20.0 g/kg的样品有610个，占样品总数的68.7%；20.0～30.0 g/kg属于四级水平的样品有245个，占样品总数的22.6%。总的看来，寿光市粮田土壤有机质含量处于全国测土配方施肥土壤养分分级评价标准的较低三级水平，而且分布存在不平衡性。

按照寿光市保护地蔬菜土壤养分分级评价标准(简称寿光保护地分级标准)为2级水平。含量小于10.0 g/kg的样品有21个，占样品总数的2.4%；在30.0～40.0 g/kg属于四级水平的样品有11个，占样品总数的1.2%。大于40.0 g/kg的样品有2个，占样品总数的0.2%。总的看来，寿光市保护地蔬菜土壤有机质含量处于较低的二级水平。

三、全氮

全市化验蔬菜土壤样品306个，平均为1.81 g/kg，标准偏差为0.84；全国土壤养分分级评价标准2级，含量变化范围是0.16～4.80 g/kg，变幅较大。

四、土壤碱解氮

检测样品数339个，全市平均为205.1 mg/kg，为寿光土壤养分分级评价标准3级，含量变幅是27.7～503.0 mg/kg，标准偏差为104.6 mg/kg。总的看来，全市大棚蔬菜土壤碱解氮属较高水平。其中，低于50 mg/kg的样品有3个，占样品总数的0.88%；50～150 mg/kg的样品有127个，占样品总数的37.5%；150～250 mg/kg的样品有94个，占样品总数的27.7%；250～300 mg/kg的样品有48个，占样品总数的14.2%；大于300 mg/kg的样品有67个，占样品总数的19.8%。

五、土壤速效磷

化验土壤样品887个，全市速效磷平均含量为111.1 mg/kg，标准偏差为82.0 mg/kg，为寿光土壤养分分级评价标准3级，其中大于150 mg/kg属于很丰富的样品有189个，占样品总数的23.1%，含量为150～120 mg/kg属于丰富水平的样品有104个，占样品总数的11.7%；含量为120～70 mg/kg属较丰富水平的有362个，占样品总数的40.8%；含量为50～70 mg/kg的有120个，占样品总数的13.5%；含量小于50 mg/kg的有148个，占样品总数的16.7%。除个别新建大棚土壤速效磷含量较低外，大多数大棚土壤速效磷含量较高。

六、土壤速效钾

全市大棚蔬菜土壤速效钾样品888个，平均含量为335.7 mg/kg变幅是73～1477.9 mg/kg，标准偏差为191.7 mg/kg，均衡性极差。其中含量400 mg/kg以上属很丰富类型的样品有232个，占26.1%；含量为400～300 mg/kg的样品，属丰富类型的有208个，占样品总数的23.4%；含量为300～200 mg/kg属较丰富的样品有248个，占27.9%；含量为200～100 mg/kg的样品有184个，占20.7%；小于100 mg/kg的样品有16个，占1.8%。全市各镇平均值都达到了中等以上水平，个别乡镇还达到极丰富水平。

全市各镇平均值都达到了中等以上水平，个别乡镇还达到极丰富水平。

七、土壤交换性钙、镁

土壤交换性钙、镁分别平均为 2808.42 mg/kg 和 320.58 mg/kg，均属较丰富级别，寿光市大棚蔬菜土壤不缺钙和镁。

八、土壤有效铁、锰、铜、锌、硼、钼

土壤有效铁、锰、铜、锌、硼、钼分别平均为 33.0 mg/kg、25.60 mg/kg、3.68 mg/kg、2.65 mg/kg、1.38 mg/kg、0.33 mg/kg。标准偏差分别为 11.8、13.3、2.7、2.1、0.6、0.8，属于分级标准 6、4、6、6、4、5 级水平，含量均丰富。

第五节　蔬菜地地力状况分析

按照农业部耕地质量调查和评价的规程及相关标准，结合当地实际情况，选取了对耕地地力影响较大，区域内变异明显，在时间序列上具有相对稳定性，与农业生产有密切关系的 11 个因素，建立评价指标体系。以土壤图与土地利用现状图叠加形成评价单元，应用模糊综合评判方法，通过综合分析，将全区耕地共划分为 6 个等级，蔬菜主要分布在 1～4 级地上。

一、一级地

(一)面积与分布

一级地综合评级指数大于 0.996，耕地面积为 17664.53 hm^2，占耕地总面积的 20.48%。其中蔬菜地 2100.14 hm^2，占一级地面积的 11.89%(见附表 5-4)。

一级地主要分布于稻田镇、纪台镇、圣城街道办事处、文家街道办事处、洛城街道办事处和化龙镇。此外，上口镇和古城街道办事处也有零星分布。其中稻田镇中一级地面积最大，占一级地总面积的 37%。

附表 5-4　　蔬菜地一级地面积及所占比例

利用类型	评价单元(个)	面积(hm^2)	占耕地总面积(%)	占一级地面积(%)
蔬菜地	317	2100.14	2.43	11.88904

(二)主要属性分析

本级地主要土壤类型有潮土、褐化潮土、冲积褐土和冲积黑潮土，母质主要是洪冲积物，土体构型为均壤质、厚黏心。表层质地为轻壤和中壤。耕层厚度平均为 23 cm。地貌类型主要由河流冲积平原。常年降雨量平均为 519 mm，灌溉能力主要为充分满足和基本满足。灌溉方式主要为沟灌和漫灌，能灌能排，土壤肥沃，保肥、保水性能好，质地适中，地势平坦，土层深厚，无不良层次，生产上基本没有限制因素。土壤养分除有效硼略低之外，其余养分都比较理想(见附表 5-5)。

附表 5-5　　一级地主要养分含量

项目	有机质(g/kg)	有效磷(mg/kg)	速效钾(mg/kg)	有效锌(mg/kg)	有效硼(mg/kg)
平均值	17.94	105.71	322.75	2.73	0.97

续表

项目	有机质(g/kg)	有效磷(mg/kg)	速效钾(mg/kg)	有效锌(mg/kg)	有效硼(mg/kg)
范围值	11.7～29.8	39.5～299.9	155～850	1.01～11.16	0.02～2.48
含量水平	较高	丰富	丰富	丰富	中等

二、二级地

(一)面积与分布

二级地综合评价指数为0.934～0.966，耕地面积为14467.52 hm^2，占全市耕地总面积16.77%。其中菜地1077.77 hm^2，占二级耕地面积的7.45%(见附表5-6)。

二级耕地主要分布在洛城街道办事处、孙家集街道办事处、化龙镇、稻田镇和纪台镇。古城街道办事处、文家街道办事处、圣城街道办事处、上口镇分布面积也较大，其他乡镇也有零星分布。其中以洛城街道办事处分布面积最大，为4614.78 hm^2，占二级耕地的31.9%，占洛城街道办事处耕地面积的51.58%。

附表5-6　蔬菜地二级地面积及所占比例

利用类型	评价单元(个)	面积(hm^2)	占耕地总面积(%)	占二级地面积(%)
蔬菜地	161	1077.77	1.2	7.45

(二)主要属性分析

二级地主要土壤类型有冲积褐土、褐化潮土、潮土、冲积黑潮土，成土母质主要为洪积物。土体构型为均壤质、厚黏心。表层质地为轻壤和中壤，耕层厚度平均为23 cm，没有盐渍化现象。大体与一级地相类似，但是此类型土壤相对面积比一级地少。灌溉方式以漫灌为主，沟灌为辅，灌溉保证率为80%。土壤养分除有机质和有效硼略低外其他养分含量丰富(见附表5-7)。

附表5-7　二级地主要养分含量

项目	有机质(g/kg)	有效磷(mg/kg)	速效钾(mg/kg)	有效锌(mg/kg)	有效硼(mg/kg)
平均值	15.99	68.39	246.59	2.08	0.88
范围值	8.3～27.29	16.7～563.4	92～838	0.19～8.77	0.01～3.21
含量水平	中等	中偏上	中偏上	丰富	中等

三、三级地

(一)面积与分布

三级地综合评价指数为0.894～0.934，耕地面积为14957.49 hm^2，占全市耕地总面积的17.34%。其中蔬菜地1159.28 hm^2，占三级耕地面积的7.75%(见附表5-8)。

三级耕地主要分布在洛城街道办事处、田柳镇、古城街道办事处、化龙镇、孙家集街道办事处的大部地区及上口镇、文家街道办事处和侯镇等地区，其他乡镇也有零星分布。

附表 5-8 蔬菜地三级地面积及所占比例

利用类型	评价单元(个)	面积(hm^2)	占耕地总面积(%)	占三级地面积(%)
蔬菜地	142	1159.28	1.34	7.75

(二)主要属性分析

三级地自然条件较好,地势平坦宽阔,主要土壤类型为褐化潮土、冲积黑潮土、潮土等,母质为洪积物。土体构型为均质壤、厚黏腰、厚黏心。表层质地为轻壤、中壤、有小部分为重壤。有效土层深厚,耕层厚度为 20～30 cm。灌溉能力为充分满足部分地区基本满足,灌溉方式以漫灌和沟灌为主,灌溉保证率为 80%。土壤养分除有效磷偏低外,其余养分都为中等偏上(见附表 5-9)。

附表 5-9 三级地主要养分含量

项目	有机质 (g/kg)	有效磷 (mg/kg)	速效钾 (mg/kg)	有效锌 (mg/kg)	有效硼 (mg/kg)
平均值	14.93	48.42	205.49	1.89	0.88
范围值	7.6 ～ 24.29	8.3 ～ 318.5	64 ～ 662	0.52 ～ 10.66	0.01 ～ 3.38
含量水平	中偏下	中偏下	中偏上	中偏上	中等

四、四级地

(一)面积与分布

四级地,综合评价指数为 0.858～0.894,耕地面积为 13436.12 hm^2,占全市耕地总面积的 15.58%。其中蔬菜地 352.38 hm^2,占四级耕地面积的 2.62%(见附表 5-10)。

四级地主要分布台头镇、田柳镇、侯镇、古城街道办事处、上口镇和营里镇,另外文家街道办事处、洛城街道办事处、化龙镇和羊口镇有点片分布。

附表 5-10 蔬菜地四级地面积及所占比例

利用类型	评价单元(个)	面积(hm^2)	占耕地总面积(%)	占四级地面积(%)
蔬菜地	44	352.38	0.41	2.62

(二)主要属性分析

四级地主要土壤类型主要有冲积黑潮土、潮土、褐化潮土等,与前几等级耕地相比其中还增加了滨海潮盐土、滨海潮土等,成土母质为洪积物。土体构型为均壤质为主,表层质地为轻壤、中壤、重壤,还有少量砂土,部分土壤轻度盐渍化,灌溉保证率为 60%,少部分地区障碍层次为灌溉改良型和盐碱耕地型。耕层厚度平均为 24 cm。土壤养分含量中等偏下,其中有机质、有效磷含量稍低(见附表 5-11)。

附表 5-11 四级地主要养分含量

项目	有机质 (g/kg)	有效磷 (mg/kg)	速效钾 (mg/kg)	有效锌 (mg/kg)	有效硼 (mg/kg)
平均值	12.83	22.58	154.06	1.35	0.83
范围值	8.5 ～ 19.6	9 ～ 87.09	43 ～ 384	0.78 ～ 6.11	0.02 ～ 1.67
含量水平	中偏下	中偏下	中等	中偏下	中等

第六节 蔬菜地合理利用建议

通过对有关数据的处理和分析，基本摸清了当前蔬菜生产的成本构成中化肥、农药的施用量及品种比例，蔬菜地理化性状，土壤及水污染状况，为今后蔬菜生产基地建设、搞好绿色蔬菜生产及无公害蔬菜生产提供了依据。为了更好地搞好蔬菜标准化生产，对蔬菜地的合理利用提出几点建议：

一、合理布局，深化农业结构调整

蔬菜地生产的发展思路应是：稳定现有面积，开发潜力资源，提高质量，为蔬菜的再加工奠定基础。扩大出口，增加创汇，以质量求生存，以质量谋发展。目前工作的重心应是调整种植业结构，在原有的基础上，不断推陈出新，增加名、特、稀、优品种的引进和种植试点，执行标准化生产操作规程，确保产品达到绿色食品标准，并开发有机食品的生产。

二、搞好测土配方施肥，改善和提高土壤品质

搞好测土配方施肥，合理配置各种养分比例，根据 30 种蔬菜 1000 kg 产量吸收 N∶P_2O_5∶K_2O 为 1∶0.34∶1.23 的情况来衡量，当前蔬菜生产中 N∶P_2O_5∶K_2O 为 1∶0.99∶0.80，磷多而钾少。一般地力环境下，每公顷合理施肥量为有机肥 45000～60000 kg，纯氮 450～600 kg，P_2O_5 为 225～300 kg，K_2O 为 375～5250 kg，$ZnSO_4$ 为 22.5 kg，硼砂为 15～30 kg。三种设施类型中现均以鸡鸭粪为主，由于其碳氮比较小，养分供应快，不利于土壤有机质的积累，故应搞好积肥造肥，增施优质农家肥，并实施秸秆还田，增加作物秸秆的施用量，使有机质含量稳步提高。

三、推行标准化生产，建立集约化生产基地

全市目前蔬菜地生产的现状是分散经营模式，产品的质量便得不到有效保证。由于经营管理体制不同，产品质量也有好有差。解决这一问题的有效方法是建设适度规模的生产基地，建立集约化经营的无公害蔬菜生产基地，以出口企业为龙头，实行标准化生产，完善统一供种、统一防治病虫害、统一供应药物、统一收获、统一加工的“五统一”，以确保产品无公害或达到绿色产品标准。

实行标准化生产，首先应制定和完善各种作物生产的质量标准和生产技术规程，使农民在生产过程中有标准衡量，操作过程有据可依。其二加大宣传培训力度，使广大农民了解标准，自觉执行标准。三是积极推行市场准入制，实行优质优价，鼓励农民自觉生产优

质产品。同时还要完善监测机构,随时对农资、农产品进行抽样监测,淘汰不合格的产品进入优质产品行列,达到净化农资市场、农产品市场的目的。

第七节 蔬菜测土配方施肥技术

一、环境条件对蔬菜的需肥影响及吸收养分特性

科学施肥是提高蔬菜产量和改善品质的重要技术措施,而科学施肥必须根据蔬菜营养特性、土壤供肥能力、肥料特性及气候条件等因素进行,即常说的测土配方施肥。测土配方施肥应遵循养分归还学说、最小养分律、报酬递减律等进行,才能使肥料发挥最大的增产效果。

(一)土壤条件对蔬菜吸收养分的影响

1. 土壤温度

温度一方面能促进土壤有机质的矿化,供给蔬菜养分;另一方面也能促进蔬菜的新陈代谢,增强蔬菜的呼吸,有利于蔬菜对养分的吸收。温度过低过高,对蔬菜生长均有不良影响。在一定的温度范围内,蔬菜根部吸收养分随土壤温度的提高而加快,这是因为适温有利于蔬菜根系生长发育和土壤中养分的转化与移动。在低温时蔬菜容易出现缺磷,应注意磷肥使用。

2. 土壤通气性

土壤通气好坏直接影响到蔬菜根部生长与养分吸收。蔬菜根系的正常生命活动,要求土壤空气中含氧(O_2)量大于10%,当含氧量低于10%时,生长量就急剧下降,养分吸收也受到影响。

土壤空气中含氧量不足对养分吸收的影响因营养元素而异,其影响大小的顺序为:钾>钙>镁>氮>磷。因此,当土壤通气不良时,容易出现缺钾症状,应重视钾肥使用。

3. 土壤酸碱度

不同品种的蔬菜对土壤酸碱度要求差别较大,多数蔬菜适宜在微酸至中性土壤,豆科蔬菜、大白菜等不适宜酸性土壤,土壤偏酸容易发生根肿病。在碱性土壤上,马铃薯容易发生疮痂病。调节蔬菜生长的适宜土壤环境是蔬菜正常生长发育最基本的要求,酸性土壤应施石灰,碱性土壤或石灰性土壤需施石膏或硫黄加以改良。

土壤酸碱度不仅影响蔬菜生长,还影响土壤微生物活性及土壤养分。土壤中有效氮以中性时含量最多。磷在pH5.0~6.5时含量为高,pH大于7.0或低于5.0时,土壤中磷就会与钙、铁、铝离子结合形成磷酸钙或磷酸铁、铝的沉淀,使磷的有效性降低。钙、镁的含量在pH6.0以上时增高,硫在酸性条件下常感不足。微量元素铁、锰、锌、铜则以酸性土壤居多。钼在酸性条件下有效性低,硼在pH4.5~6.7时有效性最高。

4. 土壤水分

呈溶性状态的养分才能通过质流或扩散到蔬菜根系表面为蔬菜吸收,水分不足会影响土壤中养分的扩散速率。但土壤水分过多,容易引起养分流失。土壤含水量为田间持水量60%~80%时,蔬菜根系可正常生长,养分的吸收也可顺利地进行。

(二)蔬菜根系对养分的吸收特点

蔬菜根系能够吸收K^+、Ca^{2+}、Mg^{2+}、Fe^{2+}、Mn^{2+}、Cu^{2+}、Zn^{2+}、NH_4^+和NO_3^-、Cl^-、

$H_2PO_4^-$、SO_4^{2-}、HCO_3^-、$H_2BO_3^-$ 等溶于土壤溶液中的无机态离子及少量的有机态分子，如氨基酸、糖类、磷脂类、植素、生长素、维生素等。

蔬菜根的养分最大吸收部位靠近根尖，根吸收养分最多的部位是根尖以上的分生区。蔬菜根从土壤中吸收养分，首先是根系的不断生长，使根和根毛纵横交织穿插于土层中，直接与土壤黏粒紧密接触，密集的根毛增大了吸收面积，组成了土壤与根系的复杂体系，从土壤黏粒和溶液中直接获得养分。

（三）蔬菜茎、叶部对营养的吸收特性

蔬菜茎、叶部对营养的吸收特性：一是通过叶面喷施养分，直接供给蔬菜吸收的养分，不经过土壤而直接通过叶片进入蔬菜体内，防止了土壤的固定、转化损失。二是养分吸收转化快，能及时满足蔬菜的需要。叶部对养分的吸收和转移速度比根快，可作为防治某些养分缺素症和蔬菜因遭受自然灾害而需要迅速供给营养的补救措施，也可作为蔬菜生长后期防止脱肥的一项技术措施。三是经济、有效。微量元素施用量少，且土壤易固定，而通过叶面喷施应用，可起到用量少、成本低、收效快的作用。

叶面施肥的效果受蔬菜种类、叶面积大小、气孔多少、角质层厚薄等的影响，同一种蔬菜的应用效果主要受溶液的组成、溶液的浓度、溶液的 pH、溶液湿润叶片的时间及喷施次数、部位的影响。

（四）蔬菜作物的需肥特点

1. 蔬菜是喜肥作物

蔬菜不仅生物量大，而且养分含量高、养分移出量大。

2. 蔬菜是喜硝态氮作物

由于蔬菜对土壤酸化敏感以及 pH 降低影响蔬菜对 Ca^{2+} 吸收；同时蔬菜耐氨性差导致蔬菜对硝态氮特别偏爱。

3. 蔬菜是嗜钙作物

与一般大田作物相比，蔬菜是需钙多的作物。据测定，萝卜的吸钙量比小麦高 11 倍，当蔬菜缺钙时，引起生长点萎缩。番茄、青椒易患脐腐病，甘蓝、白菜易得干烧心病。

4. 蔬菜作物需硼量高

根菜类蔬菜含硼量高，蔬菜作物体内难溶性硼含量高，再利用率低，易产生缺硼症。如芹菜茎裂病、甘蓝褐腐病、萝卜褐心病等生理性病害。

5. 对钾的需求量大

蔬菜籽实或可食器官中钾含量是粮食作物的 6.5～7.5 倍，蔬菜对钾的需求量较大，在蔬菜上应注意增施钾肥。

二、测土配方施肥基本方法

测土配方施肥方法很多，如目标产量法、磷钾养分恒量监控法、肥料效应函数方程法、综合施肥模型（精准施肥模型）、微量元素的因缺补缺技术等。这里简要介绍一下目标产量法。

目标产量法的核心是根据养分投入与产出的平衡计算一定产量、一定生态区域和栽培条件下肥料的用量。此法根据蔬菜需肥量与土壤供肥量之差来计算实现目标产量（或计划产量)的施肥量。目标产量法又包含养分平衡法和地力差减法。

这里主要介绍通过目标产量法进行配方施肥:目标产量的总计算公式如下,其关键步骤是获得准确的土壤养分测试值和土壤有效养校正系数

根据作物目标产量需肥量与土壤供肥量之差估算施肥量,计算公式为:

作物施肥量(实物量 kg/亩)=

$$\frac{\text{目标产量}\times\text{单位产量需肥量}-\text{土壤测试值}\times 0.15\times\text{校正系数}}{\text{肥料利用率}\times\text{肥料中养分含量}}$$

目标产量可采用平均单产法来确定。平均单产法是利用施肥区前三年平均单产和年递增率为基础确定目标产量,其计算公式是:

目标产量(kg/hm^2)=(1+递增率)×前3年平均单产(kg/hm^2)

一般露地蔬菜为20%,设施蔬菜为30%。

作物需肥量:通过对正常成熟的农作物全株养分的分析,测定各种作物每100 kg经济产量所需养分量,乘以目标产量即可获得作物需肥量。

$$\text{作物目标产量所需养分量(kg)}=\frac{\text{目标产量(kg)}}{100}\times 100\text{ kg 产量所需养分量(kg)}$$

土壤供肥量可以通过测定基础产量、土壤有效养分校正系数两种方法估算:

通过基础产量估算:不施肥区作物所吸收的养分量作为土壤供肥量。

$$\text{土壤供肥量(kg)}=\frac{\text{不施养分区农作物产量(kg)}}{100}\times 100\text{ kg 产量所需养分量(kg)}$$

通过土壤有效养分校正系数估算:将土壤有效养分测定值乘一个校正系数,以表达土壤"真实"供肥量。该系数称为土壤有效养分校正系数。

$$\text{土壤有效养分校正系数(\%)}=\frac{\text{缺素区作物地上部分吸收该元素量(kg/亩)}}{\text{该元素土壤定值(mg/kg)}\times 0.15}$$

肥料利用率一般通过差减法来计算:利用施肥区作物吸收的养分量减去不施肥区农作物吸收的养分量,其差值视为肥料供应的养分量,再除以所用肥料养分量就是肥料利用率。

肥料利用率(%)

$$=\frac{\text{施肥区(NPK 区)农作物吸收养分量}(kg/hm^2)-\text{缺素区农作物吸收养分量}(kg/hm^2)}{\text{肥料施用量(kg/亩)}\times\text{肥料中养分含量(\%)}}\times 100\%$$

施肥区(NPK 区)农作物吸收养分量(kg/hm^2):"3414"方案中处理6的作物总吸氮量。

肥料养分含量。供施肥料包括无机肥料与有机肥料。无机肥料、商品有机肥料含量按其标明量,不明养分含量的有机肥料养分含量可参照当地不同类型有机肥养分平均含量获得(见附表5-12至附表5-16)。

附表 5-12　　主要蔬菜 100 kg 经济产量吸收氮、磷、钾量表　　单位：kg

蔬菜名称	N	P_2O_5	K_2O	蔬菜名称	N	P_2O_5	K_2O
结球甘蓝	0.30	0.01	0.22	黄 瓜	0.27	0.13	0.35
大白菜	0.19	0.09	0.34	冬 瓜	0.14	0.05	0.22
花椰菜	0.11	0.21	0.49	苦 瓜	0.53	0.18	0.69
菠 菜	0.25	0.09	0.53	西葫芦	0.55	0.22	0.41
芹 菜	0.20	0.09	0.39	豇 豆	0.41	0.25	0.88
茴 香	0.38	0.16	0.23	菜 豆	0.34	0.22	0.59
白 菜	0.28	0.03	0.21	韭 菜	0.37	0.09	0.31
莴 笋	0.21	0.07	0.32	洋 葱	0.24	0.07	0.41
芫 荽	0.36	0.14	0.88	大 葱	0.18	0.06	0.11
番 茄	0.35	0.10	0.39	大 蒜	0.51	0.13	0.18
茄 子	0.32	0.09	0.45	莲 藕	0.60	0.22	0.46
甜 椒	0.52	0.11	0.66	茭 白	0.39	0.13	0.69
春萝卜	0.22	0.03	0.30	大 姜	0.63	0.16	0.93
萝 卜	0.31	0.19	0.58	西 瓜	0.33	0.11	0.40
胡萝卜	0.24	0.08	0.57	甜 瓜	0.28	0.13	0.38

附表 5-13　　肥料利用率参考值

作物类型	有机肥		化肥	
菜田	N	10%～20%	N	10%～30%
	P_2O_5	5%～10%	P_2O_5	8%～12%
	K_2O	20%～30%	K_2O	20%～50%

附表 5-14　　土壤养分利用率参考值

	碱解氮		速效磷		速效钾	
	含量(mg/kg)	利用率(%)	含量(mg/kg)	利用率(%)	含量(mg/kg)	利用率(%)
瓜菜田	＞160	40	＞80	30	＞300	30
	120～160	45	40～80	40	200～300	35
	80～120	50	20～40	50	150～200	40
	＜80	60	＜20	60	＜150	50

附表 5-15 蔬菜常用肥料养分含量一览表

名称	分子式	养分含量	颜色	物理性状	备注
尿素	$CO(NH_2)_2$	N 46%	白色晶体	易溶于水	
硫酸铵	$(NH_2)_2SO_4$	N 20%～21%	白色粉末或粒状结晶	易溶于水，吸湿性小	
氯化铵	NH_4CI	N 25%	白色或淡黄色晶体	易溶于水，吸湿性小	忌氯作物慎用
硝酸铵	NH_4NO_3	N 34%～35%	白色晶体	易溶于水，吸湿性大	防潮
硝酸钾	KNO_3	N 13.5% K_2O 46%	白色晶体	易溶于水，吸湿性小	防爆
硝酸钙	$Ca(NO_3)_2 \cdot 4H_2O$	N 34%～35%、 Ca 26%	白色晶体	易溶于水，吸湿性大	防潮
过磷酸钙	$Ca(H_2PO_4)_2+$ $CaSO_4 \cdot 7H_2O$	P_2O_5 12%～20%、 S 12%、Ca 19～22%	灰白色或淡灰色粉末	水溶性好，吸湿性大	防潮
磷酸二铵	$(NH_4)_2HPO_4$	N 16～21%、 P_2O_5 46%～54%	白色晶体	易溶于水，吸湿性小	pH=8
磷酸二氢钾	KH_2PO_4	P_2O_5 52.2%、 K_2O 34.6%	白色结晶粉状	易溶于水，吸湿性小	
硫酸钾	K_2SO_4	K_2O 50%～52%	白色粉末	易溶于水，吸湿性小	生理酸性
氯化钾	KCl	K_2O 50%～60%、 Cl 48%	白色结晶或淡黄、紫红色	易溶于水，吸湿性小	忌氯作物慎用
硫酸镁	$MgSO_4 \cdot 7H_2O$	Mg 9.86%、S 13%	白色针状结晶，粉状或颗粒状	易溶于水	
硫酸亚铁	$FeSO_4 \cdot 7H_2O$	Fe 20.7%、S 12%	蓝绿色结晶	易溶于水	
硫酸锌	$ZnSO_4 \cdot 7H_2O$	Zn 23% S 11%	无色或白色	易溶于水	
硫酸铜	$CuSO_4 \cdot 5H_2O$	Cu 24.5%、S 12.5%	蓝或淡蓝结晶	易溶于水	
钼酸铵	$(NH_4)_6Mo_7O_{24}$ $\cdot 4H_2O$	Mo 54.3%	白、无或淡黄色	易溶于水	
硼砂	$Na_2B_4O_7$ $\cdot 10H_2O$	B 11.3%	无或白色结晶	易溶于水	
硼酸	H_3BO_3	B 17.5%	无或白色结晶	易溶于水	

附表 5-16　　常用有机肥养分含量表

品种	水分	灰分(%)	粗有机物(%)	全氮(N)%	全磷(P_2O_5)%	全钾(K_2O)%	铜(mg/kg)	锌(mg/kg)	铁(mg/kg)	锰(mg/kg)	硼(mg/kg)	pH
人粪	75.3	25.2	25.0	1.9	1.3	0.91	60.2	240.0	4680.0	330.2	3.50	6.5～8.2
猪粪	74.0	35.3	24.9	1.3	1.2	0.92	40.3	180.6	5000.0	301.7	7.30	6.0～8.5
牛粪	74.3	32.2	55.1	1.1	0.9	0.91	26.0	72.2	3307.0	261.9	11.2	7.0～9.0
羊粪	60.8	41.2	51.2	1.4	0.8	1.01	27.7	69.2	3500.4	291.7	20.1	7.5～8.5
鸡粪	29.5	40.1	52.5	1.2	1.1	1.16	35.8	170.2	7030.2	322.6	16.4	7.0～9.0
大豆饼	80.8	12.1	66.2	6.3	1.6	2.01	25.6	51.0	307.1	44.3		7.3
棉籽饼		10.0	80.3	4.0	2.0	1.6	26.2	47.3	166.0	24.1		
小麦秸			78.0	0.6	0.21	1.1	28.0	57.9	5400.1	420.0		
玉米秸	75.0		64.9	0.9	0.6	1.2	19.6	30.9	120.0	66.4		
豆秸	65.8		65.6	1.1	0.50	1.1	13.0	14.2	478.1	77.0		
高温堆肥	60.9	41.4	53.1	0.8	0.51	0.50	20.1	33.9	721.0	67.0		7.5～9.0
草木灰	3.1			0.51	0.60	3.8						

三、主要蔬菜种类测土配方施肥技术

根据各类蔬菜的主要生物学特性和食用器官的不同，可将蔬菜分为：白菜类、甘蓝类、绿叶菜类、果菜类，瓜类、块根类、鳞茎类、豆类等几类。在这些蔬菜中，由于它们的生物学特性不同，其营养特性也有差异。因此，在施肥上各有特点。现按各类蔬菜加以简要说明。

（一）白菜类蔬菜

这类蔬菜包括结球菜、小白菜等。

1. 营养特性

这类蔬菜都有很大的叶面积，蒸腾量较大，但根系较浅，全生育期适宜的土壤湿度为80%～90%，适宜空气湿度为60%～80%，湿度过大易发生病害。生长期间的适温为10～23 ℃。它们的耐热能力不强，当温度达25 ℃以上时生长不良；达30 ℃以上则不能适应。它们有一定的耐寒性，但在10 ℃以下生长缓慢，5 ℃以下停止生长。

白菜类蔬菜对土壤的物理性和化学性要求严格，在轻松的砂土中根系发展迅速，幼苗生长快，但往往因为保肥力和保水力弱，易出现脱肥。在黏重的土壤中根系发展缓慢，幼苗及莲座生长也较慢，但因为土壤天然肥沃及保肥、保水力强，产量高，不过产品的含水量大，品质较差，而且往往软腐病严重。最适宜的土壤是天然肥沃而物理性良好的砂壤土、壤土及轻黏壤土。对土壤酸碱度的要求较宽，在弱酸性至微碱性条件下均可正常生长。

白菜类蔬菜根系的主要特点是在浅土层（土面下5～25 cm）有很发达的平行侧根和网状的分根，而在深土层（25 cm以下）侧根很不发达。

2. 需肥特点

生育期较短，产量高，对营养元素吸收选择性较高。发芽期和幼苗期生长量小而生长速度大，对肥水的需要量不多，但必须保证供应。

由于这类蔬菜是靠增加叶片数量和叶面积来提高产量的，因此，供应充足氮素尤为重要。充足的氮素营养对促进形成肥大的绿叶和提高光合效率特别重要，它促进其叶丛生长，增加产量和提高品质，在一定用氮量范围内，产量随用氮量增加而相应提高。增产原因主要是增加子叶面积和厚度，而不是增加叶片数。增施氮肥使叶片加厚的原因是由于细胞体积扩大，栅栏组织细胞层数并未加多。

氮素不足，则植株矮小，叶片少，茎基部叶片易枯黄脱落，组织粗硬。但氮素过多时，则组织含水量高，不利于储存，而且易遭受病害。

磷有促进植株生长点细胞分生的作用，加速分化新叶，使叶数增多，从而增加产量。还能加速主根分生须根，扩大与土壤的接触面，吸收更多养分和水分。磷肥充足，根尖细胞和心叶生长变快，有利于叶球形成。磷的增产率虽比氮低，但在施足氮肥的基础上再施磷肥，可增加净菜率。

钾能提高叶菜含糖量，促进光合产物向叶运动，钾肥充足，可加速有机物质向产品器官的转运，有利于提高产量。

各个生长期内三要素的吸收量不同，大体上与植物干重增长量成正比。由发芽期至莲座期的吸收量约占总吸收量的10%，而结球期约吸收90%。各个时期吸收三要素的比例也不相同，由发芽期至莲座期吸收的N最多，K_2O次之，P_2O_5最少。结球期吸收的K_2O最多，N次之，P_2O_5仍最少。这是因为在结球期白菜需要较多的钾促进外叶中光合产物的制造，同时还需要大量的钾促进光合产物由外叶向叶球运动并储藏起来。

每生产1000 kg大白菜需吸收氮(N)1.3～2.5 kg，磷(P_2O_5)0.6～1.2 kg，钾(K_2O)2.2～3.7 kg，吸收比例N∶P_2O_5∶K_2O约为2.5∶1∶3。

钙和硼对大白菜增产效果明显。缺钙易导致叶球内部嫩叶的边缘变干枯（干烧心）。叶面喷施0.25%～0.5%的硝酸钙溶液可明显降低大白菜因缺钙引起的“干烧心”发病率。大白菜对微量元素的要求以铁为最多，锌、硼、锰次之，铜最少。大白菜也是对缺硼敏感的蔬菜。

3. 施肥技术

(1)基肥：白菜类蔬菜生长期长，生长量大，需要大量肥效长而且能加强土壤保肥力的有机质肥料。因此基肥应以有机肥为主，并配合适量化肥，每公顷施鲜鸡粪45000～60000 kg或者优质腐熟猪厩肥60000～90000 kg，氮肥(N)60～105 kg，磷肥(P_2O_5)90～120 kg，钾肥(K_2O)90～120 kg，撒入地表结合深耕翻入地下。

(2)追肥：白菜类蔬菜在各个生长时期发生不同的器官，有不同的生长量和生长程度，因此各个短期应适时、适量地追肥和浇水才能达到丰产。

①发芽期：这个时期的生长量约为营养生长时期生长总量的0.1%，此期由土壤中吸收的营养元素很少，此期大白菜吸收水分虽不多，但因根系很小，水分供应必须充足，播种前如墒情不好，需要充分浇水造墒。必要时在幼芽出土要浇小水以补充水分。

②幼苗期：这一时期植株的生长量不大，根系不发达，吸收养分和水分的能力很弱，但要求供应足够的养分和水分。为了保证幼苗得到足够的养分，需要追施速效性肥料为“提苗肥”。提苗肥一般每公顷施氮肥30～45 kg，主要肥料品种是尿素。

③莲座期：此期是根系和叶片生长旺盛的时期，需养分和水分的量大，保证莲座叶强盛生长是丰产的关键，但同时还要注意防止莲座叶徒长而致延迟结球。有少数植物开始团棵时应施用“发棵肥”以供给莲座叶生长所需养分。莲座初期每公顷追施腐熟干鸡粪12000～15000 kg，配合追施氮肥45～60 kg，开沟施入。

④结球期：结球期是同化作用量强盛、大量累积养分而形成产品的时期，需要肥水量最大。在包心前5～6天每公顷施用施氮肥(N)45～60 kg，适施部分磷、钾肥，沟施。中

熟及晚熟品种的结球期很长，还应在抽筒时施用“补充肥”一次。这次用肥效较快的肥料，粪肥 7500～15000 kg 或尿素 150～225 kg。抽筒时田间白菜已经封垄，须将肥料溶解于水中顺水冲入沟中或畦中，一般每公顷追施氮肥(N)45～60 kg。

⑤根外施肥：莲作期、结球期可喷施 0.1%～0.2%的磷酸二氢钾及 0.5%～1%的尿素混合溶液，每隔 7～10 天喷一次，共喷 3 次。大白菜是一种喜钙作物，缺钙易引起“干烧心”病，结球期可用 0.4%～0.7%氯化钙或硝酸钙溶液喷施，每隔 7 天 1 次，喷 2～3 次，叶面喷施肥料一般在上午 9 时前和下午 5 时后喷，阴天可全天喷，雨天不宜喷，以避免养分流失。

在缺乏微量元素的土壤要补施微肥，提高净菜率，防止一些生理病害的发生和蔓延。大白菜需硼较多，对缺硼的土壤，要施用硼肥。在莲座期至结球期以 0.1%～0.2%的硼砂溶液喷施，每隔 6～7 天喷施 1 次，连续 2 次。

(二)甘蓝类蔬菜

这类蔬菜主要包括结球甘蓝、花椰菜等。它们是以叶球、短缩的花薹、球茎和侧芽供人们食用的。

它们具有适应性广、耐寒和耐热性较强、病害少、产量高、营养丰富、耐储藏运输等特点。

1. 营养特性

该类蔬菜适应性强，栽培简单、耐储运。结球甘蓝主要生育期分苗期、莲座期和结球期。根基部粗大，但不发达，根系主要分布在 60 cm 以内的土层中，但以 30 cm 以内土层的根系最密集，根群横向伸展半径可达 80 cm 左右，所以能大量吸收耕作层中的养分。但因根系入土不深，故抗旱能力较差，要求比较湿润的栽培环境。叶片多为绿色，叶肉肥厚，叶面光滑。

花椰菜的根系较强大，须根发达，多集中在 10～35 cm 的土层中，茎较结球甘蓝长而粗，叶狭长，有蜡粉，在将出现花球时，心叶自然向中心卷曲或扭转，可保护花球免受日光直射而变色或免受霜害。

该类蔬菜对土壤的适应性较强，以中性和微酸性土壤较好，且可忍耐一定的盐碱性。结球甘蓝是喜肥和耐肥作物。对于土壤营养元素的吸收量比一般蔬菜作物要多，栽培上要选择保肥、保水性能较好的肥沃土壤。

花椰菜喜湿润环境，不耐旱、涝，对水分要求严格，要求土壤疏松，耕层深厚，富保水、保肥能力强的肥沃土壤。花椰菜生长的土壤以有机质丰富，pH 为 5.5～7.0，保水、保肥能力强的沙壤土和壤土为最适土壤。土壤湿度要求达到 70%～90%，空气相对湿度 80%～90%最适宜。

在满足氮肥需要的基础上，宜增施磷、钾肥。需要时，可进行根外喷硼肥，浓度为 0.2%～0.5%。

2. 需肥特点

甘蓝类蔬菜在不同生育阶段中对各种营养元素的要求也不同。早期消耗氮素较多；甘蓝的莲座期(花椰菜的花球膨大盛期)对氮素的需要量达到最高峰；叶(花)球形成期则消耗磷、钾较多。

结球甘蓝整个生长期吸收氮、磷、钾的比例为 3∶1∶4。甘蓝喜硝态氮肥，硝态氮占

90%,铵态氮占 10%时生长最好,每形成 1000 kg 鲜菜,需吸收氮 3.5～5.0 kg、磷(P_2O_5)0.7～1.4 kg、钾(K_2O)3.8～5.6 kg。甘蓝含钙较多,钙不足生长点附近的嫩叶尖端或边缘枯萎呈褐色,或结球后内部有干烧心症状。

结球甘蓝在不同生育阶段对养分需求量不同。秋季甘蓝苗期至结球期氮和磷占总吸收量的 13%～19%,钾的吸收量较少,仅占 5%～10%,结球期到收获,氮和磷的吸收量占总吸收量的 81%～87%,钾则占总吸收量的 90%～95%。

结球甘蓝是喜肥的作物,幼苗期氮、磷不足时幼苗的发育会受到抑制。春季甘蓝育苗时易出现先期抽薹现象,营养条件过差,易促进抽薹,施肥过多,幼苗生长快容易感受低温影响,更容易抽薹,所以对幼苗既要补充营养,又要适当控制施肥。一般情况,苗期施少量速效性氮肥,有利于根系恢复生长,促进缓苗。

结球甘蓝开始结球前由于生长量有限,吸收氮磷钾的数量较少,而进入结球期后,由于生长量大增,养分的吸收量急速增加,吸收氮磷钾的比例为 1∶0.3∶1,可见其对氮、钾营养的需要远大于对磷的需要。甘蓝对缺锌和缺铁也很敏感。

花椰菜不同生育阶段对氮、磷、钾养分需求也有差异,氮肥在整个生育期吸收的比例都较高,是喜硝态氮作物。磷、钾肥在花球形成期需要较多。营养生长期对氮肥的需要量较大,对磷和钾的吸收则集中于花球生长阶段。生产 1000 kg 花椰菜需吸收氮(N)10.1～14.5 kg,磷(P_2O_5)2.9～4.3 kg,钾(K_2O)9.5～12.5 kg,在整个生长期内吸收氮、磷、钾的比例约为 3.5∶1∶2.5。花椰菜需硼也比较多,对硼的反应很敏感,缺钙妨碍硼的吸收,缺硼时易引起叶柄发生龟裂或发生小叶,花茎中心开裂,花球出现褐色斑点并略带苦味,影响商品质量。花椰菜对钼也有特殊要求。缺钼的典型症状是发生鞭尾病。

这类蔬菜通常需钙量很高,是典型的喜钙作物。当土壤缺钙或是由于其他境造成生理缺钙时,往往会出现叶缘干枯的症状,从而影响蔬菜的产量和品质。

3. 甘蓝类蔬菜的施肥技术

(1)基肥:甘蓝类蔬菜的基肥每公顷用腐熟的厩肥或堆肥 45000～75000 kg,配合施用化肥(N)90～120 kg、磷(P_2O_5)75～90 kg、钾(K_2O)60～90 kg。缺硼、缺镁土壤一般每公顷施硼砂 15～22.5 kg、硫酸镁 150～240 kg。

(2)追肥:甘蓝类蔬菜在施足基肥的基础上,追肥的重点应放在莲座叶的生长盛期和结球前期进行。如果幼苗生长较弱,可在幼苗定植后每公顷追施稀薄的腐熟粪肥 7500～10500 kg。进入莲座叶生长盛期,结合浇水每公顷用 120～180 kg 尿素及硫酸钾 135～180 kg。在结球期应结合浇水追施尿素 75～120 kg,结球后期不再追施氮肥。对于缺硼和缺钙的甘蓝,可在甘蓝的生长中期喷 2～3 次 0.1%～0.2%的硼砂溶液和 0.3%～0.5%的氯化钙或硝酸钙溶液。

(三)绿叶菜类蔬菜

这类蔬菜包括菠菜、莴苣、芹菜、茼蒿和茴香等。它们主要是以柔嫩的叶片、叶柄或茎部供人们食用。

1. 营养特性

大多数绿叶菜类的根系较浅,生长迅速,而且种植密度很大,因此,对肥水条件的要求很高。它们的营养特点是氮素充足时,叶片柔嫩多汁而少纤维;氮素不足时,则植株矮小而纤维多，叶面积小，色黄而粗糙，易未熟抽薹，失去食用价值。菠菜性喜硝态氮，对磷钾吸收量高，缺钾时反应敏感。

芹菜吸肥能力较弱，宜生长在有机质含量高的肥沃土壤上。以吨产品计，其养分吸收量为：N 2.55 kg，P_2O_5 1.36 kg，K_2O 3.67 kg，养分吸收比例为1∶0.5∶1.4。芹菜是一种喜钾的蔬菜。氮主要影响芹菜叶柄的长度和叶数，氮素不足时显著影响叶片的分化，叶柄老化中空；磷对芹菜的品质有较大影响，但磷过多时会使叶片细长和纤维增多；钾对芹菜后期生长很重要，钾不仅对养分运输有作用，还能促使叶柄粗壮而充实，光泽性好，有利于提高产量和改善品质。

芹菜对缺钙也较敏感，缺钙时通常易导致心腐病。芹菜对缺硼、缺锌很敏感；菠菜对缺铜、缺钼、缺锌敏感；莴苣对缺锌、缺铜和缺钼敏感。因此，对这类蔬菜喷施多元微肥有一定的增产效果。

2. 施肥技术

(1)基肥：绿叶菜需肥量大，施足基肥是关键，一般每公顷施腐熟有机肥45000～75000 kg，复合肥料1500 kg、硼砂7.5～15.0 kg，一次施入土中作为基肥。深翻20～25 cm使土壤和肥料充分混匀。

(2)追肥：绿叶菜定植后10～15天每公顷追施尿素150～300 kg，

到叶生长肥大期，生长茂盛，是养分最大效率期，需供应较多肥水，每公顷追尿素和硫酸钾各150～225 kg。采收前15～20天不再追施氮肥。在叶生长肥大期，用0.5%硝酸钙或氯化钙进行叶面喷洒，喷2～3次。

(四)果菜类蔬菜

果菜类蔬菜主要指茄科植物中的果菜类蔬菜，主要包括番茄、茄子、辣椒等，该类蔬菜原产于热带，其共同特点是：结果期长，产量高，喜温暖，不耐霜冻，喜强光，根系较发达。它们均以果实供人们食用。多为无限生长类型，即边现蕾、边开花、边结果，因此，在生产上要注意调节其营养生长与生殖生长的矛盾，才能获得较好的收成。

1. 营养特性

果菜类蔬菜根系比较发达，分布广而深。盛果期主根深入土中能达100 cm以上，但在育苗条件下，由于移植时主根被切断，侧根分枝较多，并横向好展，大部分根群分布在30～50 cm的土层中，一米以下的土层中根系分布很少。果菜类不仅在主根上易生侧根，在根或茎上，特别是茎节上很容易发生不定根，而且伸展很快，所以扦插繁殖比较容易成活。

果菜类对土壤条件要求不太严格，耐旱性较差，同时又比较喜肥，为获得丰产，创造良好的根系发育基础，应选用土层深厚，排水良好，富有有机质的肥沃壤土。对土壤通气条件要求高。土壤空气中氧含量降至2%时植株枯死。因此，低洼易涝及结构不良的土壤不适宜。沙壤土通透性好，土温上升快，在低温季节可促进早熟，黏壤土富含有机质，保水、保肥力强，能提高产量。土壤酸碱度以pH 5～7为宜，过酸或过碱的土壤应进行改良。在微碱性土壤中幼苗生长缓慢，但植株长大后生长良好，品质也较好。

2. 需肥特点

果菜类蔬菜比较耐肥，在生长过程中需要供应充足的氮、磷养分。氮、磷不足时，不仅会导致花芽分化推迟，而且会影响花的发育。在缺氮情况下，初期对茎部生长影响不大，但下位叶老化，脱落。如及时补充，能很快恢复。在生育的中后期缺氮导致开花数减少，花质降低，结实率下降，减产显著。苗期营养条件，特别是氮素营养对花型影响比较显著，氮素营养不足，长柱花减少；但氮素过多易造成营养体生长过旺，因此，开花晚易脱落，果实膨大受到限制。进入生殖生长期后对磷的需要量剧增，而对氮的需要量略减，磷是果菜类蔬菜体内许多重要化合物的重要组成成分，是多种代谢过程的调节剂，参与多种代谢过程。磷能促进茄子的呼吸作用，提高作物的抗逆性。磷供应不足，硝态氮在植株体内还原过程受阻，从而影响蛋白质的合成。如果缺磷严重，还会造成作物体内的蛋白质分解，影响氮素的正常代谢。磷能促进果菜类蔬菜根系生长和花芽分化。因此，应注意适当增施磷肥，控制氮肥用量。

钾在果菜类蔬菜各个器官中的分布以叶片中最多，果实次之，茎中最少。在果实膨大期植株中其他部位的钾可以转移到果实，钾促进植株健壮，提高其生理抗逆能力，减少病害发生。钾素能够促进体内多种代谢过程，维持细胞的膨胀压，调节水分吸收，并且与光合作用、碳水化合物的积累和蛋白质的合成等许多生理过程有关。钾能增强果菜类蔬菜的抗旱、抗寒、抗病、抗倒伏的能力。钾素供应充足，可以使氮素得到充分利用，增加蛋白质含量，使果菜类蔬菜的品质得到改善。充足的钾可使蔬菜的光合作用旺盛，促进果实膨大。番茄生育后期缺钾，往往形成棱形果和空心果，从而降低商品质量。

果菜类蔬菜是喜钙的作物，钙是构成细胞壁的重要元素，是多种酶的活化剂，对碳水化合物的转化和氮代谢具有良好的作用。钙可以增加细胞内分裂素的含量，促进细胞的分裂与伸长。钙可以与果菜类蔬菜植株体内的有机酸结合成盐，防止植株受到伤害，并调节体内的酸碱度。缺钙是引起番茄和甜椒脐腐病的原因。据研究，在坐果期喷施 0.5% 氯化钙溶液可防治脐腐病，并可提高果实硬度，延长果实储藏期。

番茄对缺铁、缺锰和缺锌都比较敏感，如果出现黄化叶、花斑叶或小叶病时应及早喷施多元微肥，以防治生理病害。

每生产 1000 kg 茄子，需要吸收氮 3.0～3.9 kg，磷 0.7～1.0 kg，钾 4.2～5.5 kg，钙 1.0～1.4 kg。每生产 1000 kg 番茄，需吸收氮(N)2.6～4.6 kg(平均为 3.5 kg)、磷(P_2O_5)0.5～1.3 kg(平均为 1.0 kg)、钾(K_2O)3.3～5.1 kg(平均为 4.2 kg)。

从养分吸收的趋势来看，甜椒属高氮、中磷、高钾类型的蔬菜，茄子和属于中氮、中磷、中钾类型的蔬菜。这类蔬菜在施肥上要重视磷、钾肥的施用，并保证氮磷钾养分的平衡供应，这是果菜类蔬菜高产、优质的保证。

3. 施肥技术

(1)基肥：定植前将所有的基肥撒施于地表，通过深耕，把基肥翻入地下，有利于根系向纵深发展。特别是磷、钾肥一定要深施。也可以集中施用。为提高肥效，可将一部分基肥撒施，一部分基肥开沟条施，将肥料集中施在播种行或定植沟内。磷肥与有机肥集中施用，可以减少与土壤的接触面，防止被土壤大量固定，从而提高利用率。一般每公顷施腐熟鸡粪 75～105m^3，五氧化二磷 97.5 kg，氧化钾 120～150 kg。

(2)追肥：追肥以氮、钾肥为主，缓苗期和开花着果期不需施肥，果坐住后，进行第一次追肥，一般每公顷追施复合肥(18 ：4：18)300～450 kg，追肥后浇水，水量不宜过大。果实膨大期后是需肥高峰期，此时期营养生长和生殖生长同步进行，施肥时既要防止叶片徒长，又要避免果实发育而抑制营养生长。每公顷随水施高氮高钾复合肥 225～300 kg；果实采收后，每公顷施高氮复合肥 300～375 kg，以后每次浇水都要带肥，每次的每公顷用量为复合肥 150～225 kg，生长后期，可以不追肥，只进行叶面施肥。每隔 5～7 天喷施 0.2%的磷酸二氢钾或尿素溶液。

(3)气体施肥：蔬菜进行光合作用时，产量随着 CO_2浓度的提高，明显增加。由于空气中 CO_2的浓度为 0.03%左右，远不能满足蔬菜光合需要。特别是在密封的大棚内需要及时补充 CO_2，可用硫酸与碳酸氢铵反应制取 CO_2，每公顷需浓硫酸(96%)30 kg、碳酸氢铵 49.5 kg。每天按上述比率投料，每日清晨日出前半小时施放 CO_2，由于 CO_2比重大，在空气中会下沉，只要在 1.5m 以上放风，CO_2不会大量逸失。施用 CO_2气肥要注意只能在晴天上午蔬菜光合作用强时施放，夜间及阴雨天不施放；CO_2浓度不能太大，时间不可过长。

(五)瓜类蔬菜

这类蔬菜包括黄瓜、西瓜、西葫芦、冬瓜、丝瓜、苦瓜以及佛手瓜等。它们是典型的营养生长和生殖生长并进的蔬菜。

1. 营养特点

瓜类蔬菜在进入结瓜期后，生长和结实间养分争夺比较突出，在开始结瓜时要有充足的养分，如果氮、磷、钾不足，植株营养生长受到抑制，花的发育也会受到抑制。

黄瓜属浅根系植物，根系入土浅，主要根系分布在 15～30 cm 的耕层中。根系再生能力弱，吸收能力差。表层土壤空气充足，有利于根系有氧呼吸，促进根系生长发育和对氮、磷、钾等矿质养分的吸收。

黄瓜不耐旱，耐盐能力差，喜肥但不耐肥，黄瓜要求土壤疏松肥沃，透气性良好，既能保水又能排水的富含有机质壤土。黏土发根不良；砂土发根前期旺盛，后期易老化早衰，适于弱酸性至中性土壤，最适 pH 为 5.5～7.5。当 pH 在 5.5 以下，植株就发生多种生理障害，黄化枯死；pH 高于 7.5 时，易烧根死苗，发生盐害。

西瓜是深根系植物，主根深度为 1.0m 以上，西瓜根系发达，吸水能力强，较耐旱而不耐涝，高温涝害时根系呼吸受阻，功能失调，严重时死亡。西瓜忌连作，适合在轻壤土、壤土上种植。西瓜生育期一般为 80～120 天，其枝叶茂盛，果实生长快、产量高，需肥量较大。

甜瓜和苦瓜属直根系，根系发达，喜土层深厚、有机质丰富、通气性好的壤土或砂质壤土。土壤 pH 以 5.8～7.0 为宜，能耐轻度盐碱。用砂质土壤栽培甜瓜，生长快，成熟早，壤土乃至黏土比砂质土成熟晚，但生育旺盛，能长大果，不过产品味淡，肉薄，品质较差。土壤中富于钙质时，能促进瓜的甜味；土壤中含有一定的盐量，有促进生育，提早成熟，增加糖分含量的效果。

苦瓜在空气相对湿度 60%～70%，土壤的含水量为田间持水的 70%～80%对苦瓜生长发育比较适宜。

2. 需肥特性

黄瓜是需肥较多的蔬菜。黄瓜吸肥速率受多种因素影响，黄瓜植株对各种元素的吸收量与光照强度成正比，晴天植株对氮和钾的吸收速率随辐射强度增加而增加。阴天时，氮、钾吸收速率明显降低。磷的吸收速率受日照强度的影响较少，受温度影响大，温度高时磷的吸收速率高。

黄瓜在不同生育时期的营养特性不同，营养状况对黄瓜苗的质量有明显的影响。黄瓜苗期（从真叶出现到真叶 4～5 片的定植期为止。本期营养生长与生殖生长同时并进，在温度与水肥管理方面应本着“促”“抑”结合的原则来进行）对氮、磷营养敏感，黄瓜是喜硝态氮作物，缺少硝态氮影响钙和镁的吸收。黄瓜幼苗要求磷供给量高，但初期对磷的吸收量较少，适宜浓度范围较广，一直到果实膨大和采收期才增多。如果此期磷不足不仅不利于果实的膨大，而且光泽不良，成畸形果。钾素有利于雄花的形成，黄瓜的吸钾量从生育初期到采收末期一直呈直线增加，而且分配在果实中的钾素占总吸收量的 60%，钾素不足，黄瓜出现大肚瓜，多氮、多钾、缺钙、缺硼易出现蜂腰瓜。土壤盐分过高时，出现尖嘴瓜。

从根瓜坐住后至果实收获，植株的茎叶和果实生长量达到高峰期，为了满足营养生长和生殖生长的需求，必须经常供给充足的水分和养分。

开花结果期是黄瓜丰产的关键时期，因此在施足基肥的前提下，防止植株脱肥早衰，必须及时追施速效性肥料。

黄瓜在收瓜期间对养分的吸收量以钾为最多，氮次之，再次为钙、磷，以镁为最少。同时它们的吸收量都是在收获开始时显著地减少，收获期间大为增加，到了收获终了，增长量又复变小，这和果实吸收量以及植物生育的过程是完全一致的。

黄瓜对营养元素的需求较多，生产 1000 kg 黄瓜需要 N 2.8～4.5 kg，P_2O_5 0.9～1.1 kg，K_2O 3.6～5.5 kg。

如果大棚内二氧化碳含量增至 0.15～0.2%以上时，黄瓜叶的同化量便会大大提高。由此可见空气中二氧化碳的含量远远不能满足黄瓜光合使用的需要，应该设法加以补充。

西瓜对钾的吸收最多，氮次之，磷最少。在其不同的生长发育时期，对氮、磷、钾营养元素的吸收数量与比例有很大差异，芽期吸收量较少，幼苗期吸收量占总量的 0.5%左右；伸蔓期吸收量占总量的 6%；果实膨大期吸收量占总量的 85%以上。在西瓜的营养生长旺盛时期，吸收氮多，钾次之，而坐果后对钾的吸收多，氮次之。磷能促进西瓜幼苗根系发育，提高其抗寒能力，提高果实含糖量和产品质量；钾可提高植株抗病能力，利于糖分的运输、积累，西瓜的果实特别需要钾。西瓜叶片缺镁或钙、钾含量过高，易发生叶枯病。在温室或大棚中种植西瓜，当多肥或缺钙时，易产生扁圆瓜。生产 1000 kg 西瓜需吸收氮（N）2.52 kg，磷（P_2O_5）0.81 kg，钾（K_2O）2.86 kg。

生产 1000 kg 甜瓜需吸收氮（N）2.8 kg，磷（P_2O_5）1.3 kg，钾（K_2O）3.8 kg。可以看出甜瓜对钾的需求量较多，而且能使甜瓜品质提高。甜瓜生育期内对氮、磷、钾等矿质营养的吸收，以结果期吸收量最大。此外，甜瓜对钙、镁、硼等元素较敏感，应酌情施用。甜瓜忌连作，应实行 3～5 年的轮作，以减少病害的发生。

丝瓜生长周期长，根系发达，喜欢高肥力的土壤和较高的施肥量，特别对氮、磷、钾肥需求较多，尤其在花果盛期，对磷肥需要更多，所以，在大棚栽培时，基肥要多施有机肥和磷、钾肥，氮肥不宜施的过多，以防引起植物徒长，延迟开花结果和化瓜。每生产 1000 kg

丝瓜，N 5.3 kg，P_2O_5 1.8 kg，需 K_2O 6.9 kg。

3. 施肥技术

(1)基肥：基肥以有机肥为主，结合整地，一般每公顷施有机肥 75000～105000 kg，N 105 kg，P_2O_5 120 kg，K_2O 90 kg。

(2)追肥：苗期根据幼苗长势可适施 1 次提苗肥。一般随浇水每公顷施含氮量较高的复合肥 300 kg 或腐熟的稀粪水 9000～12000 kg。缓苗后开始追肥，要求每次采果后都要补以水肥。追肥应掌握轻施勤施的原则，冬季一般 20～25 天随水施一次肥，春天随着气温升高，可每隔 7～10 天追一次肥，每次每公顷用氮素 60～90 kg，钾素 45～75 kg 并配以腐熟的粪水，全生育期共追肥 12～15 次。

结瓜盛期后，在地面追肥的同时，可用 1%尿素加 0.5%磷酸二氢钾叶面喷施。如缺其他微量元素，可同时喷施，有利于壮秧保果。

(六)块根类蔬菜

块根菜类蔬菜以肥大的肉质根为食用器官，主要有萝卜、胡萝卜、山药、马铃薯等。由于块根菜类为主根深的植物，所以适合在土层深厚、疏松、排水良好的砂壤土中栽培。否则，根系和肉质根容易发生分歧、畸形。在各个生长期中，对营养元素的吸收以肉质根的生长盛期吸收量最大，尤其磷、钾的施用对肉质根品质有很大影响，所以除了增加氮素外，磷、钾的补充对优质、高产将起到很大作用。

1. 营养特性

萝卜和胡萝卜为半耐寒性蔬菜，生长适温为 18～25 ℃，喜欢冷凉的环境条件，较大的昼夜温差有利于养分在肉质根中积累。肉质根膨大期均匀的水分供应是防止糠心和裂根，保证产品质量的关键。萝卜和胡萝卜是直根系，根系发达，肉质根是萝卜和胡萝卜产品器官和营养物质的储藏库，具有吸收和储存养分的双重功能。萝卜主根很深，细根却浅，分布在 15～40 cm 的疏松耕作层内，胡萝卜根系较萝卜强，根系分布深度可达 2～2.5m，宽度达 1～1.5m。能利用土壤低层的水分，为根菜类中耐旱性强的蔬菜。萝卜要形成肥大的肉质直根需要经历发芽期、幼苗期、肉质根形成期和肉质根膨大期，而且萝卜在各个生育时期的特性不同。萝卜和胡萝卜栽培上以富含有机质、土层深厚、排水良好、疏松通气的砂壤土为最好。耕层过浅、坚实，土质黏重、砂石过多则易使肉质根发生分叉、畸根。对土壤酸碱度的适应范围较宽，pH 以 5.2～8.0 为宜。

2. 需肥特点

块根类蔬菜苗期需肥较少，中后期根系开始膨大时生长急速增加，养分吸收也随着生育量的加大而增加。随着根部的膨大，吸收量显著增加，吸收量以钾最多，其次是氮、钙、磷和镁，与其他类蔬菜相比，对钾的要求特别突出。块根类蔬菜对缺铜、缺锰等微量元素很敏感。

在整个生育周期内，每生产量 1000 kg 萝卜，吸收氮、磷、钾的量，氮为 2.1～3.5 kg，磷为 1.0～1.8 kg，钾为 3.1～5.2 kg，其比例约为 1∶0.2∶1.9。萝卜在土壤缺钙和缺硼时易出现缺素症状，缺钙时距离生长点近的叶尖端枯死，缺硼时根的心部变成褐色，即所谓褐色烂心病。

每生产 1000 kg 胡萝卜吸收氮(N)2.2～4.1 kg(平均为 2.4 kg)，磷(P_2O_5)0.6～1.5

kg(平均为 0.8 kg),钾(K_2O)5.2～8.7 kg(平均为 5.7 kg)。胡萝卜对于新鲜厩肥和土壤中肥料溶液浓度过高都很敏感。使用新鲜厩肥或每次施肥量过大,都容易发生叉根。

3. 施肥技术

(1)基肥:这类蔬菜根系发达,施足基肥是关键,有机肥料可以改良土壤的理化性状,基肥应以腐熟的有机肥为主,在播前结合深翻每公顷施入腐熟的优质有机肥 60000～75000 kg(切不可用未腐熟的粪肥,以免损伤幼苗的主根),每公顷施过磷酸钙 300～450 kg,硫酸钾 450～750 kg。

(2)追肥:这类蔬菜施肥以基肥为主,追肥为辅,生长期短的可适当减少追肥,而生长期长的则要分期追肥,但追肥应以肉质根的膨大为中心。在追肥上,掌握合适的时间,分期、分量追肥是获得优质高产的关键。在追肥上要把握好先轻、后重、再轻的原则。

一般来讲,第一次追肥在幼苗期进行,当苗子有两片真叶展开时,追施少量的化肥,每公顷 225～375 kg 尿素。第二次追肥在肉质根开始膨大初期进行,在追施尿素 300～450 kg 的同时还要追施磷、钾肥,每公顷追施磷酸二铵 225～300 kg,硫酸钾 375～450 kg。在肉质根膨大期要追硫酸钾 300～375 kg 或 2250 kg 草木灰。

氮素肥料及人粪尿尽量在膨大盛期前施用,如果施用过多或过晚,易使肉质根破裂或产生苦味,影响蔬菜的品质。

(七)鳞茎类蔬菜

这类蔬菜主要包括韭菜、大蒜、大葱等。

1. 营养特性

鳞茎类蔬菜生长的主要部分是叶子或芽的变态部分。它们的根系都没有明显的主根和侧根,只有不耐干旱的须根,不分枝、根毛亦少。鳞茎类蔬菜抗寒耐热,适应力强,对土壤的适应性较强,具有耐肥、喜肥的特点,无论砂性土、壤土、黏土均可栽培。根据鳞茎类蔬菜根系特点,最好选择表土深厚、富含有机质、保水力强的肥沃土壤。土壤 pH 以 5.5～8.0 为宜。在过酸的土壤上生长不良。

鳞茎类蔬菜耐寒,有效生长的日平均温度为 8～31 ℃,适宜生长的温度为 13～26 ℃。韭菜在不同生长发育阶段对温度的要求不同。发芽的最适宜温度为 15～18 ℃。韭菜耐旱性强,但根系需水较多。韭菜叶片生长适宜的空气湿度为 60%～70%,超过 80%易发生病害。大蒜蒜薹伸长期适宜的温度为 15～20 ℃。鳞茎膨大期最适宜温度在 20 ℃左右,高于 27 ℃即进入休眠状态。大蒜和韭菜均为长日照植物,其正常生长发育要求有良好的光照条件。

2. 需肥特点

鳞茎类蔬菜对养分的需求一般以氮为主,并且配合适当的磷、钾肥,但氮肥过量易引起徒长、倒伏。所以,应该进行氮、磷、钾配合施用。韭菜耐肥力强,春秋两季是韭菜施肥最重要的时期。尤其是秋季施肥,可以将一部分营养物质转移到根和根状茎中去,为第二年新苗萌发创造良好的营养条件。刚播种的韭菜在发芽期和幼苗期,需肥量少。2 年以上生的韭菜,需肥较多。

(1)韭菜不同生育期对肥料的吸收能力不同。发芽期不需要土壤中的营养。幼苗期,根系吸收肥料的能力弱,所以吸肥量也少。旺盛生长期,生长量增大,吸肥量增加,应加强肥水管理。对1年生韭菜，一般只进行营养生长，2年以上的韭菜才能分化花芽，使营养生长和生殖生长交替重叠进行。满足其对营养的需要是保证叶片生长、产品鲜嫩、增产增收的重要措施。每生产1000 kg韭菜，需吸收氮(N)4.5～6.5 kg，磷(P_2O_5)0.7～2.5 kg，钾(K_2O)4.0～6.6 kg。

(2)大蒜是需肥较多而且较耐肥的蔬菜。发芽期大蒜生长量小，生长期短，消耗的营养也少，所需的营养由种蒜提供。幼苗期随着幼苗的生长，种蒜储藏的营养逐渐消耗，此期大蒜的生长完全靠土壤营养供应，吸肥量也明显增加，如土壤养分供应不足，影响植株正常生长。鳞芽、花芽分化期叶部生长为主，根系生长增强，植株进入旺盛生长期，营养物质的积累增多，为蒜头和蒜薹的生长打下基础。抽薹期营养生长和生殖生长并进，生长量最大，需肥量最多，根系生长和吸肥能力达到高峰，是施肥的关键时期。

鳞茎膨大盛期，以增重为主。此期吸收的养分和叶片及叶鞘中储存的养分集中向鳞茎输送，鳞茎加速膨大和充实。在鳞茎膨大期，根、茎、叶的生长逐渐衰老，对营养的吸收量不大，鳞茎膨大所需要的养分，大多数来自于自身营养的再分配。

它对氮的需求量很高，如以吸氮量为100%时，吸钾量为95%，吸钙量为75%，吸磷量为35%，吸镁量为6%。每生产1000 kg大蒜需吸收氮4.2～5.1 kg，磷1.3～2.0 kg，钾4.1～5.5 kg，钙1.3～2.1 kg。其氮磷钾比例为1∶0.3∶0.9。鳞芽和花芽分化后，是大蒜一生中三要素吸收量的高峰期；抽薹前是微量元素铁、锰、镁的吸收高峰期，采薹后，三要素及硼的吸收量再次达到小高峰，锌的吸收量达到高峰。缺氮对产量影响最大。大蒜对几种营养元素的吸收及生理作用分述如下。

①在大蒜的生长发育过程中，氮素供应充足，植株生长速度加快，营养体大，叶片浓绿而厚实。磷能促进大蒜根系发育和蒜薹、蒜瓣的分化。

②大蒜为喜钾作物，钾是大蒜吸收的主要营养元素之一，与大蒜体内糖的含量和大蒜的品质有着直接关系。蒜薹伸长期需钾最多，约占总吸收量的一半，苗期吸收量和蒜头膨大期吸收量较少。

③镁是叶绿素的组成成分。大蒜缺镁会引起叶片褪绿，镁可促进氮、磷、钾元素的吸收。随着镁浓度的提高，钙的吸收会减少。

④鳞茎类蔬菜中都含有挥发性的辛辣味，是因为其中有含硫的化合物，所以在施肥上要注意补充硫肥，防止发生叶片因缺硫而发黄，对提高产品品质和风味有重要意义。

3. 施肥技术

(1)基肥：以腐熟优质有机肥为主，一般每公顷施优质腐熟厩肥90000～120000 kg。缺磷的土壤每公顷施过磷酸钙375 kg或磷酸二铵150 kg、草木灰2250～3000 kg或硫酸钾150～225 kg、尿素180～225 kg。

(2)追肥：进入旺盛生长期，立即追肥，有机肥料与速效化肥要配合施用。

第一次追肥每公顷施用饼肥2250 kg，尿素300 kg。20天后再追1次速效氮肥，每公顷追施尿素225～375 kg，追肥后浇水、培土，如果土壤肥力较高，底肥充足，可不进行第一次追肥。

(八)豆类蔬菜

1. 营养特性

豆类蔬菜的根系入土较深,有较强的抗旱能力。对光照强度要求严格,光照过弱植株徒长。最适宜的土壤湿度为田间持水量的60%～70%。空气湿度为65%～75%。水分过多,会引起烂根、落叶;干旱,使根系生长不良。

豆类蔬菜适于腐殖质多,土层深厚,排水良好的壤土,有利于根系的生长和根瘤菌的活动土壤。黏重土和低湿地,排水和通气不良,影响根的吸收机能,且易生炭疽病,甚至引起落叶而减产。pH以6.2～7.0为好,酸性土壤应施石灰改良。不耐氯化盐的盐碱土。根瘤菌适于中性到微酸性土壤。

2. 需肥特点

豆类蔬菜根系吸收无机元素是随着植株的生长发育而增加的。在生育初期,它们大多是被叶片吸收,几乎呈直线增加。在生育中期,吸收到叶片中的氮、磷、钾数量减少,而豆荚中含量显著增加,花芽分化前追施肥料有利于植株的分枝数、结实数和果实产量提高。铵态氮影响豆类蔬菜的生长发育,缺氮植株中上部叶子会褪绿,且叶面稍有凹凸。根发黑,根瘤少而小,甚至看不到根瘤。

磷肥的吸收量虽然不大,但缺乏磷肥时,植株和根瘤菌的生育不良,开花结荚减少,荚内子粒少,产量低。菜豆以嫩荚供食用,根瘤菌又不甚发达,供给适量氮肥有利增产和改进品质。荚果肥大期需要无机养分最多,茎叶中的养分也不断向荚果转移。钾能明显影响菜豆的生育和产量。土壤中钾肥不足,其产量仅有施钾区的1/5～1/2。

土壤中镁不足,易发生缺镁症、在这种土壤上若不施镁而增加施钾量,则缺镁症状更加严重。硼和钼对菜豆的生育和根瘤菌的活动都有良好的作用,缺乏这些元素就会破坏植株正常的生长发育。适量施用钼酸铵可以提高菜豆的品质和产量。

菜豆从土壤中吸收营养元素最多的是钾,其次是氮、磷、钙、硼。每1000 kg产品需吸收氮3.4 kg,磷2.2 kg,钾5.9 kg。

豇豆对钾的需求量最多,其次是氮和磷,1000 kg豇豆需吸收氮4.1 kg,磷2.5 kg,钾8.8 kg。

3. 施肥技术

(1)基肥:结合整地每公顷施优质有机肥45000～60000 kg,或者用优质腐熟堆肥75000～90000 kg,再加入过磷酸钙375～600 kg,草木灰600～750 kg、氮肥75～90 kg,钾肥150～225 kg。撒匀后进行耕翻。

(2)追肥:在花芽分化时,每公顷追施人畜粪尿约22500 kg,硫酸钾及过磷酸钙各60～75 kg。苗期不要施用过多氮肥,否则会使植株茎、叶组织幼嫩徒长,并易感染病虫害。随着豆类蔬菜的生长,对氮磷钾的吸收逐渐增加,到开花结荚期需肥量最大,可每公顷追施人畜粪尿约22500 kg,硫酸钾及过磷酸钙各90～120 kg,每次浇水都要随水带肥。

在开花结荚初期,有大量根瘤形成,固氮能力最强,如果过多施用氮素化肥,反而会使根瘤菌钝化,使固氮量相对减少,所以要注意避免在此期过多施用氮肥。

四、蔬菜常见营养失调症的诊断及防治

(一)蔬菜氮素营养失调症

1. 症状

氮是蛋白质的主要成分,也是核酸及许多酶的重要成分。氮素可以促进叶绿素的形成,氮素的供应水平对于叶片内叶绿素含量有极大影响,氮对茎、叶的生长和果实的发育具有重要的作用,是与产量关系最为密切的营养元素。

(1)缺氮症:缺氮蔬菜表现为生长减慢,株形矮小,从下位叶到上位叶逐渐褪淡、发黄,有时叶脉呈紫色,逐渐向幼叶发展,严重时整个植株发黄,坐果数少,瓜果生长发育不良。

黄瓜缺氮从叶脉间到全叶黄化,从下位叶向上位叶黄化,全株矮小,长势弱,果实多数为小头果。甘蓝缺氮表现为幼叶浅绿色,老叶紫红色或橙色,叶型狭小,结球不紧或难以包心。番茄缺氮症状是叶片从基部开始黄化,并向上发展,严重时脱落,开花结果少,果实小。

(2)氮素过剩症:氮素施用过多会引起蔬菜作物徒长,营养生长和生殖生长失调,影响坐果率。

蔬菜氮过剩的叶片变短变宽,叶色浓绿。甘蓝、大白结球困难,花椰菜花球不能正常发育,可食率下降。番茄茎叶徒长,开花不良,落花落果严重,果实转色迟,而且色泽不均匀,果柄附近果实往往着色不良,商品质量差。黄瓜茎节伸长,开花节位提高,雌花分化延迟,容易落花落果。

茄子、辣椒茎叶肥大,节间拉长,前期开花结果明显减少,果实畸形。

2. 防治措施

(1)缺氮症:可针对缺氮情况采取以下三个措施:一是增施有机肥料,以培肥地力,增加土壤供氮能力;二是对土壤砂性强、蔬菜生长期又长的菜地,要少量多次追施氮肥;三是蔬菜旺长期应及时追施氮肥。

常用的氮肥及性质:硫酸铵[$(NH_4)_2SO_4$]含氮 20%~21%,弱酸性肥料,水溶性较好;氯化铵(NH_4Cl)含氮 24%~25%,弱酸性肥料,水溶性较好;尿素[$CO(NH)_2$]含氮 46%,中性肥料,水溶性较好。

(2)氮过剩症:主要控制氮肥用量,合理地进行氮、磷、钾配施。

(二)蔬菜磷素营养失调症

磷是植物体内细胞核的组成成分,磷素还参与植物体内碳水化合物、含氮化合物等的代谢。磷能增强作物的抗逆性和适应外界环境条件的能力,提高其抗旱、抗寒能力。蔬菜对磷的吸收主要在生育初期,所以磷肥应注意早施,最好以基肥方式施入。

1. 缺磷症状

缺磷植株矮小,发僵,出叶慢,叶片少而小,叶色暗绿无光泽,有些蔬菜还呈紫红色,开花结果不良。黄瓜等瓜类蔬菜,瓜蔓抽生慢,幼叶小而僵硬,叶呈深绿色,子叶和老叶出现大块水渍状斑,并向幼叶发展,逐渐变褐干枯,叶片易凋萎脱落;番茄株矮,茎细叶稀,叶常卷曲,叶背面和叶脉呈紫红色,老叶黄化,并伴有紫褐色枯斑,容易脱落。番茄前期缺磷,开花少,结实不良。花椰菜等结球蔬菜叶片僵小直立,叶尖和叶缘呈紫红色,花椰菜花

球小。

2. 缺磷防治措施

(1)提高土壤供磷能力。对一些有机质贫乏的土壤,应重视有机肥料的投入,加速土壤熟化,提高土壤有效磷含量。改良土壤酸碱度。酸性土可用石灰,碱性土则用硫黄,使土壤趋于中性,以减少土壤对磷的固定,提高磷肥施用效果。

(2)酸性菜地宜用钙镁磷肥,碱性和中性菜地宜用过磷酸钙;磷肥施用时期宜早不宜迟,一般宜作苗床肥或移栽时施用。

常用的磷肥及性质:过磷酸钙 $Ca(H_2PO_4)_2+CaSO_4$,含 P_2O_5 16%~18%,酸性肥料,水溶性较好;重过磷酸钙 $Ca(H_2PO_4)_2$,含 P_2O_5 40%~45%,酸性肥料,水溶性较好;钙镁磷肥 α-$Ca_3(PO_4)_2$,含 P_2O_5 14%~18%,碱性肥料,弱酸溶性;骨粉 $Ca_3(PO_4)_2$,含 P_2O_5 20%~35%,中性肥料,水溶性不好。

(三)蔬菜钾素营养失调症

钾在植物体内不形成有机物,在植物体内以离子状态存在。钾存在于细胞液中,集中于生长旺盛的部位,在幼芽和幼叶中含量较高。钾能促进光合作用,明显提高植物对氮的吸收和利用。钾还可以部分消除因施用过量的氮、磷所造成的不良影响。

1. 缺钾症状

蔬菜缺钾表现为先从植株下部老叶叶尖、叶缘开始黄化,进而叶缘褐变枯焦,叶面皱缩并有褐色斑点或斑块。症状由下位叶向上位叶发展。

黄瓜缺钾时苗期叶色浓绿、发硬,叶片小,叶片稍微向上挺,果实成熟晚。甘蓝老叶边缘发黄或发生黄白斑,叶片凋萎、结球小,不紧实。胡萝卜叶色淡绿,逐渐发展为褐色,肉质根短小,呈纺锤形。

2. 防治措施

(1)增施有机肥料,增加有机肥料的用量和草木灰。

(2)施用钾肥。发现缺钾症状及时施用钾肥。对生长期长的蔬菜,钾肥最好分次施用,特别是在砂性强、雨水多的季节,分次施肥可以减少流失,提高施钾效益。

叶面喷施钾肥可以补充和调节植株的钾素营养。在植株需钾较大的时期,如黄瓜膨瓜果、番茄盛果期和大白菜结球期,可用0.3%~0.5%的硝酸钾或硫酸钾溶液喷施,5~7天喷一次,连喷2~3次。

常用的钾肥及性质:硫酸钾 K_2SO_4,含 K_2O 48%~52%,中性肥料,水溶性较好;氯化钾 KCl,含 K_2O 50%~60%,中性肥料,水溶性较好。

对马铃薯、菠菜、豌豆、大白菜等对氯敏感的作物,少用或不用氯化钾等含氯化肥。

(3)加强水分管理。土壤过分干旱时要适当灌溉,雨季要做好排水工作。

(四)蔬菜钙素营养失调症

钙是构成细胞壁的重要元素。钙以果胶酸钙的形态结合,固定在细胞壁的胞间层中,钙可以促进碳水化合物的转化和氮素的代谢。可以促进细胞的伸长和分裂,促进根系发育和叶片生长。

1. 缺钙症状

蔬菜新生部位如顶芽、根尖生育停滞、萎缩;新叶粘连,不能正常展开,展开的新叶常焦边，残缺不全；果实顶端易出现凹陷，黑褐色坏死。番茄、甜椒植株萎缩，幼芽变小、黄化，距生长点近的幼叶周围变为褐色，有部分枯死，果脐处变黑，形成脐腐。大白菜、甘蓝剖开叶球可见内叶边缘或连同心叶一起褐变干枯。

2. 防治

一是多施些有机肥；二是充足供应石灰，对于供钙不足的酸性土壤应施用石灰等含钙肥料。石灰的用量与土壤质地有关，同时还需考虑原来土壤的 pH 条件。此外，还可以选用其他含钙高的肥料如石膏等；三是实行深耕，多灌水，使土壤保持湿润，以增加植株对钙的吸收；四是对因土壤溶液浓度过高引起根系吸收障碍的，土壤施用钙肥常常无效，一般需用叶面喷施。可选用 0.3%～0.5%硝酸钙喷施，每隔 5～7 天左右喷一次，连喷 2～3 次即可见效。大白菜干烧心在开始进入结球期时喷钙为佳。

常用的钙肥及性质：硝酸钙[$Ca(NO_3)_2$]含 Ca19.4%，水溶性较好；过磷酸钙[$Ca(H_2PO_4)_2+CaSO_4$]含 Ca18%～21%，水溶性较好；钙镁磷肥[$\alpha\text{-}Ca_3(PO_4)_2+CaSiO_3+MgSiO_3$]含 Ca 21%～24%，Mg 6%～10%，弱酸溶性。

（五）蔬菜镁素营养失调症

镁是叶绿素的成分，镁在植株体内有促进磷酸盐转运的作用，也是许多酶的活化剂，能加强酶的催化作用，促进糖类的代谢和吸收作用。镁还参与脂肪代谢，促进维生素 A 和维生素 C 的合成。镁在植物体内的移动性也较强。

1. 缺镁症状

蔬菜缺镁一般症状是中下位叶褪绿黄化，叶脉仍保持绿色，有时叶片还伴有橘黄、紫红等杂色，尤其是在果实附近的几张叶片容易出现病症。这是因为镁在植株体内易移动，当土壤镁供应不上时，果实附近叶片中的镁调运到果实，供果实发育之需所致。

缺镁时黄瓜生育期提前，果实开始膨大并进入盛期的时候，下位叶的叶脉间的绿色渐渐地变黄，进一步发展，除了叶缘残留点绿色外，叶脉间均黄化，在生育后期，只有叶脉、叶缘残留点绿色外，其他部位全部黄白化；番茄首先在中下部叶片或果实附近叶片沿主脉两侧叶肉呈斑状黄化或黄白化，叶尖、主脉和侧脉仍保持绿色。在果实膨大期容易发生；丝瓜叶肉及叶缘呈黄白色干枯。芹菜叶尖及叶缘失绿，继而叶脉间出现坏死斑，以至全叶坏死。

2. 防治措施

（1）增施有机肥：有机肥具有养分全，改良土壤等作用，增施有机肥有利于提高蔬菜对镁的吸收。

（2）施用镁肥：对缺镁的土壤增施镁肥，一般每公顷用硫酸镁 225～450 kg。酸性土壤可用钙镁磷肥 750～1200 kg 或镁石灰 1500～2250 kg，既供给镁，又可改良土壤酸性。对于根系吸收障碍而引起的缺镁，可用 1%～2%硫酸镁溶液进行叶面喷施，每隔 5～7 天喷一次，连喷 3～5 次。

常用的镁肥及性质：硫酸镁（$MgSO_4 \cdot 7H_2O$）含 Mg 9.6%～9.8%，水溶性较好；碳酸镁（$MgCO_3$）含 Mg 28.8%，水溶性较好；钙镁磷肥[$\alpha\text{-}Ca_3(PO_4)_2+CaSiO_3+MgSiO_3$]含 Ca 21%～24%，Mg 6%～10%，弱酸溶性。

（3）合理使用氮钾肥：缺镁的土壤，要防止过量氮肥和钾肥对镁吸收的影响。保护地蔬菜施肥过多，根层养分积累严重，会抑制镁的吸收。因此，保护地蔬菜内施氮钾肥，应采用少量分次施用。

（六）蔬菜硼素营养失调症

硼参与糖类在植物体内的分配和运转，促进营养器官和生殖器官的生长，硼能加速植物发育，促进早熟和改善品质。影响硼利用的因素较多，一是土壤酸碱度：土壤 pH 为4.5～6.8时，硼的有效性最高，水溶性硼与 pH 成正相关；pH 大于 7.0 硼的有效性降低，酸性土壤中硼的有效性高，但容易淋洗损失，施用大量石灰，硼的吸附固定增加，会诱发缺硼。二是土壤有机质：对酸性土来说，有机物使硼固定可避免淋失，有机物矿化后又会增加有效性硼；对于石灰性土壤来说，有机物对硼有效性的影响不及土壤 pH 的影响明显。三是气候条件：干旱使土壤中硼的有效性降低，湿润多雨地区，常由于强烈的淋洗作用而导致硼的损失，降低有效硼的含量，特别是轻质土壤尤为明显。四是土壤质地：土壤质地影响硼在土壤中的移动，在轻质土壤上硼易遭淋失，使水溶性硼减少；而在黏质土壤上，由于黏粒的吸附作用，能保持较多的有效硼。

1. 症状

（1）蔬菜缺硼症状：蔬菜缺硼往往引起体内碳水化合物代谢发生紊乱，糖的运转受到限制，茎、根生长点萎缩，叶片皱缩，扭曲畸形。茎和叶柄短粗、开裂、变脆。蔬菜缺硼叶绿素形成受阻，叶片黄化，早期脱落。芹菜缺硼易导致茎裂病，根菜类等肉质根内部组织坏死变褐，木栓化。萝卜缺硼易引起褐心病。缺硼还往往导致花而不实，甚至不开花。

（2）蔬菜硼过剩症：土壤中硼浓度在 5 mg/kg 以上时，对种子的发芽有害。蔬菜硼过量表现在老叶叶缘黄化或焦枯，叶尖叶缘出现灼伤状干枯，叶背发生褐色斑点或斑块。黄瓜中下部叶片叶缘失绿黄化，并沿脉间向中脉发展；叶面上有时会出现棕褐色斑点；顶芽生长受抑，严重时褐变枯死。

2. 防治措施

（1）蔬菜缺硼症的防治：番茄、胡萝卜、油菜、花椰菜、芹菜、甜菜、萝卜、甘蓝、莴苣等蔬菜对硼敏感，易出现缺硼症状。

①增施有机肥料：增施有机肥料能增加土壤有机质含量，减少硼的固定和淋失，协调土壤供硼强度与容量。有机肥料含硼量较高，施入土壤后可随有机肥料的分解释放出来，提高土壤供硼水平。

②增施硼肥：缺硼的土壤每公顷施用硼砂 30～45 kg，与有机肥混合后基施于土壤。蔬菜出现缺硼症状时应进行叶面喷施 0.1％～0.2％硼砂或硼酸溶液。5～7 天喷一次，连喷 2～3 次。因硼砂难溶于水，配制时先用热水溶解。常用的硼肥及性质：硼酸（H_3BO_3）含 B 17％，易溶于热水；硼砂（$Na_2B_4O_7 \cdot 10H_2O$）含 B 11.3％，易溶于 40 ℃水。

③水分管理：遇长期干旱，土壤过于干燥时要及时灌水抗旱，保持湿润，增加对硼的吸收。

（2）蔬菜硼中毒症的防治：可灌溉多量的水使土壤中的硼素流失，如灌溉了酸性水时，硼的流失更可加快。硼流失后，再施用石灰质肥料调节 pH。

（七）铜素营养失调的症状

铜对氮的代谢有重要影响，铜关系着叶绿素的稳定性和光合作用的活力，铜还能影响花的发育和结实，许多植物由于缺铜导致花粉“不育症”，铜在植物体内称动性差。缺铜植物尖端输导组织积累草酸钙，从而妨碍生长物质的运输。施铜后草酸钙消失，生长正常。

1. 缺铜症状

铜在植物体内运转能力差，缺铜蔬菜新叶失绿出现坏死斑点，结构畸形，叶尖发白。缺铜使木质化受抑制，严重时不能木质化并使导管破裂，影响水分运输，从而导致枯萎。缺铜还影响花的发育和结实．导致花粉“不育症”。

在蔬菜中，洋葱、莴苣、菠菜和胡萝卜对缺铜敏感，番茄、萝卜、芹菜、黄瓜属中等敏感作物，蚕豆、豌豆、油菜、芦笋、马铃薯及薄荷等对缺铜不敏感。

2. 防治措施

一是增施有机肥，改良土壤，培肥地力，提高土壤有机质含量，促进蔬菜对铜素的吸收，提高铜素利用率。二是增施铜肥，亩基施硫酸铜 2～3 kg 或进行叶面喷施。

（八）蔬菜氯素营养失调症

1. 蔬菜作物氯中毒症状

寿光市土壤中氯的含量丰富，一般不缺乏，但在蔬菜栽培中因过量使用含氯肥料易导致氯中毒，表现为叶片发黄、枯焦并提早脱落，根尖死亡，严重时整体枯死。

2. 防治措施

（1）不使用含氯化肥。对氯反应敏感的蔬菜要严格控制含氯化肥施用，特别是含氯化铵及氯化钾的“双氯”复混肥的施用，以防因氯离子过多而造成对作物的危害。

（2）增施有机肥，改良土壤，培肥地力，提高土壤有机质含量。

（3）不用含氯量高的水灌溉蔬菜。

（九）缺锌

锌关系到氮的代谢和叶绿素的合成和稳定，锌可提高萎蔫时束缚水的含量而提高抗旱力，锌以 Zn^{2+} 的形式吸收。影响土壤锌有效性的因素较多，缺锌多发生在 pH 大于 6.5 的土壤中，土壤 pH 升高有效锌减少。另外，土壤有机质、温度也影响植物对有效锌的吸收。

1. 缺锌症状

蔬菜缺锌时叶变小，叶脉间黄化卷曲，节间缩短，形成簇生小叶，有全体萎缩的感觉。对锌敏感的蔬菜有番茄、甘蓝、莴苣、芹菜、菠菜等。

2. 应急的处理方法

（1）施用含锌肥料：每公顷基施硫酸锌 30 kg 或叶面喷洒 0.3％硫酸锌加 0.2％～0.3％的生石灰，或石灰硫黄合剂加 0.3％硫酸锌。

（2）施用酸性肥料：施用硫酸铵、氯化钾、氯化铵等酸性肥料可使缺乏症恢复。

（3）不过量施用磷：如磷素过多，将抑制锌的吸收，易产生锌缺乏症。

（十）锰素营养失调

锰为叶绿体的组成物质，又在叶绿素合成中起催化作用，锰在光合作用中带有决定的影响；锰是许多酶的组成或酶系统的活化剂；锰可以促进体内硝酸还原作用，有利于合成蛋白质，从而提高氮的利用效率；锰能改善物质运输的能量供应。影响土壤有效锰的因素很多：一是土壤酸碱性，高 pH 土壤比低 pH 土壤更易吸附锰，高 pH 的石灰性土壤有效锰较低，低 pH 的酸性土壤有效锰较高，pH 大于 7.5，有效锰急剧下降，pH 大于 8.0 时，土壤有效锰很低。二是土壤质地，总的趋势是，砂土到中壤随土壤黏粒含量（粒径小于0.01 mm）增加而增加，中壤到重壤随黏粒含量的增加而降低。一般地说，砂性大的土壤，有效锰含量较低。三是土壤有机质，土壤有机质的存在，可促使锰的还原而增加活性锰。土壤有机质含量高，有效锰含量亦高，有机质含量低，有效锰含量亦低。土壤有效锰与土壤有机质之间呈正相关关系。四是土壤水分状况，土壤水分直接影响着土壤氧化还原状况，淹水时，锰向还原状态变化，有效锰增加；干旱时，锰向氧化状态变化，有效锰降低。五是碳酸钙，一般地说土壤有效锰随上壤碳酸钙含量增加而降低，锰的有效度与碳酸含量之间呈负相关。

1. 缺锰症状

锰在作物体内不易移动。因此缺锰症常从新叶开始。缺锰时首先表现叶肉失绿，叶脉仍为绿色。叶脉呈绿色网状，叶脉间失绿小片为圆形，叶脉间的叶片突起，使叶子边缘起皱。缺锰严重时，失绿小片扩大相连，并出现褐色斑点，呈烧灼状，并停止生长。

蔬菜缺锰比较敏感有马铃薯、莴苣、黄瓜、萝卜、菠菜、花椰菜、芹菜、番茄、胡萝卜等。

2. 防治措施

(1)增施有机肥：多施有机物质可增加土壤的缓冲力，土壤水分的保持力，不易引起锰的缺乏。

(2)施用锰肥：碱性土壤可亩施用硫酸锰 30～45 kg，土壤为中性或微酸性时施用 15～30 kg。常用的锰肥及性质：硫酸锰（$MnSO_4 \cdot 3H_2O$）含 Mn 24%～28%，易溶于水。

(3)叶面喷施：缺乏症状出现时，每 5～7 天喷硫酸锰 0.2%～0.3%液或氯化锰液加0.3%生石灰，连喷 2～3 次。

(4)施用酸性肥料：施用酸性肥料，能减缓蔬菜缺锰。

(5)锰过剩防治措施：如果锰过剩应注意排水，并多施石灰质肥料。

（十一）蔬菜缺钼

钼是硝酸还原酶的组成成分，可将硝态氮还原成铵态氮；钼能改善物质运输的能量供应，能与有机物形成络合物；钼可促进维生素 C 的合成（尤其在酸性土壤上），钼可促进种子和生殖期的呼吸作用，降低早期呼吸强度，钼可提高叶绿素的稳定性，减少叶绿素在黑暗中的破坏。

1. 缺钼症状

蔬菜缺锰时叶色黄化，生长不佳，叶向中肋深深凹进，叶肉部分很少，小叶稍呈杯状，严重时，下叶萎凋。

2. 防治措施

(1)酸性土壤上施用石灰：在酸性土壤上施用石灰来中和土壤酸度，对于钼肥的效果有一定的影响。土壤酸度下降后，土壤中的钼的可给性提高，能够提供较多的钼来满足蔬菜对钼的需要。

(2)科学的进行配方施肥：蔬菜施用磷肥以后，植物吸收钼的能力增高，钼肥效果提高。磷肥与钼肥配合施用，常会表现出好的肥效。硫也会加重钼的缺乏，在施用含硫肥料以后，容易出现缺钼现象，所以，要科学的进行配方施肥。

(3)增施有机肥：多施有机物质可增加土壤的缓冲力，土壤水分的保持力，不易引起钼的缺乏。

(4)施用钼肥：每公顷施用钼酸铵 30～45 kg。

常用的钼肥及性质：钼酸铵$[(NH_4)_6Mo_7O_{24}\cdot 4H_2O]$含 Mo 50%～54%，易溶于水；钼酸钠$(Na_2MoO_4\cdot 2H_2O)$含 Mo 39%，易溶于水。

(5)叶面喷施：缺乏症状出现时，每 5～7 天喷钼酸铵 0.2%～0.3%溶液，连喷 2～3 次。

(十二)硫素营养失调

硫是构成蛋白质和酶不可缺少的成分。缺硫时蛋白质的形成受阻，从而影响作物产量和产品中蛋白质的含量。含硫有机化合物还参与植物体内的氧化还原过程，对植物的呼吸作用有特殊功能。叶绿素的成分中虽然没有硫，但硫对于叶绿素的形成的一定影响。缺硫时叶绿素含量降低，叶色褪淡，严重时呈黄白色。

1. 缺硫症状

蔬菜硫的移动性很小，较难从老组织向幼嫩组织运转。缺硫时，由于蛋白质、叶绿素的合成受阻，生长受到严重障碍，植株矮小瘦弱，叶片褪绿或黄化，茎细、僵直，与缺氮有些相似。但缺硫症状首先在幼叶出现。

2. 防治措施

(1)增施有机肥：土壤中的硫主要存在于有机质中，土壤有机质含量高，含硫量也高。多施有机物质还可增加土壤的缓冲力，土壤水分的保持力，不易引起硫的缺乏。

(2)施用含硫的肥料：常用的硫肥及性质：除常用的硫酸铵、硫酸铜、硫酸亚铁外，还有硫黄，含 S 95%～99%，难溶于水；石膏$(CaSO_4\cdot 2H_2O)$含 S 18.6%，微溶于水。

(十三)铁素营养失调的症状

铁在植物体内与血红蛋白有关，铁参与一些氧化酶和非血红蛋白酶的组成。铁可以发生 3 价和 2 价离子状态的可逆转变，因而是植物体内所有氧化还原过程中极其重要的参加者，在呼吸作用中起电子传递作用，缺铁叶绿素呼吸强度降低。铁在植物体中流动性小，因此缺铁症表现在上部叶上。

影响铁有效性的因素：一是土壤酸碱度，土壤越偏碱$(pH>7)$，铁与土壤中负离子结合得越牢固，铁的溶解度也越低。二是土壤碳酸钙的含量：土壤中碳酸钙的水解一方面提高了土壤的酸碱度，另一方面使铁与碳酸根形成更难溶解的化合物，降低了铁的活性。三是土壤中黏粒(土壤颗粒的直径小于 0.01 mm)的含量越高，铁的有效性越低。四是土壤水的饱和度：如果土壤水饱和度过高，土壤颗粒间的空隙被水填充造成还原的环境，在还原条件下如果土壤碳酸钙含量又偏高，铁就会形成难溶解的化合物。五是土壤有机质：土壤有机质对铁的活化有明显的促进作用，有机质高的土壤有效铁的含量也高。

1. 缺铁症状

蔬菜缺铁时幼叶脉间失绿呈淡黄色至黄白色，细小的网状叶脉仍保持绿色，严重缺铁时叶脉也会黄化。

2. 防治措施

(1)施用铁肥：施用硫酸亚铁 45～75 kg/hm^2。常用的铁肥有：硫酸亚铁$(FeSO_4\cdot H_2O)$含 Fe 19%～20%，易溶于水；硫酸亚铁铵$[(NH_4)_2SO_4\cdot FeSO_4\cdot 6H_2O]$含 Fe 14%，易溶

于水;尿素铁络合物(三硝酸六尿素合铁)含 Fe 9.2%。

(2)叶面喷洒:蔬菜呈现缺乏症时,喷洒硫酸亚铁或氯化铁液 1%~2%,5~7 天喷一次,连喷 2~3 次。

(3)施用酸性肥料:土壤为强碱性时,可每公顷施用硫黄粉 30~45 kg。

附　图

寿光市土壤pH分布图

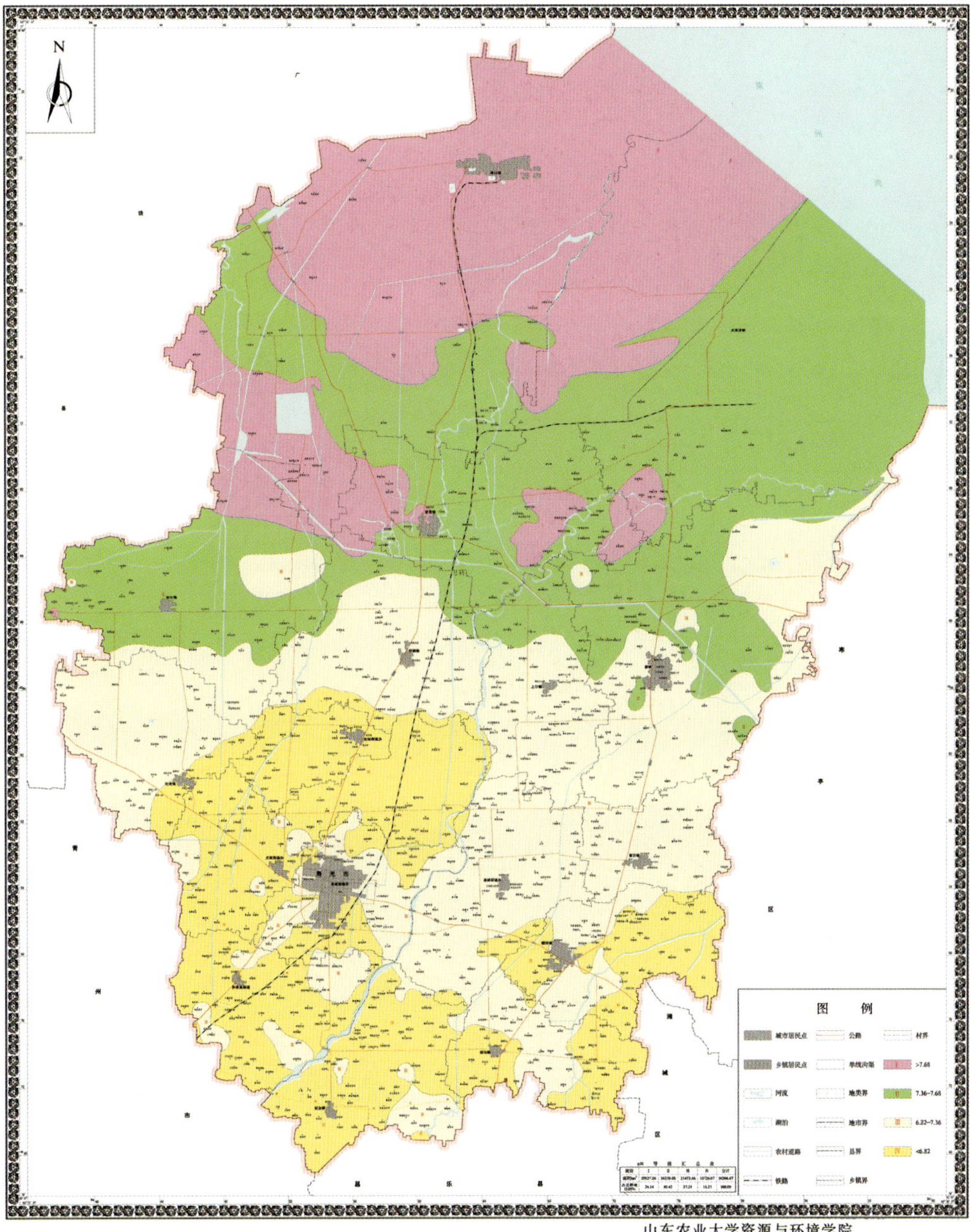

1954年北京坐标系　1956年黄海高程系　　比例尺：1∶450000

山东农业大学资源与环境学院
山东天地亚太国土遥感有限公司　二〇〇八年六月

寿光市土壤交换性钙含量分布图

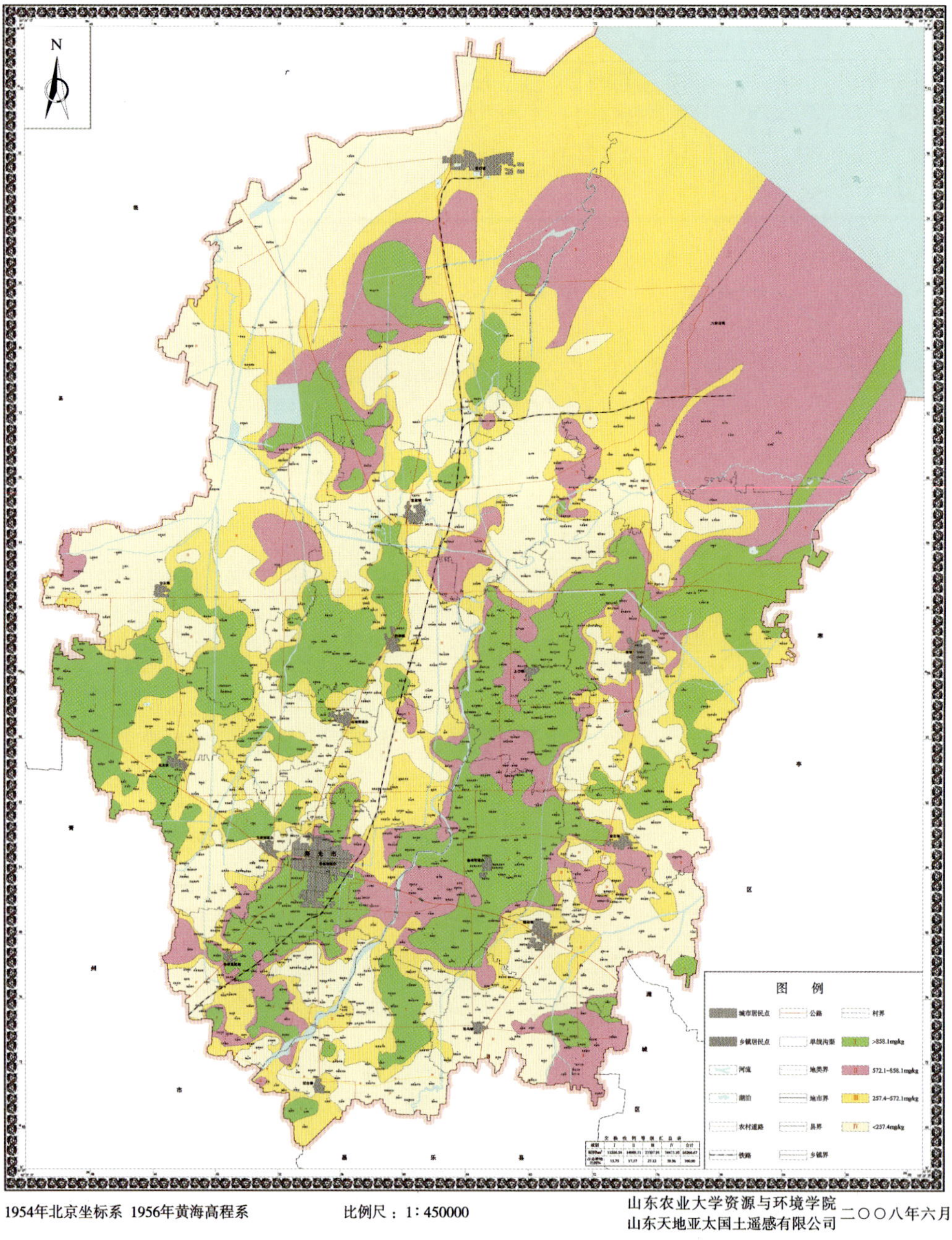

1954年北京坐标系 1956年黄海高程系　　比例尺：1∶450000　　山东农业大学资源与环境学院
山东天地亚太国土遥感有限公司　二〇〇八年六月

寿光市土壤交换性镁含量分布图

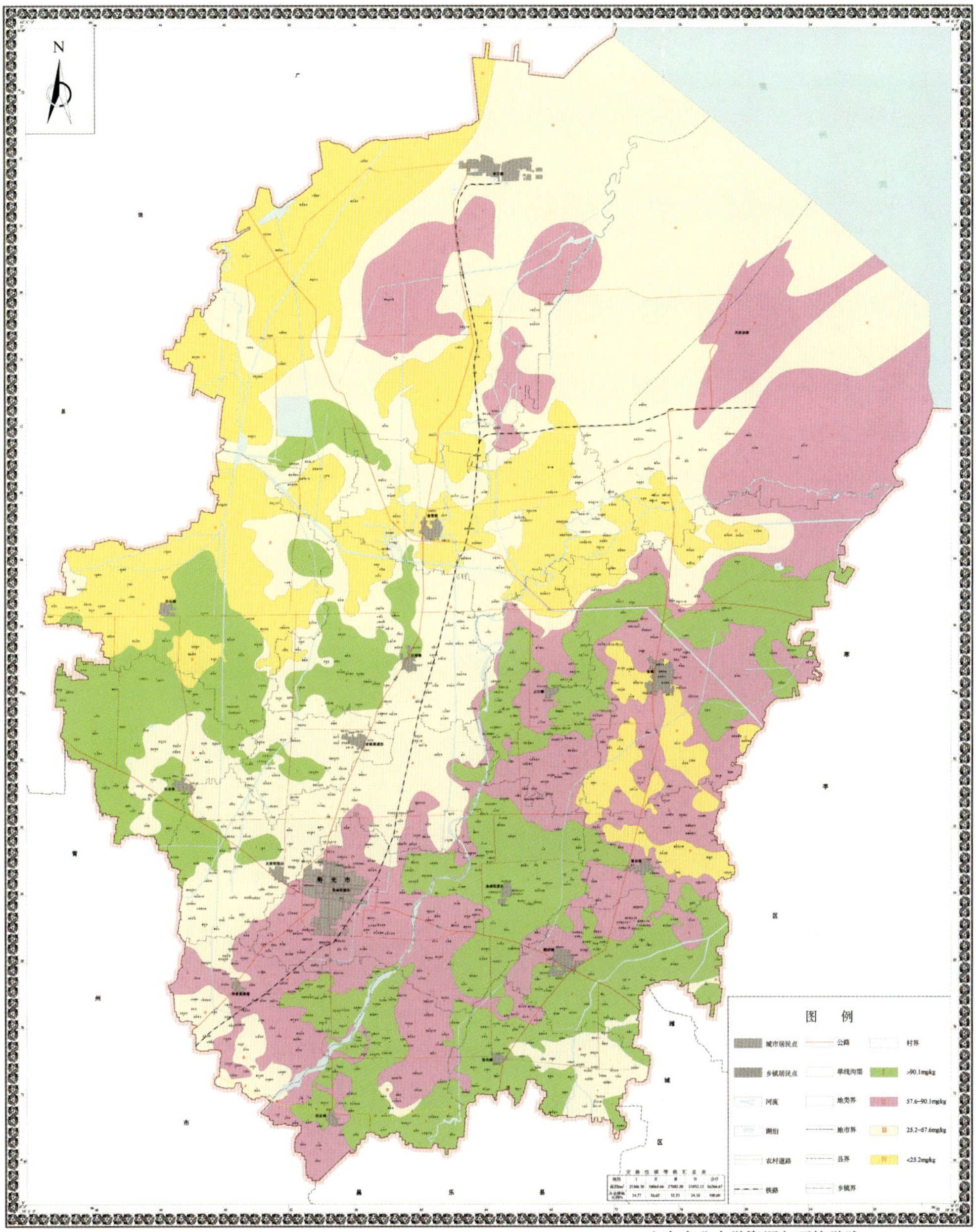

1954年北京坐标系 1956年黄海高程系　　比例尺：1∶450000　　山东农业大学资源与环境学院 山东天地亚太国土遥感有限公司 二〇〇八年六月

寿光市土壤全氮含量分布图

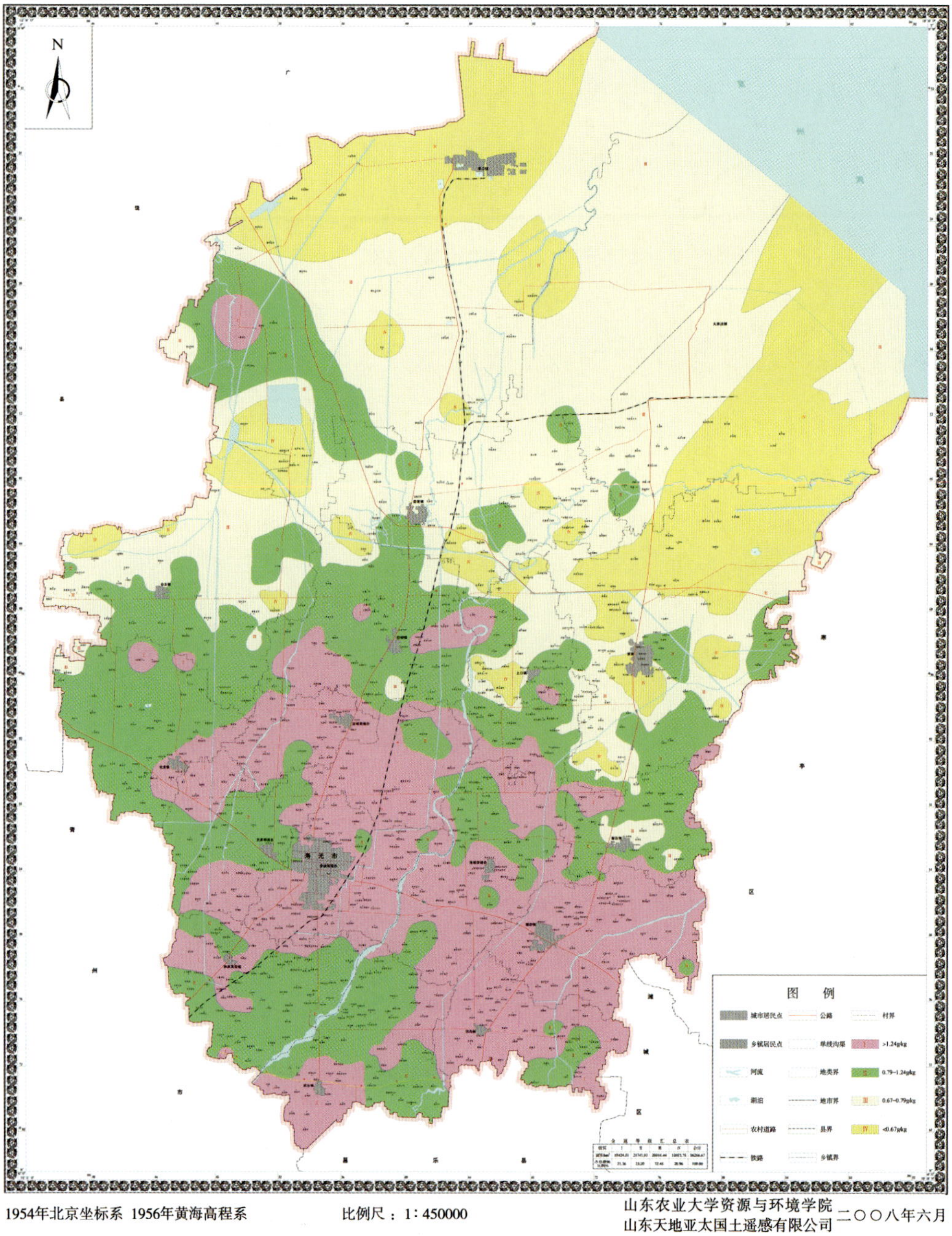

1954年北京坐标系 1956年黄海高程系　　比例尺：1：450000　　山东农业大学资源与环境学院 山东天地亚太国土遥感有限公司　二〇〇八年六月

寿光市土壤水解氮含量分布图

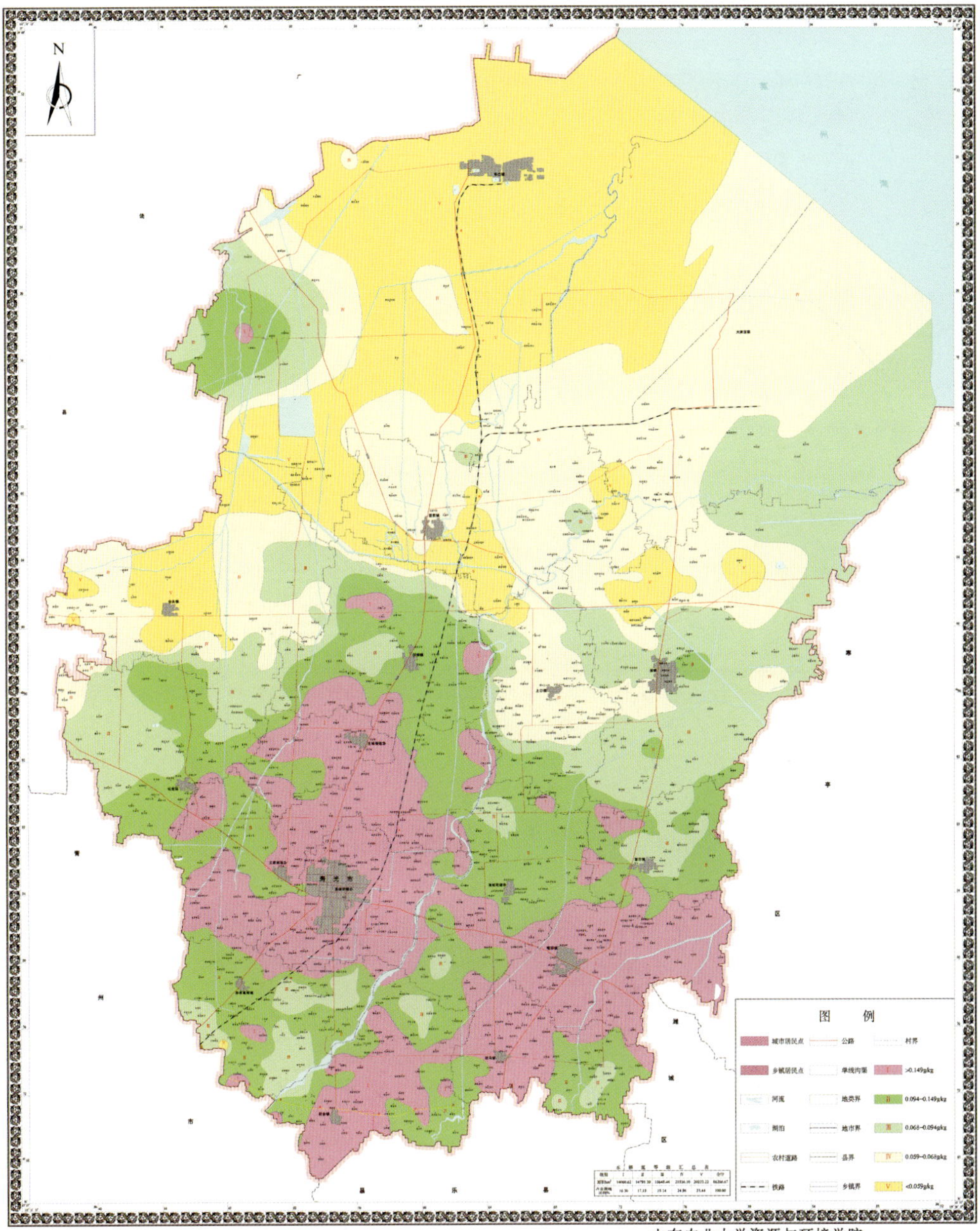

1954年北京坐标系 1956年黄海高程系　　比例尺：1∶450000　　山东农业大学资源与环境学院　山东天地亚太国土遥感有限公司　二〇〇八年六月

寿光市土壤速效钾含量分布图

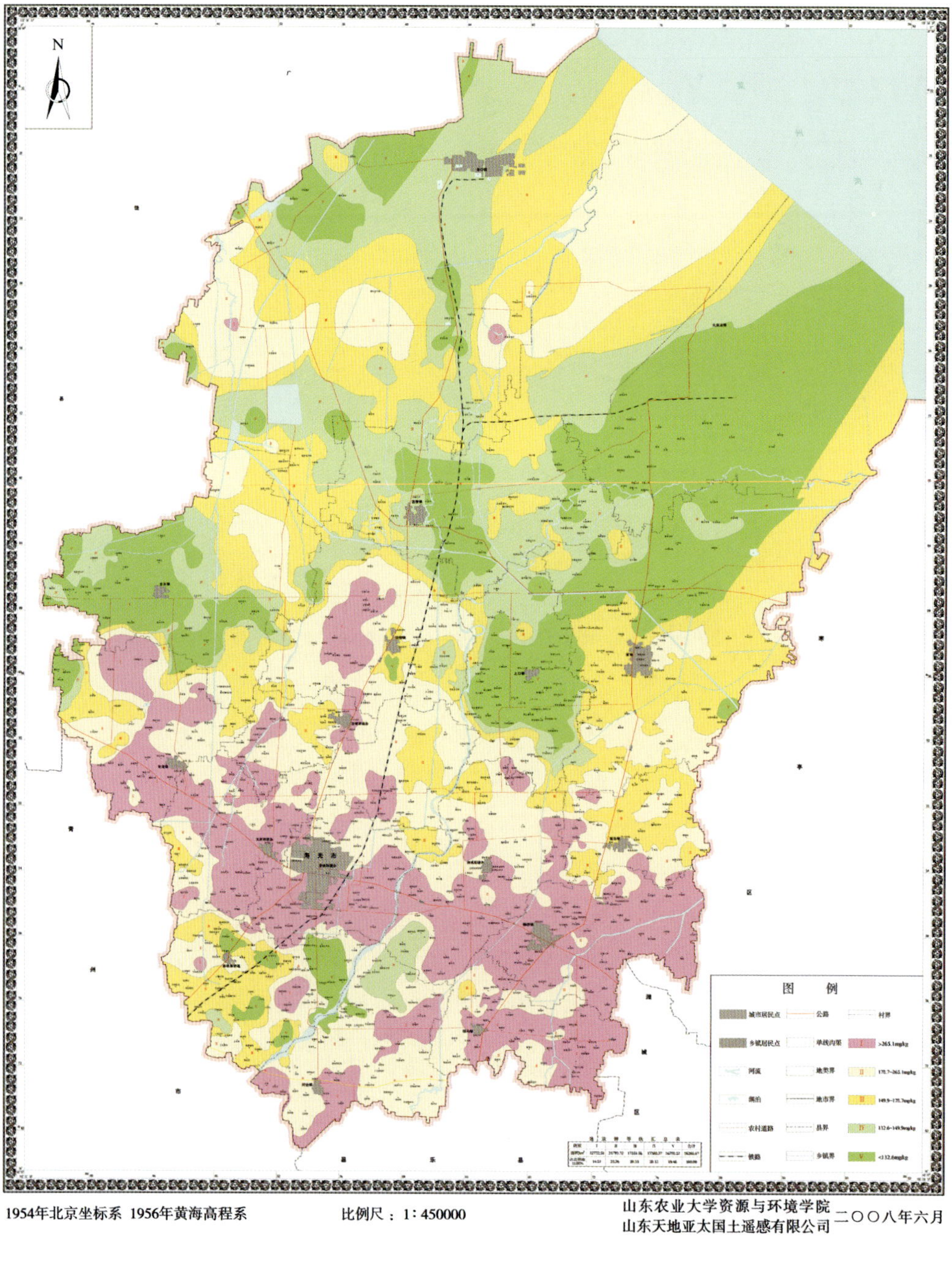

1954年北京坐标系 1956年黄海高程系　　比例尺：1∶450000　　山东农业大学资源与环境学院 山东天地亚太国土遥感有限公司 二〇〇八年六月

寿光市土壤图

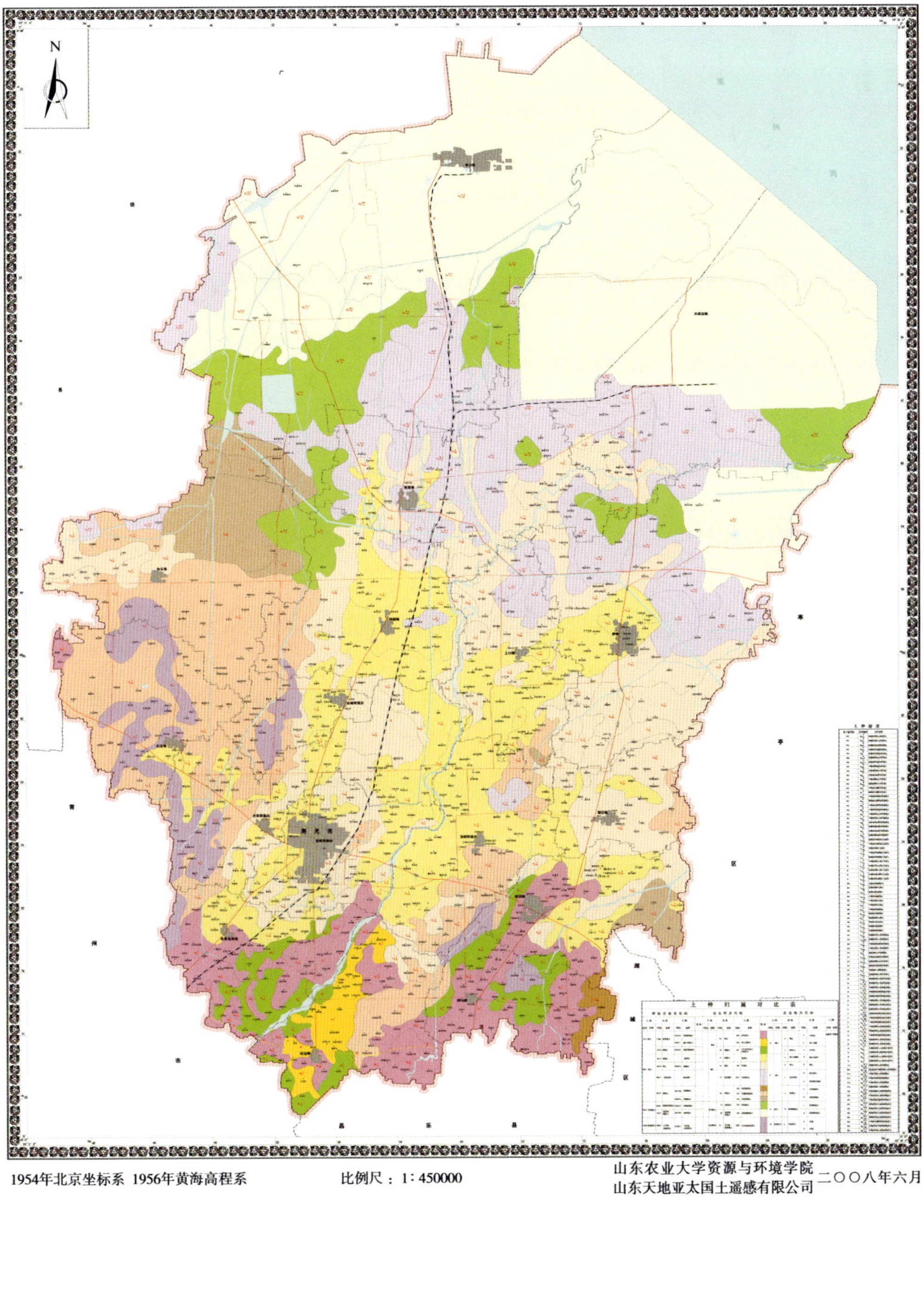

1954年北京坐标系 1956年黄海高程系 比例尺：1∶450000 山东农业大学资源与环境学院 山东天地亚太国土遥感有限公司 二〇〇八年六月

寿光市土壤有机质含量分布图

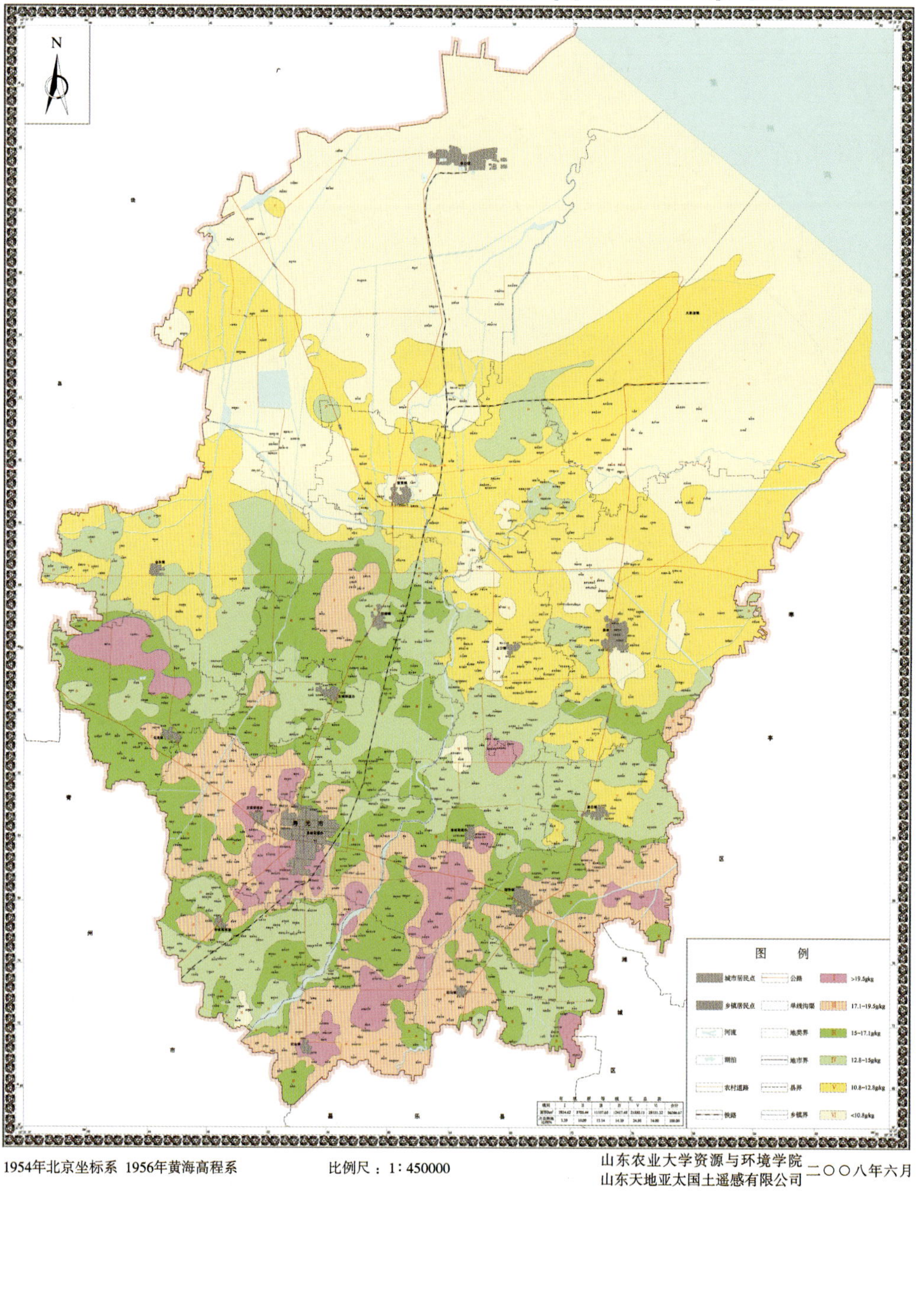

1954年北京坐标系 1956年黄海高程系　　比例尺：1∶450000　　山东农业大学资源与环境学院 山东天地亚太国土遥感有限公司　二〇〇八年六月

寿光市土壤有效磷含量分布图

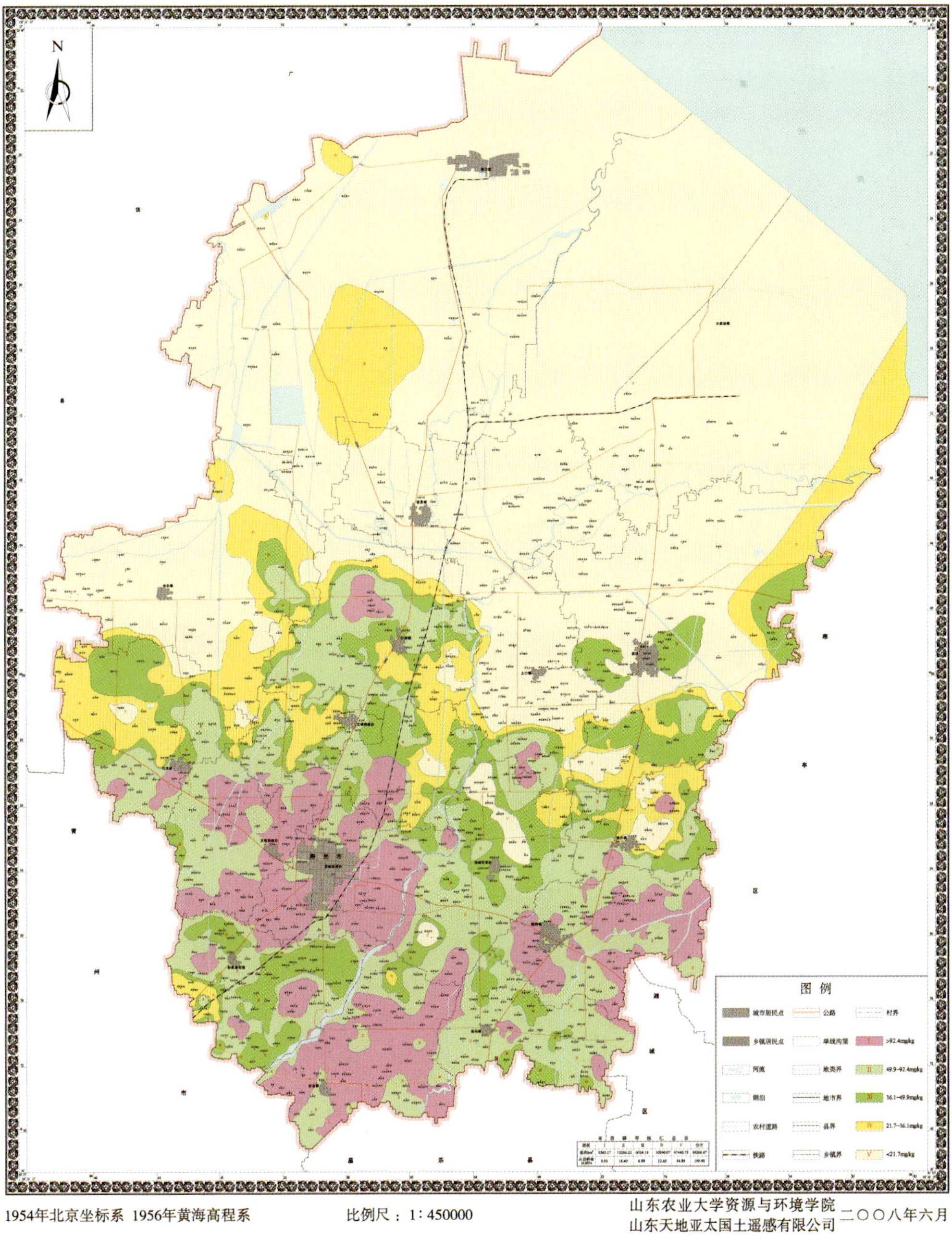

1954年北京坐标系 1956年黄海高程系　　比例尺：1∶450000　　山东农业大学资源与环境学院
山东天地亚太国土遥感有限公司　二〇〇八年六月

寿光市土壤有效锰含量分布图

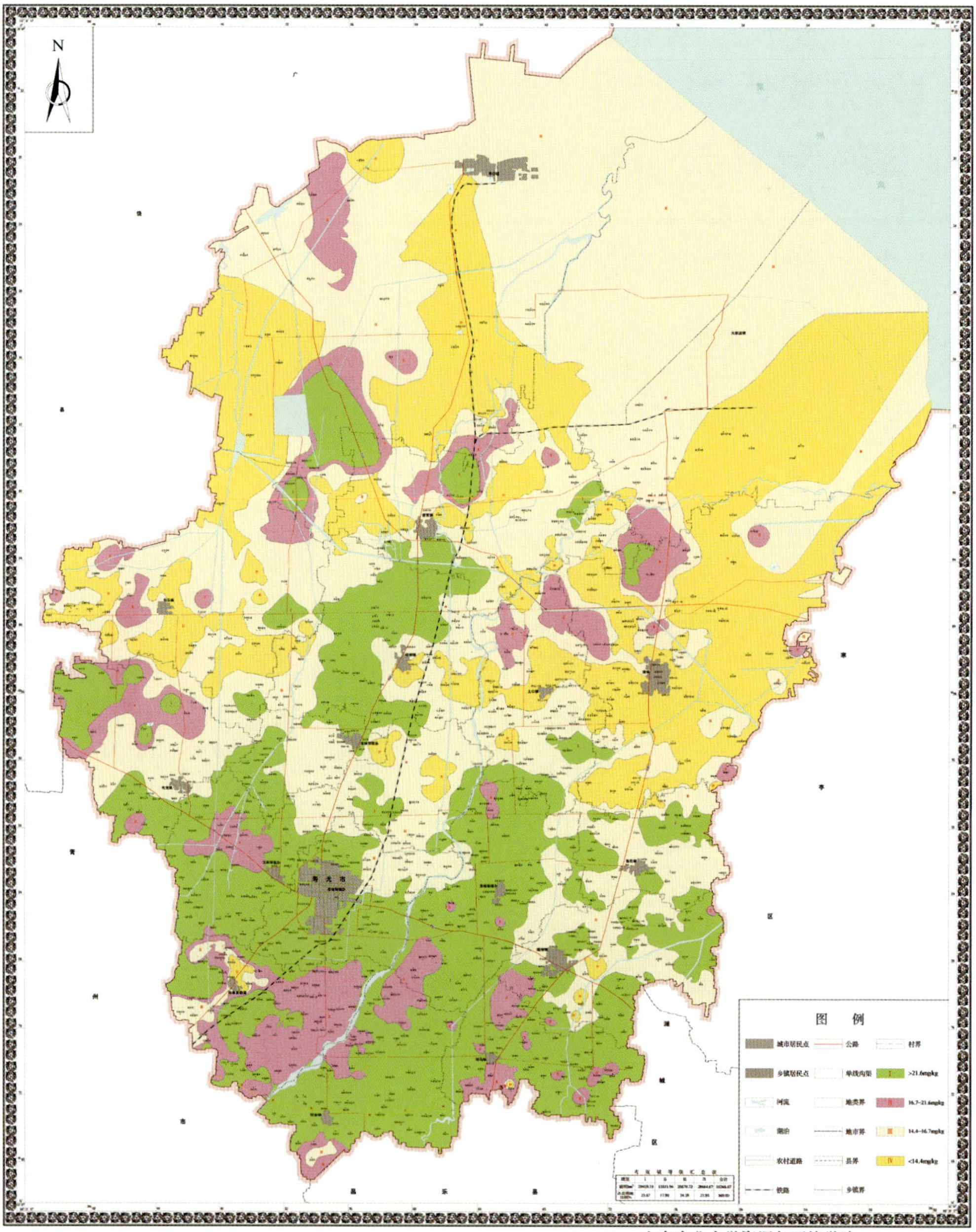

1954年北京坐标系 1956年黄海高程系　　比例尺：1∶450000　　山东农业大学资源与环境学院 山东天地亚太国土遥感有限公司 二〇〇八年六月

寿光市土壤有效硼含量分布图

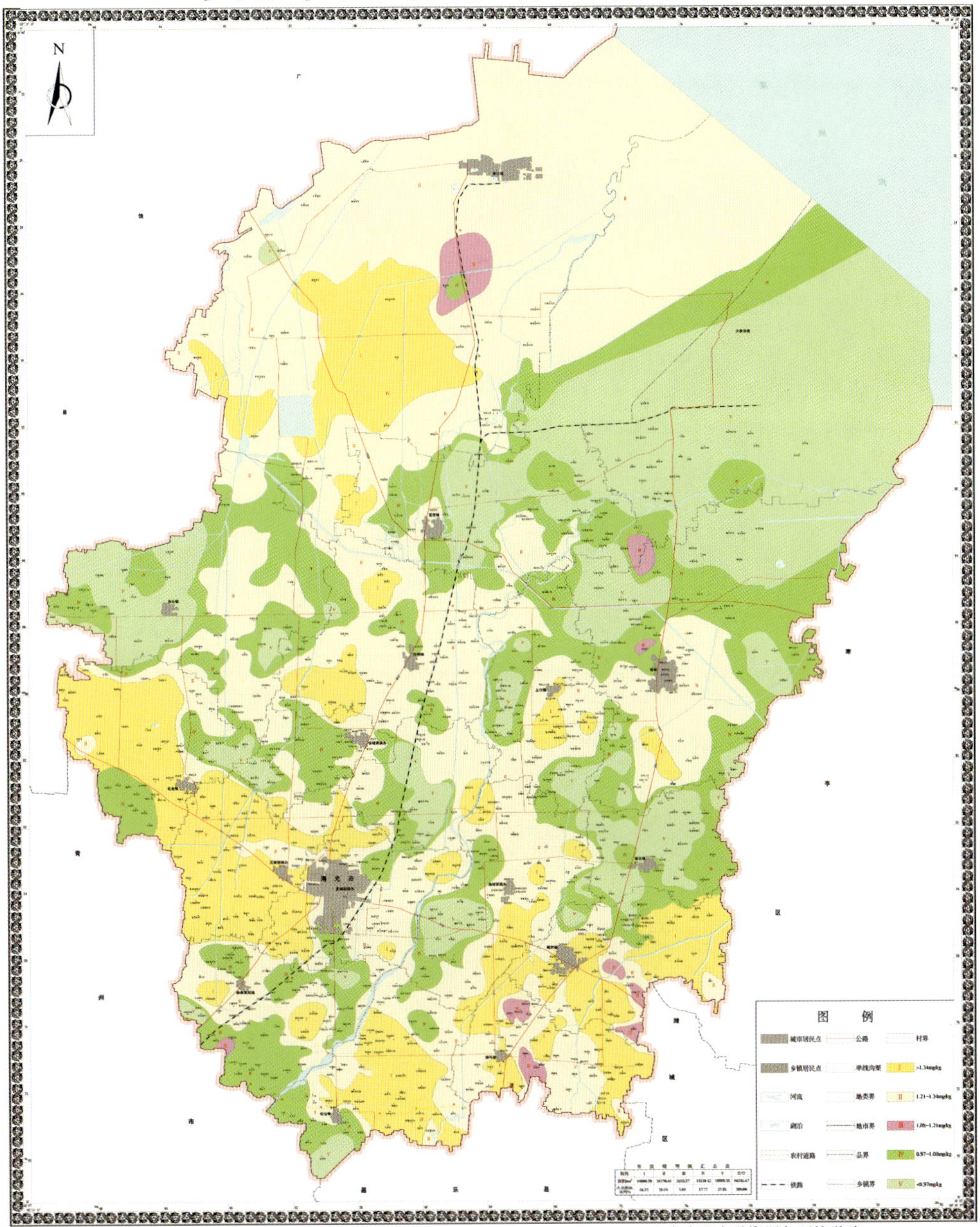

1954年北京坐标系 1956年黄海高程系　　比例尺：1∶450000　　山东农业大学资源与环境学院　山东天地亚太国土遥感有限公司　二〇〇八年六月

寿光市土壤有效铁含量分布图

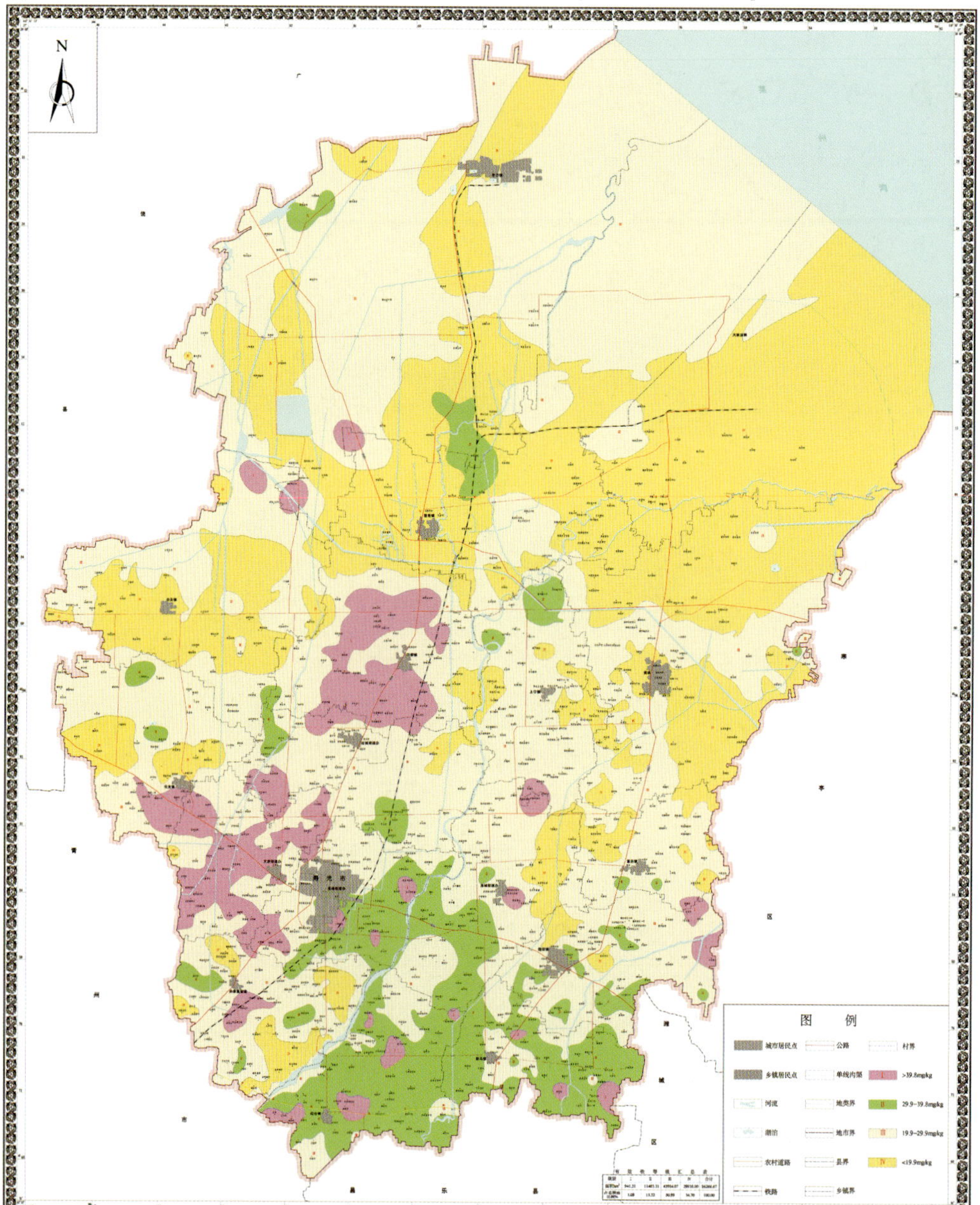

1954年北京坐标系 1956年黄海高程系　　比例尺：1∶450000　　山东农业大学资源与环境学院 山东天地亚太国土遥感有限公司 二〇〇八年六月

寿光市土壤有效铜含量分布图

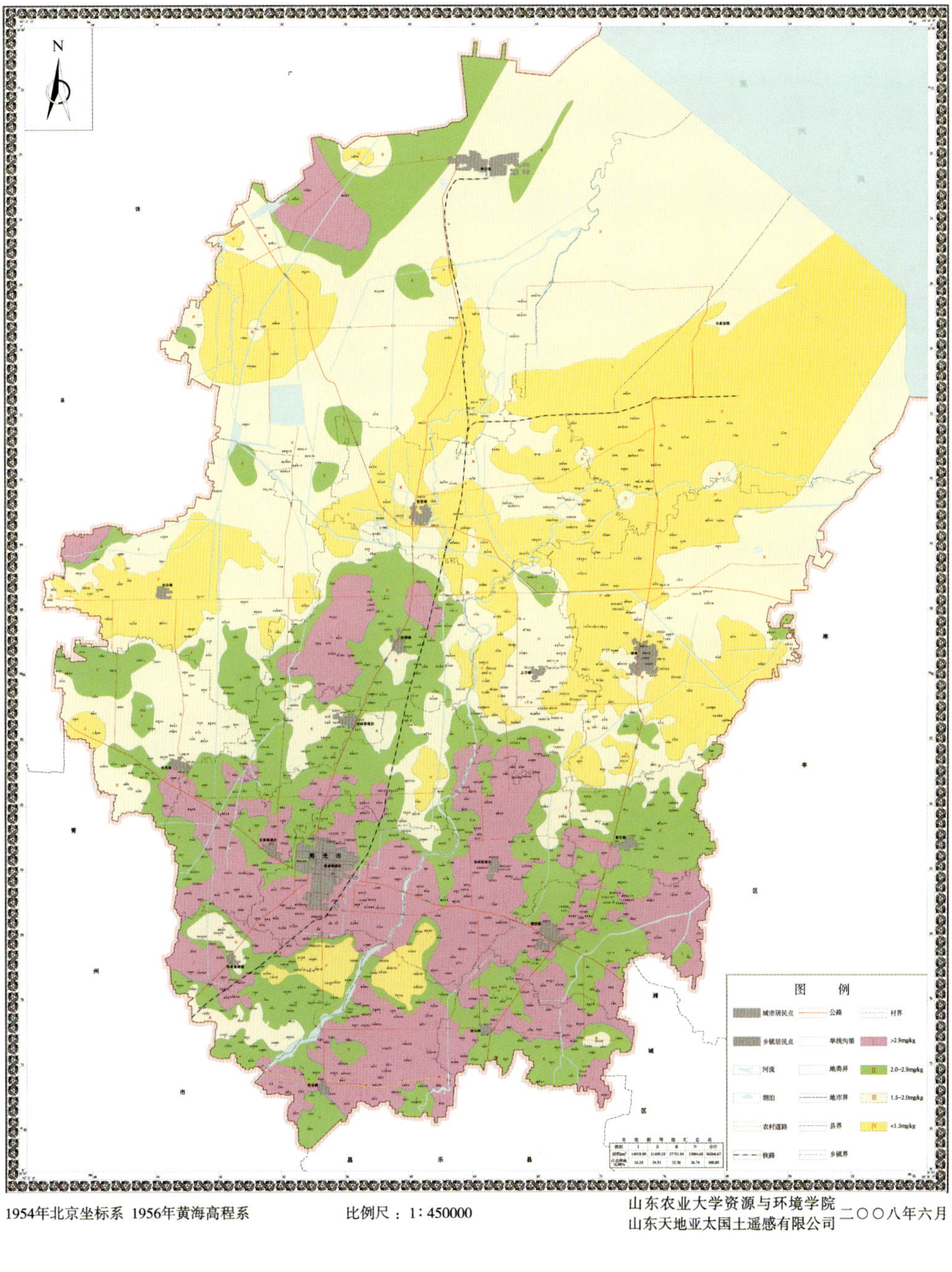

1954年北京坐标系 1956年黄海高程系　　比例尺：1∶450000　　山东农业大学资源与环境学院　山东天地亚太国土遥感有限公司　二〇〇八年六月

寿光市土壤有效锌含量分布图

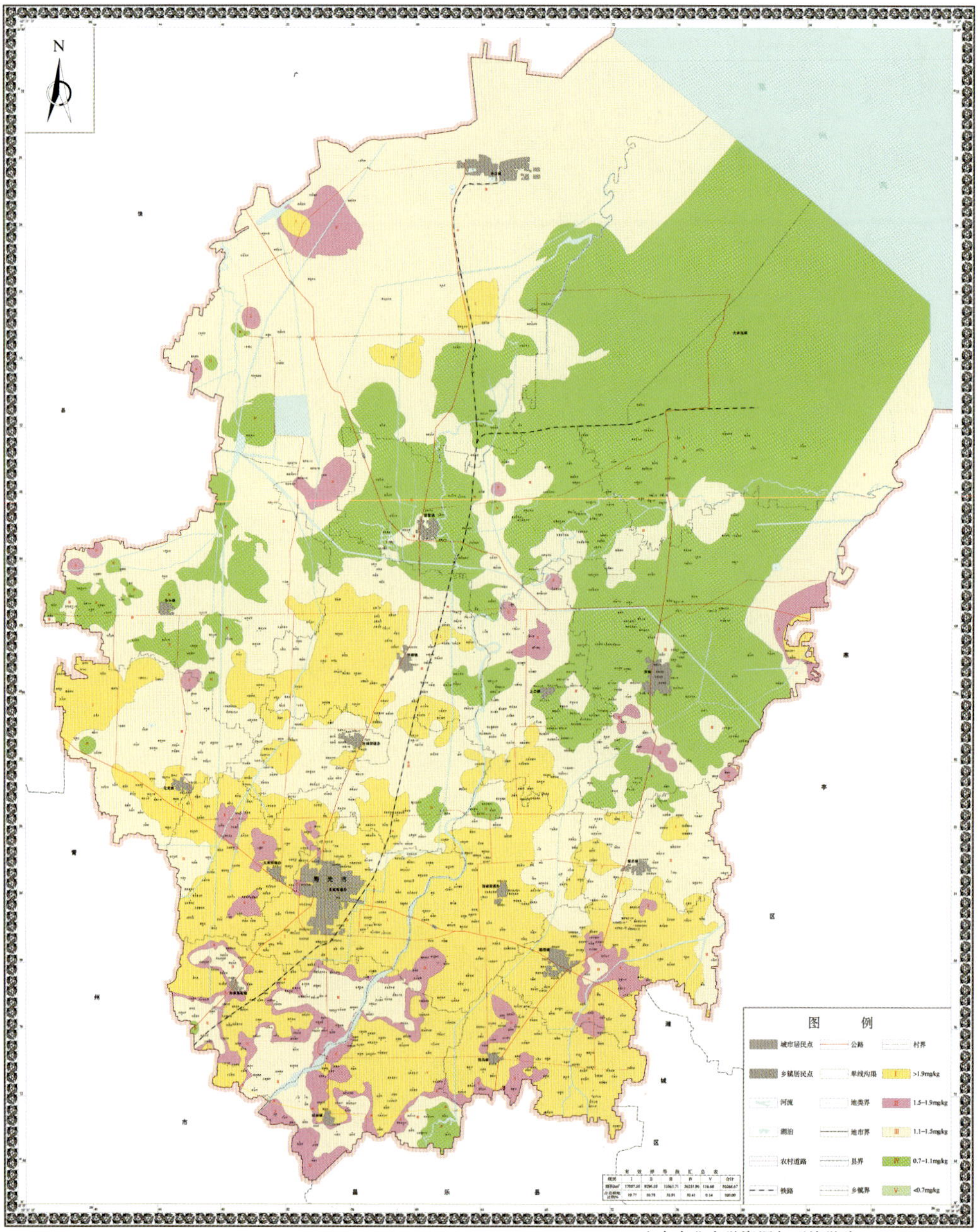

1954年北京坐标系 1956年黄海高程系　　比例尺：1：450000

山东农业大学资源与环境学院
山东天地亚太国土遥感有限公司　二〇〇八年六月

图书在版编目(CIP)数据

寿光耕地/杨维田,李涛,张西森主编.—济南:山东大学出版社,2014.5
ISBN 978-7-5607-5035-4

Ⅰ.①寿…
Ⅱ.①杨… ②李… ③张…
Ⅲ.①耕地资源—资源评价—寿光市
Ⅳ.①F323.211

中国版本图书馆 CIP 数据核字(2014)第 103051 号

责任策划:赵　岩
责任编辑:姜　山
封面设计:张　荔

出版发行:山东大学出版社
社　址　山东省济南市山大南路 20 号
邮　编　250100
电　话　市场部(0531)88364466
经　销:山东省新华书店
印　刷:山东鸿杰印务集团有限公司
规　格:787 毫米×1092 毫米　1/16
10.75 印张　14 插页　248 千字
版　次:2014 年 5 月第 1 版
印　次:2014 年 5 月第 1 次印刷
定　价:42.00 元